AN RUTGERS VAN DER LOEFF

Abenteuer Afrika

Entwicklungshelfer
in Steppe und Urwald

VERLAG FRIEDRICH OETINGER · HAMBURG

Originaltitel: Gewoon in het ongewone
Aus dem Holländischen von Jutta und Theodor A. Knust
Schutzumschlag von Rüdiger Hablizel

Gesamtherstellung: Clausen & Bosse, Leck
Printed in Germany 1972
ISBN 3 7891 2291 2

1

Ein Land-Rover fuhr über die große Straße nach Norden. In der Kabine saßen zwei niederländische Entwicklungshelfer, beide jung, in kurzen Hosen und offenem Hemd. Sie blickten starr geradeaus. Nach einer Weile sagte Lex, der Mann hinter dem Lenkrad, erbost:

„Daß ausgerechnet ich dich dort hinbringen muß! Ich möchte wissen, was sich Verdonk dabei gedacht hat. Dem scheint's noch gar nicht aufgegangen zu sein, daß wir uns ewig in den Haaren liegen. Du und ich – größere Gegensätze kann man sich überhaupt nicht vorstellen. Für mich bist und bleibst du ein Rindvieh. Und für dich bin ich doch nichts weiter als ein selbstgefälliger Angeber. Oder vielleicht nicht? Was ist los mit dir? So sag doch was, Mann!"

„Quassel du ruhig weiter!" Das war das einzige, was Dirk zu erwidern hatte. Sie fuhren jetzt an kleinen Gruppen armseliger Hütten am Rande des Urwalds vorüber. Da sie seit fast einem Jahr im Lande arbeiteten, war das Leben unter diesen Palmwedel-Dächern ihnen nicht mehr ganz fremd.

Plötzlich lief ihnen ein mageres schwarzes Schwein vor den Wagen, rannte ein Stück die Straße vor ihnen her und verzog sich dann wieder in den Busch. Lex, der scharf gebremst hatte, lachte auf. „Blödes Vieh! Aber wenigstens sind diese afrikanischen Schweine schneller als Ziegen. Oder Hühner. Wenn man aus Versehen mal so ein Vieh totfährt, heißt es sofort, die ganze Entwicklungshilfe gerät in Gefahr. Wenn ich zuviel rede... aber ich soll ja weiterquasseln. Hast du doch gesagt, nicht wahr? Mann, wenn du ahntest, wie wichtig mir das ist! Und wenn ich den größten Blödsinn rede – ich muß einfach drauflosquatschen. Bin zuviel allein. Und dann gerät man ins Spintisieren. Nicht, daß ich das nicht auch früher schon getan hätte. Aber hier ist es schlimmer als je zuvor."

Er zog ein paarmal die Schultern hoch, weil sein Rücken naß war und das Hemd daran klebte. Dann klemmte er die Hände wieder fester ums Lenkrad. Der Wagen war nicht leicht zu fahren.

Am Straßenrand kam ihnen eine Reihe von Afrikanern entgegen. Frauen mit hochgestapelten Lasten auf dem Kopf. Ihre Kinder hatten sie sich auf den Rücken gebunden. Zu beiden Seiten der Hüften sah man die kleinen rosigen Fußsohlen hervorragen. Hinter den Frauen ging ein Mann, der nichts weiter trug als einen Regenschirm. Danach kamen drei Kinder mit Lasten Brennholz, eins davon ein Albino. Ein großer Junge, doch durch seine Farbe wirkte er irgendwie hilflos.

„Der ist genauso blond wie du", sagte Lex zu Dirk und warf den Kopf mit dem dunklen Haar zurück, so daß die Schweißtropfen zur Seite spritzten.

Dirk schob den rechten Arm durchs Fenster und hielt sich am Verdeckrand fest. Auf diese Weise bekam er soviel Luft wie möglich. Die Straße war erstaunlich gut, kaum Löcher in der Asphaltdecke.

„Hast du was gesagt?" fragte Lex.

„Nein", gab Dirk kurz zurück.

„Dann hab' ich mich getäuscht. Es hätte ja sein können, daß

du wissen wolltest, weshalb diese Straße noch nicht so verdammt zerfahren ist."

„Ich habe gar nichts gefragt."

„Du fragst eben viel zu wenig. Heiliger Strohsack nochmal! Du denkst immer, der liebe Gott hat auf dieser Welt alles bestens geregelt, sauber eingeteilt in Schwarz und Weiß, jedes an seinem Platz. Halt dich fest, ich schlage scharf ein."

Unmittelbar vor einer kleinen Brücke, deren Geländer zu beiden Seiten zerbrochen war, steuerte Lex den Wagen fast in den Entwässerungsgraben hinein. Doch mit einer zweiten raschen Wendung gelangte er auf die Brücke, die er sonst nur über ein tiefes Loch in der Asphaltdecke hätte erreichen können. Unter den Rädern donnerten die locker liegenden Planken.

„Das hast du gut hingekriegt", sagte Dirk anerkennend.

„Freut mich, das von dir zu hören. Du bist sonst nicht gerade verschwenderisch mit Lob."

Dirk blickte schweigend vor sich hin. Er fühlte sich unbehaglich und auch schuldig. Lex ärgerte sich über ihn, weil er nicht redete, das war klar. Aber was sollte er sagen? Es gab nur eines, was er von Lex erfahren wollte, ehe dieser ihn an seinem neuen Standort absetzte. Aber er fand einfach keinen Anknüpfungspunkt.

Wer weiß, wie weit die Straße noch asphaltiert war und wie lange Lex noch so gesprächig sein würde. Später auf den Buschwegen konnte er kaum damit rechnen. Dann würde Lex Mühe genug haben, den Wagen in der Gewalt zu behalten.

„Wie viele Kilometer ist noch Asphalt?"

„Von Kaganda aus im ganzen fünfundvierzig Kilometer. Dann fangen die Buschwege wieder an."

Sie kamen aus der Hauptstadt Kaganda. Und zur Hauptstadt eines neuen afrikanischen Staates gehören Asphaltstraßen. Genau wie Villenvororte und Bürogebäude, möglichst mit Klimaanlagen. Hütten hingegen waren eine Schande. Deshalb waren die Bulldozer, die sie jetzt vor sich sahen, so eifrig an der Arbeit.

„Sag mal, was ist denn da los?“ erkundigte sich Dirk. „Da werden ja die Hütten dieser armen Menschen einfach eingeebnet.“ Er schaute fragend zu dem dunklen Gesicht über dem Lenkrad. „Warum machen die das? Es ist doch außerdem ein ganz ungünstiger Zeitpunkt, so kurz vor den Festlichkeiten zum Unabhängigkeitstag.“

Hier und da liefen noch einige der früheren Hüttenbewohner herum und suchten nach ihren Habseligkeiten. Sie hofften wohl, einen Kochtopf, ein Gerät oder sonst etwas wiederzufinden.

„Na, Gott sei Dank, daß du den Mund endlich aufmachst“, erwiderte Lex. „Streng doch deinen Gehirnkasten selber mal ein bißchen an! Kapierst du denn nicht, daß es hier gerade um diesen Unabhängigkeitstag geht? Das zehnjährige Bestehen der Republik Batun! Stell dir das doch mal vor! Alle Schulkinder haben frei. Ausländische Diplomaten mit feierlichen Gesichtern im Mercedes. Von Motorrädern eskortiert und mit heulenden Sirenen. Da kommt der Präsident: Flaggen, große Worte, eine Parade, Händeschütteln. Und Schulkinder mit Fähnchen in den Nationalfarben. Und dann winken sie und winken! Und ihre Hütten gibt es nicht mehr. Warum? Weil die Hauptstadt der Republik keine Hütten hat, begreifst du das nicht? Nirgendwo eine Hütte! Überall einzig und allein Fortschritt.“ Lex hatte sich so in Wut geredet, daß ihm das

Blut in den Schläfen pochte. Nun verzog er das Gesicht zu einer Grimasse. „Ach, ich bin verrückt, daß ich mich so darüber aufrege! Ich sollte lieber auf den Weg achten. Aber diese ganze Heuchelei! Nur damit die Diplomaten und all die anderen Leute aus dem Ausland sehen können, wie hart hier gearbeitet wird, wieviel Fortschritt zu verzeichnen ist – und daß es keine Hüttenviertel mehr gibt. Das kann jeder mit eigenen Augen feststellen.“ Mit knapper Not gelang es ihm, einem tiefen Loch auszuweichen. „Keine Angst! Ich werde dich schon heil an deinem neuen Bestimmungsort abliefern.“

„Du meinst also, daß sie's nur tun, um einen guten Eindruck zu machen?“

„Klar! Und politisch gesehen ist das gar nicht so dumm. Außerdem müssen sie ihre Selbstachtung demonstrieren, und wir Europäer machen ihnen das nicht ganz leicht.“

Dirk wußte nichts dazu zu sagen. Er konnte sich Lex gegenüber ohnehin nicht recht ausdrücken. In vielen Dingen war er nicht einer Meinung mit ihm. Aber das mit der Selbstachtung, das stimmte, damit taten sich die Leute hier recht schwer. Doch einfach die Hütten zu beseitigen, das konnte nicht viel helfen. Damit wurde das Problem nicht gelöst. Um das Gespräch in andere Bahnen zu lenken, schnitt er nun doch das Thema an, das ihm auf der Seele lag. „Hast du Martie in letzter Zeit mal gesehen?“

„Das hat dich aber Mühe gekostet, Mann, mit der Frage rauszurücken, was? Ich an deiner Stelle hätte längst danach gefragt. Oder ich hätte den Mund ganz gehalten. Eins von beiden.“ Lex nahm ein Päckchen Zigaretten von der Leiste unter der Windschutzscheibe. „Kannst du mir mal eine anstecken? Ich würde lieber die Hände am Lenkrad behalten.“

Dirk tat, worum er gebeten wurde, und schob Lex die angezündete Zigarette zwischen die Lippen. „Na und?"

„Ja. Ich hab' sie sogar ziemlich regelmäßig gesehen. Am Wochenende besuche ich sie oft. Die Mädchen wohnen recht einsam. Aber sie nehmen es nicht tragisch. Die Arbeit scheint ihnen sogar Spaß zu machen. Martie ist auch schon ein paarmal zu mir gekommen. Aber es sind gut hundertzwanzig Kilometer. Dazu braucht man mindestens vier Stunden. Das ist auf den Buschwegen an einem Sonntag kaum zu schaffen."

„Du meinst, sonst wäre sie häufiger gekommen?"

Es dauerte eine Weile, ehe die Antwort kam. „Nein, das habe ich, ehrlich gesagt, nicht gemeint. Sie ist nicht so versessen darauf."

Dirk räusperte sich. Es war deutlich zu merken, daß er etwas sagen wollte, es dann aber doch hinunterschluckte.

„Du hast wohl nicht gedacht, daß ich so ehrlich sein würde?"

„Das will ich nicht gerade behaupten", entgegnete Dirk zögernd. „Aber... ja, ich muß zugeben, daß ich es anständig von dir finde."

„Anständig! Ach du liebe Zeit. Mensch, wenn ich dich schon quatschen höre! Anständig! So was Blödes! Und wenn ich mir vorstelle, daß sie und du vielleicht... nein!"

„Halt die Schnauze!" Dirk konnte auch grob werden, wenn er wollte.

Sie schwiegen beide lange Zeit.

Der Asphalt war zu Ende. Nun lag die Straße rot vor ihnen, im Schatten dunkel und in der Sonne fast orangefarben. Das Dickicht des Waldes zu beiden Seiten überwucherte die Gräben, obwohl diese erst vor kurzem auf Anordnung der Regierung freigehackt worden waren. Die Dorfbewohner hatten nicht viel für solche Arbeiten übrig; sie hatten auch keinen Nutzen davon, meinten sie. Aber die Behörden forderten von ihnen, die Straße sauber zu halten. Genauso hatte früher die Kolonialregierung die Leute zur Arbeit gezwungen. Dieser Zwang war einer der Gründe, weshalb man hier nicht viel von Arbeit hielt. Lex wies immer wieder darauf hin, sobald sich einmal ein Kollege von der Entwicklungshilfe über die Faulheit der einheimischen Männer aufregte. Als sie eine Weile später zwei von diesen Burschen sahen, die ganz gemächlich mit ihren Buschmessern in das Dickicht des Waldrandes hackten, konnte Dirk es nicht lassen, etwas dazu zu sagen.

„Wenn man die Menschen hier doch ein bißchen ändern könnte! Wenn sie lernen würden, zu arbeiten, damit sie vorwärtskommen! Das wäre viel besser für sie als die Armut, unter der sie leiden."

Lex erwiderte scharf: „Sollen sie sich vielleicht uns zum Vorbild nehmen? Sollen sie hier eine pseudowestliche Gesellschaft aufbauen? Glaubst du etwa, daß sie dann glücklicher wären?"

„Das weiß ich auch nicht", gab Dirk zu. Die Haut juckte ihm vom Schweiß, und seine Kniekehlen klebten am Sitz. Ob er in seinem neuen Haus eine Dusche haben würde? Oder gar ein Bad? Immerhin gab es Häuser für Entwicklungshelfer mit einem richtigen Bad. Das würde er auch gern haben. Aber wenn nicht, war es auch nicht schlimm.

„Ich meine", fing Lex wieder an, „es wäre der größte Wahnsinn, wenn sie denselben Weg einschlügen. Heiliger Strohsack, diese Hitze! Das reinste Dampfbad! Hier ist es feucht wie in einem Treibhaus – sumpfig. Aber gleich wird es etwas besser. Da, sieh mal! Eine Orchidee, hübsch, nicht? Wo war ich stehengeblieben? Ach ja. Die Konsumgesellschaft, so wie wir sie kennen, ist auf dem falschen Weg. Und sollen die Afrikaner den nun etwa auch gehen? Natürlich wollen sie im Augenblick nichts lieber als das. Aber das liegt einfach daran, daß sie ihren eigenen Wert noch nicht entdeckt haben. Sie schauen viel zuviel auf uns. Auf uns eingebildete Angeber und Aufschneider. Denk doch nur einmal an Marties Vater!"

Dirk blickte geflissentlich aus dem Fenster.

„Nein, ganz ernst, über sie werde ich nicht reden. Nur über ihren Alten. Autohändler. Dickes Bankkonto. Pompöse Wohnungseinrichtung, klotzige Sitzgruppe, Plastikfarn im Blumentopf, wetten? Lach doch mal, Mann! Meinst du etwa, daß dieser reiche Bursche und Anwärter auf einen Herzinfarkt mit seinem ganzen Geschäftskram, den Personalsorgen, den anspruchsvollen Kunden, den Steuergeschichten und was weiß ich, daß der mit seiner braven Frau glücklicher ist als ein Mann mit einer Ziege, einer Handvoll Mais, seinen zwei oder mehr Frauen und einer Palme? In die steigt der vergnügt rein, zapft Palmwein, den er sich im Laufe des Tages zu Gemüte führt, und klatscht mit seinen Nachbarn, während seine Frauen den Acker bearbeiten. Sag mal ehrlich: Wer von den beiden möchtest du lieber sein?"

„Paß lieber auf den Weg auf!" brummte Dirk. Er hatte den Wortschwall ruhig über sich ergehen lassen, weil er merkte, daß sich Lex abreagieren mußte. Offenbar saß er wirklich sehr verlassen in diesem Nest, wo er sein Schulprojekt hatte.

„Ich kann gut beim Fahren reden", widersprach Lex. „Steck mir bitte noch mal eine Zigarette an, ja? Wir kommen nämlich gleich in dichten Staub. Zehn Kilometer weiter ist Schluß mit dem Wald, dann fängt die Savanne an. Ich bin verrückt auf die Savanne, ich finde sie einfach großartig. Dort würde ich gern wohnen, aber mein Dorf liegt an einem zerlöcherten Buschweg. Schlammgruben in der Regenzeit, Moskitos und Schlangen. Und verdammt schwül und heiß. Die Menschen sind oft krank: Malaria, Bilharziose, Würmer und was es sonst noch alles gibt. Und fast alle Männer haben einen doppelten Leistenbruch. Und dann die Geschlechtskrankheiten! Heiliger Strohsack, was haben sie uns bei der Ausbildung in Amsterdam damit in Angst versetzt. Ach, das gute alte Amsterdam, wie weit weg ist das alles jetzt!"

Hier fand Dirk zu seiner Erleichterung einen Ansatzpunkt, um auch endlich mal was zu sagen.

„Weißt du, daß ich noch nie in Amsterdam war, bevor ich zur Ausbildung dahin kam?" Er mußte lachen bei der Erinnerung daran. „Welch eine Stadt, dachte ich, was für eine gewaltige Stadt! Und wo wir dann wohnten. Das Turmgebäude hinter dem Königlichen Tropeninstitut. Als ich dort zum erstenmal durchs Tor ging, mein kleines Köfferchen vom Dorf in der Hand, dachte ich: Jawohl, Dirk, dein Vater hat recht, du kommst in eine andere Welt."

Plötzlich flog er nach vorn, weil sie durch ein Loch fuhren. Lex hatte nicht aufgepaßt. Der Land-Rover rumpelte, und auf der Ladefläche geriet der Reservetank ins Rutschen. „Dir werde ich noch mal was erzählen!" rief Dirk und rieb sich den Arm.

Lex wich dem nächsten Loch aus und spottete: „Kinderstunde bei Bartel aus Kleinkleckersdorf!"

Im gleichen Augenblick trat er mit aller Kraft auf die Bremse. Eine schwarze Schlange glitt über die Straße. Der sich windende Körper bewegte sich erstaunlich schnell. „Viel zu schön, das Vieh, als daß man's totfahren dürfte!“ rief er. „Findest du nicht?“ Er sah Dirk an, doch der erwiderte nichts. „Eingeschnappt?“

„Natürlich! Aber das schlimmste ist ja, daß du recht hast. Ich bin wahrhaftig der Bartel vom Dorf. Ihr habt fast alle viel mehr gelernt als ich. Du bist Lehrer. Ich verstehe nur was von Gärtnerei und Gemüsebau. Und hier habe ich noch ein bißchen über Genossenschaftswesen und Buchhaltung dazugelernt. Das ist alles. Und obendrein kannst du reden. Du brauchst bei einem schwierigen Wort nie zu sagen: Das kenn' ich nicht. Und trotzdem ... trotzdem ... Du hast gefragt: Was möchtest du lieber sein, dieser Autohändler mit einem Herzleiden oder der Mann hier mit seinen drei Frauen und seinem Palmwein? Und dann sprichst du über das Dorf im Busch mit Moskitos und Krankheiten und was weiß ich. Da stimmt doch was nicht! Das mußt du doch selber spüren. Die Menschen hier wären sicher glücklicher, wenn's nicht soviel Malaria und all das andere gäbe. Wenn sie anders lebten, mehr arbeiteten, sich besser ernährten – na ja, eben dieser ganze Krempel ...“

„Du bist wie Martie. Die will sich auch um jeden kümmern und ihn ändern. Wenn die ihren Rappel kriegt ...“

„Hör doch endlich auf mit dem Gewäsch!“ fuhr Dirk ihn wieder an. „Du weißt genausogut wie ich, daß sie nicht so ist! Wann kommt denn nun endlich die Savanne?“

„Immer mit der Ruhe! Hinter der nächsten Biegung wird es schon offener.“

Sie ließen den Wald hinter sich. Vor ihnen lag welliges Hügelland mit hohem Sumpfgras, das fast wie Schilf aussah. Hin und wieder gab es Sträucher und Bäume, doch sie verteilten sich immer spärlicher über die Weite. Ein Stück vor ihnen blühte mit großen roten Blüten ein Flammenbaum. Diese Art fand man auch in den Wäldern, aber hier fiel er mehr auf. Auch die anspruchslosen Schirmakazien gediehen auf diesem Boden noch.

Die Straße wurde nun breiter, hellrot und immer schlechter. Dirk fiel es auf, daß die Hütten am Wege dichter standen. Einige waren statt mit Palmwedeln mit Aluminium- oder Zinkblech gedeckt.

„Hier haben sie gerade eine Zuckerfabrik gebaut", erklärte Lex, „und deshalb haben sich hier mehr Menschen angesiedelt. Das gibt Arbeit für sie, und sie verdienen was. Deine Idealvorstellung also! Aber dafür ist die Straße auch verdammt zerfahren. Schließlich müssen Zuckerrohr, Baumaterial und dieser Kram transportiert werden. Du wirst es gleich merken. Je näher wir der Fabrik kommen, desto schlechter wird die Straße."

Der Wagen wirbelte dichte Staubwolken auf, und da sie jetzt häufiger an Menschen vorbeifuhren, verminderte Lex das Tempo, doch es nützte nicht viel. Geduldig verzogen sich die Leute ins hohe Gras, um dem schlimmsten Staub zu entgehen.

Nach einer kurzen Strecke sahen sie das funkelnde Aluminiumdach der Zuckerfabrik vor sich. Tatsächlich, nagelneu, mit betoniertem Fabrikhof, Lastwagen und einem ausgedehnten Maschinenpark. Und dahinter die Felder. Lange noch fuhren sie durch das hohe Zuckerrohr. Da es Mitte November war, standen die Felder in voller Blüte. Die silbrigen Blütenrispen wiegten sich in breiten Wellen und fingen schimmernd das Licht ein. Die Felder schienen überhaupt nicht zu enden.

„Das ist ja ein riesenhaftes Unternehmen!“ Dirk staunte. Dort, wo er bisher gearbeitet hatte, gab es keine Plantagen. Die Äcker waren klein, und die bescheidenen Anpflanzungen einiger weniger Kaffee- und Kakaobauern brachten kaum eine verkäufliche Ernte. Seit so streng auf die Qualität der Bohnen geachtet wurde, weil sich sonst auf dem Weltmarkt keine Käufer fanden, war kaum noch etwas damit zu verdienen. In der Nähe der Küste hatte er allerdings Bananenplantagen gesehen, auch einige große Gummipflanzungen, doch die waren sämtlich in französischem Besitz.

„Wem gehört die Zuckerfabrik?“ fragte Dirk. Vielleicht war es ein neues Regierungsunternehmen.

„Französische Konzession“, erwiderte Lex kurz.

Dirk schwieg. Aber das blühende Zuckerrohr sieht prächtig aus, dachte er.

Sie kamen wieder an einer Reihe von Menschen vorüber, an Frauen mit Bündeln auf dem Kopf und einem Mann mit einem winzigen Blechkoffer. Von einem kleinen Schulhof aus festgetretener roter Erde stürmten Kinder auf die Straße. Ein Junge, der ein Heft zwischen den Zähnen hielt, fuhr auf einem selbstgebastelten Roller aus rohem Holz.

„Zu klein, die Räder, aber das Ding rollt gut“, bemerkte Dirk und schaute sich nach dem Jungen um, der ihm zulachte.

„Erinnerst du dich noch an die Gruppenaufnahme, die Ernestine damals im Park von uns allen gemacht hat? Teich mit Enten, im Hintergrund liebliches Gesträuch und im Gras zwischen dir und mir Martie?“

„Ja, ich weiß“, sagte Dirk.

„Klar weißt du das, aber was du nicht weißt“, fuhr Lex unbeirrt fort, „ist, daß sie gerade dieses Stück von dem Foto vergrößert und mit Reißzwecken über ihr Bett gehängt hat. Ich hab' es einmal dort gesehen, aber beim nächstenmal war es verschwunden. Du, sie und ich zusammen im Gras. Von Jan Oliemans sieht man auch noch ein kleines Stück."

„Jan Oliemans ist immer dabei."

„Antworte doch auf das, was ich dir erzähle!"

„Was soll ich antworten?"

„Was du davon hältst ... Daß sie dieses Foto über dem Bett hängen hatte, meine ich."

„Nichts."

In jenen Tagen hatte es ganz so ausgesehen, als ob Martie Lex vorgezogen hätte, dachte Dirk. Aber schließlich hatte er selber ja auch nichts weiter als das Abgangszeugnis einer höheren Gartenbauschule vorzuweisen. Gleich in der Woche, in der sich die künftigen Entwicklungshelfer untereinander bekanntmachen sollten, war es so gewesen. Zwischen Martie und Lex hatte es sofort gefunkt. Doch so glatt war es nicht weitergegangen. Und dann hatte sie also diesen Bildausschnitt über ihr Bett gehängt – und jetzt? Vielleicht irgendwo in ein Buch gesteckt oder so.

„Sie wird es weggelegt haben", sagte er.

„Weggelegt? Was soll sie weggelegt haben?" Lex schien gereizt.

„Dieses Bildchen."

„Bildchen! Schließlich ist es ja kein Abreißkalender von der Landwirtschaftlichen Darlehnskasse!"

„Sag mal, worauf willst du eigentlich hinaus?"

„Ich will dir was klarmachen, du Rindvieh!"

„Was?" Dirks Stimme klang drohend.

„Sie kann sich zwischen uns beiden nicht entscheiden. Aber

wenn sie sich für dich entscheidet, dann ist da irgendwo der Wurm drin.“

„Halt an! Ich will raus! Mein Gepäck kannst du mitnehmen, aber ich geh’ zu Fuß. Und wenn ich tot dabei umfalle.“

„Hör mal zu!“ Lex packte ihn am Arm.

„Halt das Lenkrad fest!“

Lex ließ ihn los. Aber er redete weiter. „Wenn sie dich nimmt, hat sie nicht alle Tassen im Schrank. Hast du das kapiert? Du bist eine viel zu simple Seele für sie. Sie ist weit komplizierter, als sie sich selber zugeben will. Und du kannst sie nie glücklich machen.“

„Aber du?“

„Nein, auch nicht. Aber das ist was anderes. Mit mir würde es Augenblicke oder vielleicht sogar ganze Zeiten geben, die die Mühe wert sind. Dafür kann sie das übrige in Kauf nehmen. Ich bin eine Nervensäge. Ich bin ruhelos. Das weiß ich genau. Aber ich kann ihr was geben, was du nie geben kannst. Und sie selber weiß das verdammt gut. Stimmt’s? Raus mit der Sprache! Stimmt’s oder stimmt’s nicht?“

Wie er dabei noch so gut fahren konnte, war ein Rätsel. Dirk versuchte sich zu beherrschen. Er preßte die Arme an die Seiten und ballte die Fäuste. Der Schweiß lief ihm übers Gesicht. Er zog das Taschentuch heraus und fuhr sich heftig damit im Gesicht herum.

„Es gibt nichts, was dir und ihr helfen kann“, sagte Lex, „wenn sie die falsche Wahl trifft.“

„Tritt endlich auf die Bremse! Sonst tu ich’s“, brüllte Dirk. Er griff selber nach dem Lenkrad.

Sie landeten mit den Vorderrädern im Graben. Der Wagen stand quer auf der Straße.

„Nur gut, daß hier so wenig Gegenverkehr ist", höhnte Lex.

Dirk war schon rausgesprungen. Er stand keuchend da, bis zu den Hüften im Savannengras. „Fahr weiter!" schrie er. „Sonst passiert was."

Lex fuhr ein Stück zurück. Dann blieb er wartend sitzen, die Arme auf das Lenkrad gelegt. Dirk begann seinen Marsch. Es war glühend heiß. Doch da er so wütend war, wurde er sich dessen kaum bewußt.

Er lief weiter, ohne einen einzigen klaren Gedanken fassen zu können. Trotzdem tat er nach einiger Zeit etwas Vernünftiges. Er zog das feuchte Taschentuch heraus, machte Knoten in die vier Ecken und legte es sich auf den Kopf. Er hatte schon einmal einen Hitzschlag gehabt, das sollte ihm nicht wieder passieren.

Mit einem Taschentuch auf dem Kopf – die vier Ecken zu Knoten gebunden –, so war er früher mit seiner Klasse zum Baden gegangen. So waren sie zwischen den Obstgärten dahinmarschiert.

Es dauerte lange, ehe der Land-Rover ihn einholte. Im Schneckentempo fuhr Lex an ihn heran und hielt. „Ich habe es nicht gesagt, um dich zu ärgern. Ich wollte dich doch nur warnen."

„Fahr weiter!" Dirk war außer sich vor Zorn.

Lex fuhr ihm langsam im ersten Gang nach. „Nimm Vernunft an, Mann! Das hältst du nicht durch. Du schaffst es höchstens, wenn du die ganze Nacht durch marschierst."

Dirk antwortete nicht. Dann also die ganze Nacht durch, dachte er, mir ist es gleich. Afrikaner gingen auch Tage und Nächte, ohne Pause. Oder sie schliefen im Busch. Was die konnten, wollte er auch können. Es war alles besser, als wieder in diesem Wagen zu sitzen.

Sie müßte uns hier mal so sehen! dachte er. Aber vielleicht weiß sie nicht einmal, daß ich hierher versetzt worden bin. Und ich weiß nicht, ob es ihr recht ist, daß ich nun in ihre Nähe komme. Aber der da vorn, der hat Angst davor, verdammte Angst.

Der Land-Rover fuhr jetzt knapp hundert Meter vor ihm her, immer noch überaus langsam. Dann hielt er wieder. Ich setz' mich hier an den Straßenrand, bis er endgültig weiterfährt, dachte Dirk. Er suchte die Straße nach einer schattigen Stelle ab. Ein Stück weiter, zwischen ihm und dem Auto, stand eine Schirmakazie. Dort wollte er warten. Aber er hatte diesen Beschluß kaum gefaßt, als der Wagen zurückgefahren kam, um denselben schattigen Fleck zu erreichen.

Dirk ließ sich auf den Boden sinken, fest entschlossen, hier im Gras zu warten. So war er gut versteckt. Nun konnte er abwarten, wer es am längsten aushielt. Der Platz dort drüben unter dem Baum war allerdings sehr viel günstiger.

Glücklicherweise begann die Sonne zu sinken, und die Schatten wurden rasch länger. Seine Augen brannten, weil ihm der Schweiß von der Stirn lief. Er wischte sich wieder mit dem Taschentuch übers Gesicht. Der Nacken tat ihm weh, und er hatte keine bequemen Schuhe an. Wütend und mutlos blickte er auf seine Füße – auf die billigen Plastiksandalen, wie sie die Leute hier oft trugen. Er hatte sie in Kaganda auf dem Markt gekauft.

Dickkopf hatte seine Mutter ihn früher oft genannt. Und du wirst es noch einmal bereuen, hatte sein Vater gesagt, als er nach der Dienstzeit beim Militär auch noch für zwei Jah-

Unterricht in Buchführung

Die ersten Leseversuche

re in die Entwicklungshilfe gehen wollte. Nach Afrika zu den Schwarzen, wo du hier so schön im eigenen Betrieb arbeiten könntest! Du wirst es bedauern, Junge! Aber er hatte es nicht bedauert. Und er bedauerte es auch jetzt noch nicht. Er riß eine Handvoll Gras ab und dachte: Ich bereue niemals was. Hinter ihm raschelte es. Eine kleine dunkelbraune Schlange glitt davon. Eine Vielfalt von Geräuschen war überall um ihn her, ein Knistern, Knacken und Rauschen, ein leises hohes Summen. Aber das war noch gar nichts gegen die Laute in der afrikanischen Nacht, wenn es überall um einen her dröhnte.

Was für ein Wahnsinn, hier so zu sitzen! dachte er. Ich komme um vor Durst. Will er denn niemals weiterfahren?

Dann sah er, daß zwei Jungen beim Land-Rover standen. Sie redeten lebhaft auf Lex ein. Endlich gingen sie weiter. Der Schatten der Schirmakazie war ein großes Stück länger geworden. Die Jungen kamen näher. Nun sah Dirk, daß einer der beiden eine tote Buschratte trug. Was würden die beiden machen, wenn sie ihn hier im Gras sitzen sahen? Sollte er sich schlafend stellen? Vielleicht war das das Einfachste.

Doch die Jungen fielen nicht darauf herein. Der eine tippte ihm auf die Schulter, der andere ließ ihm die Buschratte vor der Nase baumeln.

„Gutes Fleisch, Sir."

„Gerade gefangen, Sir. Kaufen, Sir?" Er wies auf den Land-Rover. „Er warten, Sir." Lex beugte sich aus dem Fenster und winkte.

Der Junge mit der Ratte faßte das falsch auf und rannte zum Wagen zurück in der Hoffnung, seine Beute verkaufen zu können. Wieder ein langes Palaver dort drüben. Schließlich kam der Junge ohne die Buschratte zurück. Er lachte zufrieden. In der tiefstehenden Sonne, die ihn grell beschien, wirkten seine Zähne besonders weiß.

„Was für den einen ein guter Tag ist, kann für den anderen ein schlechter sein", sagte Dirk.

Die Jungen nickten. So philosophische Dinge sagte ihre Großmutter auch immer. „Guten Tag, Sir."

Und damit gingen sie weiter. Aber sie schauten sich noch mehrmals um, auch als der Land-Rover wieder zurückgefahren kam. Der Wagen hielt bei dem „white man", der da einfach im Busch saß. Plötzlich fingen die beiden Jungen an zu rennen, und das Sonnenlicht spielte auf ihren rosigen Fußsohlen. Lex lachte.

„Die beiden werden denken, du bist verhext. Von bösen Geistern besessen. Kommst du nun mit oder nicht?"

„Nein."

Endlich war Dirk allein. Die Sonne versank. Es dämmerte hier schnell, viel rascher als zu Hause. Und je dunkler es wurde, desto mehr Laute hörte er überall, das Sirren und Summen und Zirpen von tausend Insekten, das Geigen der Zikaden, das Quaken der Frösche. Dann hörte er auch ein Schnattern – konnten das Affen sein? Langsam stand er auf und machte sich wieder auf den Weg. Inzwischen war es so frisch geworden, daß er fröstelte. Als es völlig dunkel war, trottete er nur noch müde dahin. Er war wütend auf sich selber, aber er wollte nicht aufgeben. Morgen früh würde er in Mkoko sein.

Der Durst wurde unerträglich, um so mehr, als er hier und da Wasser plätschern oder rieseln hörte. Aber er wußte, daß er krank werden konnte, wenn er davon trank. Ständig fuhr er sich mit der Zungenspitze über die Lippen. Es brachte ihm zwar keine Erleichterung, aber er konnte es nicht lassen. Schließlich tat er es nicht mehr, weil auch seine Zunge völlig ausgetrocknet war.

So lief er viele Stunden. Der Mond war aufgegangen, doch da Dirk jetzt wieder durch Waldgelände kam, war es trotzdem pechfinster. Vor sich sah er eine baumelnde Öllampe. Dunkle Schatten trugen sie vorbei. Dirk sprach die Leute an, seine Stimme klang heiser. Es war eine ganze Familie auf dem Weg zu einer Begräbnisfeier. Übermorgen sollten sie dort sein. „Good night, Sir."

Immer wieder schaute er auf die Leuchtziffern seiner Uhr, doch jedesmal hatte er wenige Minuten danach vergessen, wie spät es gewesen war. Seltsam, dieser Tropenwald mit den vielen Lauten, die man nicht unterscheiden konnte. Als sie damals während der Vorbereitungszeit eines Nachts über einen schmalen Dünenweg zum Meer gingen, hatte er das Rauschen der See gehört. Es war das erste Mal in seinem Leben, daß er die See gesehen hatte. Martie war neben ihm gegangen, in gehörigem Abstand natürlich. Aber am Tag zuvor hatte er bei einem Fußballspiel beobachtet, wie sie und Lex sich berührten – nur sehr flüchtig, aber immer wieder. Er war grün geworden vor Neid, denn er selber hätte so etwas niemals gewagt.

Auch wenn sie abends in der „Quasselbude", wie sie es nannten, zusammengekommen waren, um noch über dies und das zu reden, hatten die beiden ständig beieinandergehockt. Um Gesprächsstoff waren sie nie verlegen, vor allem Lex nicht. Martie schien häufig nicht einer Meinung mit ihm zu sein, aber genau wie er selber war sie ihm nicht gewachsen. Dieser Bursche stellte ganze Theorien auf und hatte immer überzeugende Argumente bei der Hand. Aber es gab auch einige, die es durchaus mit ihm aufnehmen konnten. Oft genug hatte Dirk ihnen erstaunt zugehört. Was diese Leute alles wußten und herausfanden! Er konnte ihnen kaum folgen. Und Martie offenbar auch nicht. So hatte es sich wie von selbst ergeben, daß Martie und er sich ein bißchen nähergekommen waren.

Jetzt freilich sah er die Dinge etwas anders. Es war viel Angeberei bei diesen Gesprächen gewesen. Oft große Worte, um Unwissenheit zu verbergen. Es waren noch andere genauso unwissend gewesen wie er.

Vielleicht hatte Martie das auch erkannt. Sie war ein gescheites Mädchen. Sie hatte als Krankenschwester viel gelernt und bei ihrer Arbeit eine Menge Erfahrung gesammelt. Vor allem war sie immer offen und geradezu. Wenigstens hatte er das bisher geglaubt und sich deshalb in ihrer Gesellschaft so wohlgefühlt. Aber was hatte Lex heute nachmittag im Wagen doch noch gesagt? Sie ist viel komplizierter, als sie selbst weiß ... nein, als sie sich selbst eingestehen will. Ob das wirklich stimmte?

Ach, es war besser, an die Vergangenheit zu denken und seine Gedanken ein bißchen zu ordnen, während er hier marschierte. Heute nachmittag war er wütend gewesen. Aber die kühle Nachtluft tat ihm gut. Wenn nur dieser Durst nicht wäre! Und die Füße taten ihm weh, vor allem der rechte. Er mußte sich zwingen, an etwas anderes zu denken.

Damals auf dem Dünenweg – das Rauschen des Meeres. Und als sie durch den weichen Sand gelaufen waren, hatte sie nach seiner Hand gegriffen. Wo war Lex denn gewesen? Vielleicht hatte er etwas zu tun gehabt, ein Werkobjekt vorbereitet oder so etwas. Werkobjekt – das war auch so ein Ausdruck, den er vorher noch nie gehört hatte. Er hatte zwar viel gelernt während dieser Vorbereitungszeit, aber trotzdem stets das Gefühl gehabt, nicht ganz mitzukommen. Das hatte sich hier geändert.

Afrika! Hier war er nun im tropischen Urwald. Auf einem Weg, auf dem er dauernd stolperte. Man konnte wahrhaftig anfangen, an Geister zu glauben, an Erdgeister, Wassergeister und an die Geister schwarzer Vorfahren. An Geister, die einem etwas Böses antun wollten, und an solche, die einen beschützten. Daran glaubten die Menschen hier. Ganz gleich, ob sie zum Christentum bekehrt waren oder nicht. An Zauberkräfte in Kräutern, im Wasser, in kleinen Steinen, in Samenkörnern, Zweigen, sogar in dem verrosteten Rad eines alten Fahrrades. Wenn er jetzt über etwas fallen sollte, würde er vielleicht selber glauben, daß geheimnisvolle Kräfte im Spiel seien. Tagsüber, unter Menschen und in einer anderen Umgebung, konnte man all diese Dinge nüchterner betrachten.

In einer Art Rausch ging er weiter. Bis sich Lichter näherten. Er hörte das Geräusch eines Motors. Die Lichter sah er wie durch einen Nebel. Als das Auto hielt, wurde er ohne viel Worte gepackt und hinten hineingehoben. Jemand setzte sich neben ihn. Lex sagte: „Das ist Bruder Gideon von der Missionsstation in Mkoko. Er war so freundlich, mir ein wenig zu helfen. Als Spezialist für Schweinezucht fiel es ihm nicht schwer, dich in den Laderaum zu heben."

Bruder Gideon zündete eine Zigarette an und gab sie an Lex weiter. Der hat das also auch schon gelernt, dachte Dirk. Sein Kopf schmerzte. Er konnte nicht so liegenbleiben in dem rüttelnden Wagen. Mühsam streckte er die Hand aus und zog sich an der Sitzbank hoch. Der Bruder setzte sich ihm gegenüber.

„Es wartet ein Bett auf Sie“, sagte er. „Und Käse und Brot. Hier ist schon mal eine Dose Bier. Nicht so ungeduldig! Ich muß sie ja noch aufmachen.“

2

Als Dirk Hoefnagel zum erstenmal in das Haus von Martie und Bea kam, waren die beiden Mädchen noch nicht von der Arbeit zurück. Der Tisch war für zwei Leute gedeckt, und der Koch war gerade dabei, auf der kleinen hinteren Veranda Fleisch auf dem Butangasherd zu braten. So eine offene Küche mit Anrichte, fließend Wasser aus einem Faß und einem zweiten, das die Dusche nebenan und die Toilette mit Wasser versorgte, war gar nicht so dumm.

Nachdem Dirk durchs Haus geschlendert war, brachte ihm der Koch Bier. Dirk hatte sich in einen Liegestuhl fallen lassen und streckte faul die Beine aus. Er hatte einen langen Tag hinter sich. Am Morgen war er um fünf Uhr aufgebrochen, und jetzt war es schon wieder beinahe fünf.

Er sah sich um. Der Koch, ein junger kaffeebrauner Bursche in einem frisch gewaschenen Oberhemd und sauberer Hose, brachte ihm Erdnüsse. Der Junge sprach ausgezeichnet Englisch.

„Was glaubst du, wann Miss Martie und Miss Bea nach Hause kommen?"

„Das läßt sich schwer sagen, Sir. Manchmal früh, manchmal spät. Miss Martie kommt häufig erst bei Dunkelheit nach Hause."

„Das sind wohl die Schlafzimmer?" Dirk zeigte auf zwei Türen.

„Ja, Sir. Dies gehört Miss Martie und das Miss Bea. Wenn wir einen Gast haben, der über Nacht bleibt, wird diese Bank benutzt. Bleiben Sie über Nacht, Sir?"

„Das weiß ich noch nicht. Das hängt davon ab, wie spät es heute abend wird."

Und davon, ob sie mich einladen, dachte er.

Er sah sich den Koch genauer an. Der Junge schob hier und da einen Gegenstand zurecht, um länger in seiner Nähe bleiben zu können. „Du sprichst viel besser Englisch als ich", sagte Dirk. „Bist du lange auf der Schule gewesen?"

Die Antwort ließ eine Weile auf sich warten. Der Junge blickte auf seine Schuhe hinunter – sie waren aus Leder, aber unmodern spitz und gewiß zwei Nummern zu groß. Er trat unschlüssig von einem Bein aufs andere. Schließlich sagte er:

„Ich habe Abitur gemacht. Aber ich bekomme keine Arbeit. Keine andere Arbeit, meine ich", setzte er hastig hinzu. „Wissen Sie nicht einen Job für mich?"

Das war also der Grund dafür, daß er hier herumstand. Und ich bin nicht einmal auf einer Mittelschule gewesen, dachte Dirk.

„In meinem Dorf gibt es keine Arbeit."

Dirk trank noch einen Schluck Bier. Immer die gleiche Leier; keine Arbeit, dachte er. Aber was konnte man in so einem Dorf auch mit höherer Schulbildung anfangen?

„Auf dem College gewesen? Internat?"

Der Junge nickte. „Als ich Examen machte, sollte ich eine Stelle bekommen. Dann hätten meine Brüder auch zur Schule gehen können." Mit einer hilflosen Gebärde bot er seine Handflächen dar, ebenso hellfarbig, aber sauberer als die von Dirk.

„Keine Arbeit, Sir." Mit gespreizten Fingern und gerunzelter Stirn stand er da.

Fast gleichzeitig blickten sie auf den Tisch, der tadellos und nach europäischer Art gedeckt war. Im Dorf des Jungen kannte man so etwas nicht. Dirk zog schnuppernd den Geruch von gebratenem Fleisch ein.

„Und dafür hast du nichts übrig? Fürs Kochen, Tischdecken ..."

Der Junge zuckte die Achseln.

Saubermachen, Waschen und Bügeln – das tat er natürlich auch – wie alle Kochjungen hier. Aber hatte er dafür auf der Schule gearbeitet und auf einen weißen Kragen, eine Anstellung und vielleicht sogar ein Auto gehofft? In den abgelegenen Dörfern – und es war hier sehr abgelegen – erwartete die Familie alles von einem Jungen, der eine Schule besucht hatte. Er war aufgewachsen mit der Vorstellung, daß man alles werden konnte, wenn man etwas gelernt hatte. Sogar Ministerpräsident. Man brauchte sich doch nur Kamudju anzusehen. Der war erst Lehrer gewesen – und jetzt? Drei Autos hatte er und einen großen Palast, vor dem ständig Soldaten Wache standen. Und man brauchte noch viel mehr Minister. Wenn man nur einen Büroposten in der Stadt fand, war man schon reich, so reich, daß alle daran teilhaben konnten. In der Familie wurde immer alles geteilt.

„Ich kann dir auch nicht zu einem Job verhelfen. Ich arbeite selber nur im Gemüsebau, genossenschaftlich, verstehst du? Ich muß die kleinen Bauern beraten und ihnen helfen. Ich habe auch keinen Job, wie du ihn dir wünschst. Auch in meiner Heimat nicht. Dort arbeite ich mit meinen eigenen Händen."

Der Junge blickte ihn ausdruckslos an. Wahrscheinlich glaubte er kein Wort von dem, was Dirk gesagt hatte. Er sah das Auto vor der Tür. Und Weiße waren immer reich. Sein Blick streifte Dirks Armbanduhr.

„Wenn du eine Stelle fändest, wie du sie dir wünschst", begann Dirk noch einmal, „wie viele Familienangehörige müßtest du dann unterhalten?"

Der Junge schaute zur Schilfdecke hinauf, dann wieder auf die Spitzen seiner Schuhe. „Viele", sagte er einfach.

Das hatte Dirk erwartet. Es hieß immer „plenty". Wie viele Kinder hast du? „Plenty." Wie viele Angehörige hast du? „Plenty." Und es stimmte. Es waren immer viele. Die Kinder eines Bruders und einer Schwester zählten auch dazu, denn auch für sie hatte man die Verantwortung. Oder die Kinder eines verstorbenen Vaters, der vielleicht fünf Frauen gehabt hatte. Es lohnte also gar nicht, genau nachzuzählen ... Einer half dem anderen. Und der Familienverband war groß. Er hatte Mitleid mit dem Jungen, aber er mußte sich hüten, es zu zeigen. Höchstwahrscheinlich würde er nie einen Job finden, wenn er hier hängenblieb. Und wenn er den Mut aufbrachte, in die Stadt zu gehen, und es dort vielleicht zum Angestellten brachte, würden ihm zahllose Familienmitglieder nachreisen und aus seiner Tasche leben, als ob das die selbstverständlichste Sache der Welt wäre.

„Was für einen Job wünschst du dir denn?"

„In einer Dienststelle der Regierung, Sir."

„Hättest du denn Lust, den ganzen Tag zu schreiben?"

„Ja, Sir, lesen, schreiben, Berichte verfassen. Berechnungen. Alles, Sir. Ich kann alles." Der Junge lachte zuversichtlich. Wenn man ihm zu einer Stellung verhalf, würde er keinen enttäuschen, bestimmt nicht.

„Ich kann dir nicht helfen. Wie heißt du denn?"

„Obi Mankisan, Sir. Mein Vater ist der Häuptling des Bajubi-Stammes in Latun, Sir."

„Du bist also ein Prinz, Obi?"

„Ja, Sir." Der Junge lächelte, als ob er sich entschuldigen wollte. Gewöhnlich waren die Afrikaner sehr stolz auf Rang und Titel. Doch dieser „Prinz" war auf der Schule gewesen und hatte dabei Kenntnisse erworben, die weit außerhalb des Erfahrungsbereiches seines Stammesverbandes lagen.

„Ich bin heute durch Latun gekommen."

Ein kleines Dorf, genau wie die anderen, dachte Dirk, ebenso ärmlich wie die anderen, mit den gleichen roten Lehmhütten und mit Palmwedeln als Dächer.

„Haben Sie die Straße zum Palast meines Vaters gesehen, Sir?"

„Jetzt, wo du's sagst ..." Dirk log. Er hatte nichts gesehen. Die Pfade, die zu den gewöhnlich recht armseligen „Palästen" führten, fielen nie auf. „Hat dein Vater einen schönen Palast?"

Wieder lächelte der Junge entschuldigend.

„Wie viele Frauen?"

Nun sah ihm Obi stolz ins Gesicht. „Mein Vater hat zwölf Frauen, Sir."

„Es gibt also ‚plenty' Prinzen?"

„Ja, Sir, ‚plenty', Sir."

Einer der „Prinzen" würde dem Vater als Häuptling folgen, doch keiner würde erfahren, wer dafür vorgesehen war, solange der Stammeshäuptling noch lebte. Obi war vermutlich einer der wenigen mit guter Schulbildung, die meisten kamen nicht weiter als bis zur vierten Klasse der Volksschule. Und dann mußten sie eben sehen, wie sie fertigwurden. Ein kleiner

Acker, eine Ziege, ein paar Frauen, die für sie arbeiteten – genau das herrliche Dasein, das Lex beschrieben hatte. Doch Obi hatte andere Ziele. Die waren ihm von seiner Familie eingeimpft worden: Geld und ein weißer Kragen.

„Warum willst du nicht Bauer werden?"

Obi schwieg. Seine Hände bewegten sich ein wenig. Sein Blick irrte ab auf Dirks Hände.

„Weshalb bestellst du nicht selbst ein Stück Land? Ein paar Äcker könntest du doch gewiß von deinem Vater bekommen ..."

„Ich habe Grund und Boden", erwiderte Obi da. „Auf dem arbeiten meine beiden Frauen."

Verdammt noch mal! Immer täuschte man sich hier über das Alter. Dieser Junge war vermutlich schon älter als zwanzig, vielleicht vier-, fünfundzwanzig, also älter als er selbst.

„Hast du schon Kinder?"

„Drei, von meiner zweiten Frau."

Dann bekam die erste wahrscheinlich keine Kinder, dachte Dirk. Unfruchtbarkeit war in dieser Gegend häufig.

„Ich könnte dir nur Arbeit besorgen, wenn du Gemüse bauen willst."

„Nein, Sir, vielen Dank, Sir." Obi drehte sich um. Sein Rücken wirkte stolz und aufrecht.

„Aber Gemüsebau ist richtige Männerarbeit. Das ist was anderes als die übliche Landwirtschaft."

Wollte dieser Junge wirklich lieber den Haushalt der beiden Mädchen hier in Ordnung halten? Das kann ich einfach nicht begreifen, dachte Dirk. Er stemmte die Ellbogen auf die Knie und starrte auf Obis Rücken.

Der Junge drehte sich wieder um und sah den Weißen an,

der mit so viel Autorität sprach. „Vielleicht, Sir", sagte er, „vielleicht ..." Doch dann ließ er niedergeschlagen den Kopf sinken. An dem gedeckten Tisch vorbei ging er wieder in die Küche.

Vielleicht bin ich ein Rindvieh, dachte Dirk, aber ich kann es einfach nicht begreifen. Die Leute schaden sich doch selbst damit.

Das Bier war warm geworden, doch Obi ließ sich einstweilen nicht wieder sehen.

In dem ohnehin nicht sehr hellen Zimmer wurde es dämmerig und dann sehr rasch dunkel. Über die Veranda kam eine schwarze Gestalt und ging, ohne ein Wort zu sagen, weiter zur Küche. Ein wenig später kam der Mann zurück mit einer Lampe, die er auf ein hohes Tischchen stellte. An seiner Wollmütze und an den Pullovern übereinander erkannte Dirk den Beruf des Mannes. Er war der Nachtwächter des Hauses.

„Ich bin der ‚watchnight', Sir. Guten Abend, Sir."

Wer gut Englisch sprach, dem fiel es schwer, die Silben umzudrehen und plötzlich nicht mehr „nightwatch", sondern „watchnight" zu sagen, wie es in dem verunstalteten Englisch hieß, das man an der afrikanischen Westküste spricht und Pidgin-Englisch nennt. Doch für Dirk, der kaum Englisch gekonnt hatte, bevor er hierher kam, und der die Sprache erst im Lande gelernt hatte, war das kein Problem. In dieser Hinsicht war er sogar Lex voraus, der sich als Lehrer für Englisch nur schwer an die schludrige Sprechweise der Leute gewöhnen konnte.

Der Nachtwächter schlurfte wieder hinaus. Dort hörte ihn Dirk mit Obi in der Sprache dieser Gegend reden. Kamen die Mädchen denn immer noch nicht nach Hause?

Als dann endlich die Scheinwerfer eines weißen Volkswagens den Hof beleuchteten, sprang er auf. Er fand es verrückt, aber er konnte es nicht ändern – die Knie zitterten ihm vor Aufregung. Als er auf die Veranda trat, hüpfte plötzlich ein kleiner Affe, den er bisher noch gar nicht bemerkt hatte, neben ihm auf und nieder. Das Tier keckerte und schnatterte vor Aufregung. Dirk streckte die linke Hand nach ihm aus, doch ehe er sich's versah, hatte der Affe seine kleinen scharfen Zähne hineingeschlagen. „Au! Verdammt!"

Gleich danach hörte er draußen eine Stimme. Es war doch nicht Martie! Er kannte Bea noch nicht. Sie gehörte zu einer früheren Gruppe und hatte sich freiwillig für weitere drei Monate verpflichtet.

Die verletzte Hand mit der anderen umklammernd, kam Dirk heraus. „Ich bin Dirk Hoefnagel – von Watila nach Mkoko versetzt wegen der Gemüseanbaugenossenschaft. Ich gehöre zur Gruppe von Martie Goossens. Und deshalb ... hm ... ich dachte, ich will euch mal besuchen hier in Latun."

„Ich hab' schon von dir gehört", sagte Bea und blieb bei dem Äffchen stehen, um es zu streicheln. „Hat er gebissen? Ja, das macht er öfters."

Sie seufzte und ließ sich müde in einen Stuhl fallen. Doch gleich darauf war sie wieder auf den Beinen. „Ach, entschuldige", sagte sie, „ich muß doch erst mal deine Hand versorgen."

Unter der Lampe wurde die kleine Wunde desinfiziert und verbunden. „So, das kann nun nichts Schlimmes mehr geben. Zu trinken hast du schon was bekommen? Wie lange bist du denn schon da?"

Obi brachte Trinkwasser und Limonade für sie. Geräuschlos stellte er alles hin. Der Nachtwächter schlurfte wieder durchs

Zimmer, murmelte einen Gruß und verschwand über die Veranda.

„Er will sein Feuer schüren“, sagte Bea. „Hier ist es nachts kalt. Das würde man nicht erwarten, nicht wahr? Ich muß Obi noch bitten, Holz in den Kamin zu legen. Dann kann er nach Hause gehen. Anzünden können wir es selber, wenn Martie hier ist.“

Reden kann sie ganz schön, dachte Dirk und schaute sie genauer an. Eine echte blonde Holländerin! Die Leute hier mußten sie wohl sehr schön finden, dicke Beine schätzten sie besonders. Und auch sonst mußten Frauen rundlich sein. Das war ein Beweis für Reichtum und Wohlergehen.

„Martie wird todmüde sein“, gab Bea zu bedenken.

„Wovon?“ fragte Dirk. Aber er hätte sich sofort am liebsten die Zunge abgebissen. Was für eine dumme Frage!

Bea warf ihm einen Blick zu. Dann zuckte sie die Achseln. „Was meinst du wohl, wovon?“ fragte sie.

„Natürlich“, murmelte er, „es ist eine anstrengende Arbeit.“

„Genau“, sagte Bea. „Du hast den Nagel auf den Kopf getroffen.“

Sanft ist die nicht, dachte Dirk. Aber in der Arbeit wird sie bestimmt tüchtig sein. „Du bist doch auch Krankenschwester?“ fragte er.

„Nein, ich arbeite in der Hauswirtschaftslehre. Ich gebe Unterricht in Kochen und Hygiene.“

„Wieviel Dörfer hast du?“

„Zwölf.“

Genauso viele Dörfer, wie Obis Vater Frauen hat, dachte Dirk. Eine ganz schöne Zahl. Was kann ich sie wohl sonst noch fragen?

„Liegen sie weit voneinander entfernt?“

„Ja.“

Obi brachte große Holzstücke, die er im Kamin aufstapelte. Danach wünschte er gute Nacht.

„Fährt Martie manchmal auch mit dir in die Dörfer?“

„Ja.“

„Oft?“

„Ungefähr jede Woche einmal. Öfter ist es nicht möglich, sonst schafft sie ihre andere Arbeit nicht.“

„Was ist in dieser Arbeit alles eingeschlossen?“ Plötzlich fiel ihm auf, was er da für Worte benutzt hatte. Genauso hätte Lex sprechen können. Er selber hätte früher gesagt: Was macht sie eigentlich, oder: Was hat sie alles zu tun? Und nun hatte er gefragt: Was ist in der Arbeit eingeschlossen?

Bea trank ihre Limonade mit kleinen Schlucken. „Hier vertrocknet man“, sagte sie. „Man verliert zuviel Feuchtigkeit. Das muß man alles wieder durch Trinken ersetzen.“ Als sie das Glas geleert hatte, begann sie: „Nun, da sind an drei Vormittagen ihre Sprechstunden in den kleinen Polikliniken. Die dauern oft von neun bis zwei oder halb drei. Dann Hausbesuche in den Dörfern. Und an den anderen Vormittagen Sprechstunden im Gebietskrankenhaus in Mbungwa. Und wieder Hausbesuche, wenn dazu dann noch Zeit bleibt.“

„Das klingt ziemlich hart.“

„Es ist auch hart.“

„Kein Wunder, daß sie dann müde ist.“

„Todmüde! Ich sag's dir doch.“

Er schwieg. Es war eine zähe Unterhaltung, aber nun wußte er doch schon einiges. Es war auch gut, wenn er darauf vorbereitet war, daß sie müde sein würde.

Durch die offene Tür schaute er hinaus in die Finsternis. Lange brauchte er nicht mehr zu warten. Er hörte den Motor des Wagens, ehe er die Scheinwerfer sehen konnte.

Martie schlug mit einem Knall die Wagentür zu. Ihre Schritte kamen über den Hof. Über die Veranda. Und dann ihr Gesicht im Licht der Lampe! Völlig überrascht. Sie lachte!

„Hallo!“ rief sie und stürmte auf ihn zu. Keine Spur von Müdigkeit! „Ist ja toll! Sag mal, wo kommst du denn her? Das find’ ich großartig.“

Dirk konnte zufrieden sein. „Ich hatte schon Angst, daß du zu müde bist, um dich über meinen Besuch zu freuen.“

„Aber nein! Das muntert mich richtig auf! Dich hier zu sehen, Dirk! Wer hätte das erwartet? Sitzt du denn nicht vierhundert Kilometer entfernt von hier?“

„Nicht mehr!“ rief Dirk strahlend. „Ich bin jetzt nach Mkoko versetzt. Ich soll dort eine Gemüseanbaugenossenschaft auf die Beine stellen. Klappt aber nicht so gut, wie es sollte.“

„Wie lange bist du schon da?“

„Drei Wochen.“

„Und da kommst du erst heute her?“

Er konnte nicht gut sagen, daß er es früher nicht gewagt hatte. An jedem freien Sonnabend und Sonntag kann ich Lex hier treffen, hatte er gedacht. Das hätte er übrigens vorhin bei Bea herausfinden müssen. Unwillkürlich blickte er in die Richtung der kleinen Küche, wohin sie verschwunden war. Er hörte Geschirr klappern. Sicher holte sie das Essen.

„Was hast du da an der Hand?“

Er nickte mit dem Kopf zu dem Äffchen hinüber, das jetzt auf der Türschwelle saß.

„Nein! Hat er schon wieder gebissen? Lex hat er auch schon

zu packen gekriegt. Und Pimmetje. Bea, Pekkie hat schon wieder gebissen! Du mußt was dagegen tun."

Bea reagierte nicht darauf. Sie stellte zwei Schüsseln auf den Tisch und ging wieder hinaus, um den Rest zu holen.

„Wir essen ganz holländisch", sagte Martie, „schrecklich alltäglich, aber so lecker. Setz dich dorthin. Ja natürlich, tu ganz, als ob du zu Hause bist. Du siehst doch, daß Obi für drei gedeckt hat."

Nein, das hatte er noch nicht gesehen. Du hörst nichts und siehst nichts, hatte Lex einmal gesagt. Doch jetzt sah er Martie an.

„Kartoffeln mit Soße, das essen sie bei den Missions-Brüdern auch", sagte er.

„Wohnst du bei ihnen?"

„Nein. Aber für die ersten drei Tage hatten sie mich aufgenommen. Das ist ein vergnügtes Volk."

„Hm, so ..."

Hatte sie nichts übrig für die Brüder? Oder fand sie seine Unterhaltung so dumm?

„Jetzt habe ich ein eigenes Haus. Es soll zwar noch ein zweiter Mann dort einziehen, aber der ist noch nicht da. Auch für die Gemüseanbaugenossenschaft, doch der soll dann – wie soll ich das ausdrücken? – die geschäftliche Seite übernehmen, dann kann ich mich mehr der eigentlichen Anbauarbeit widmen. Vorläufig muß ich noch beides machen."

„Du hast schon vorhin gesagt, daß das nicht leicht ist. Aber nach drei Wochen kann man noch nichts beurteilen."

„Ja, das stimmt. Nach drei Wochen kann man eigentlich noch gar nichts sagen."

Zum Glück setzte sich nun auch Bea an den Tisch. „Na,

hört mal“, seufzte sie. „Warum habt ihr denn noch nicht angefangen?“

Jetzt ging es besser. Er erzählte was, und sie erzählte was, und so überstanden sie die Mahlzeit. Martie war plötzlich still geworden. Sie war also doch müde. Sie hatte dunkle Ringe unter den Augen. Und die Haare hingen ihr in Strähnen über die Ohren. Sie hatte sich ja nicht mal die Zeit genommen, sich ein bißchen frisch zu machen. Nicht, daß es ihn gestört hätte, gar nicht, denn sie gefiel ihm auch so.

„Ich mach' uns jetzt einen starken Kaffee.“ Bea stand auf. „Und der Abwasch bleibt bis morgen für Obi stehen.“

„Morgen ist Sonntag, da kommt er nicht“, sagte Martie mit geschlossenen Augen. Plötzlich sah sie Dirk an. „Ich bin doch müde“, flüsterte sie. „Aber mach dir nichts daraus. Schließlich ist's Ende der Woche, nicht wahr?“

Er nickte. Wenn er es nur einmal wagen würde, den Arm um sie zu legen oder so. Aber er traute sich einfach nicht. Sie hatte auch nicht gefragt, ob er über Nacht bleiben wollte. Morgen würde sie bestimmt frischer sein, dann hatte sie sich ausgeruht.

„Mkoko“, murmelte sie, „von hier nach Mkoko sind's ungefähr achtzig Kilometer. Das kann man in zwei Stunden schaffen.“

Wung, wo Lex sitzt, liegt vier Stunden von hier entfernt, ich bin also im Vorteil, dachte Dirk.

„Weißt du“, begann Martie zögernd, „es ist möglich, daß Lex heute abend kommt. Ich kann ihn nicht bei Nacht vier Stunden zurückfahren lassen. Verstehst du das?“

Verdammt! Aber er würde keinen Schritt weichen. Wenigstens nicht so rasch. Wie konnte sie das Herz haben, ihm das zu sagen? Und warum hatte diese Bea ihn denn nicht gewarnt?

Die kam gerade mit dem Kaffee herein, eine Thermosflasche und drei Tassen auf dem Tablett. Die vierte Tasse fehlte noch.

„Es ist natürlich nicht sicher, ob er kommt“, sagte Martie, „aber es kann sein. Er kommt immer unangemeldet. Na ja, du ja auch, nicht wahr?“ Sie hatte also doch etwas gemerkt.

„Wir können doch beide hier schlafen.“ Es kostete ihn Mühe, das so einfach hinzusagen. „Was ist dagegen einzuwenden?“

„An sich natürlich nichts. Nur ...“

„Was heißt ‚Nur‘?“

Marties Gesicht lag außerhalb des Lichtkreises, und einen Augenblick lang sah sie ihn genauso offen an wie Obi heute nachmittag. „Wenn du es ganz ehrlich wissen willst: Ich finde es sehr schwierig, euch beide hier zu haben. Und da dachte ich, es ist anständiger – und das meine ich wirklich so –, Lex hierbleiben zu lassen.“

„Was du anständig nennst!“ Seine Stimme gehorchte ihm nicht ganz.

„Du mußt das begreifen, Dirk.“

„Ich begreife es nicht.“

Sie schwieg.

„Wir könnten gut beide hier in diesem Zimmer ...“

Müde sagte sie: „Natürlich ... Aber darum geht es nicht. Ich habe dir doch gesagt, daß ich es zu schwierig finde. Zu kompliziert. Ihr kriegt euch immer in die Haare. Lex hackt auf dir herum, und dann wirst du querköpfig. Dazu hab’ ich keine Lust. Ich sitze immer dazwischen!“

Sie griff nach ihrer Kaffeetasse und trank hastig.

Arbeit im Labor

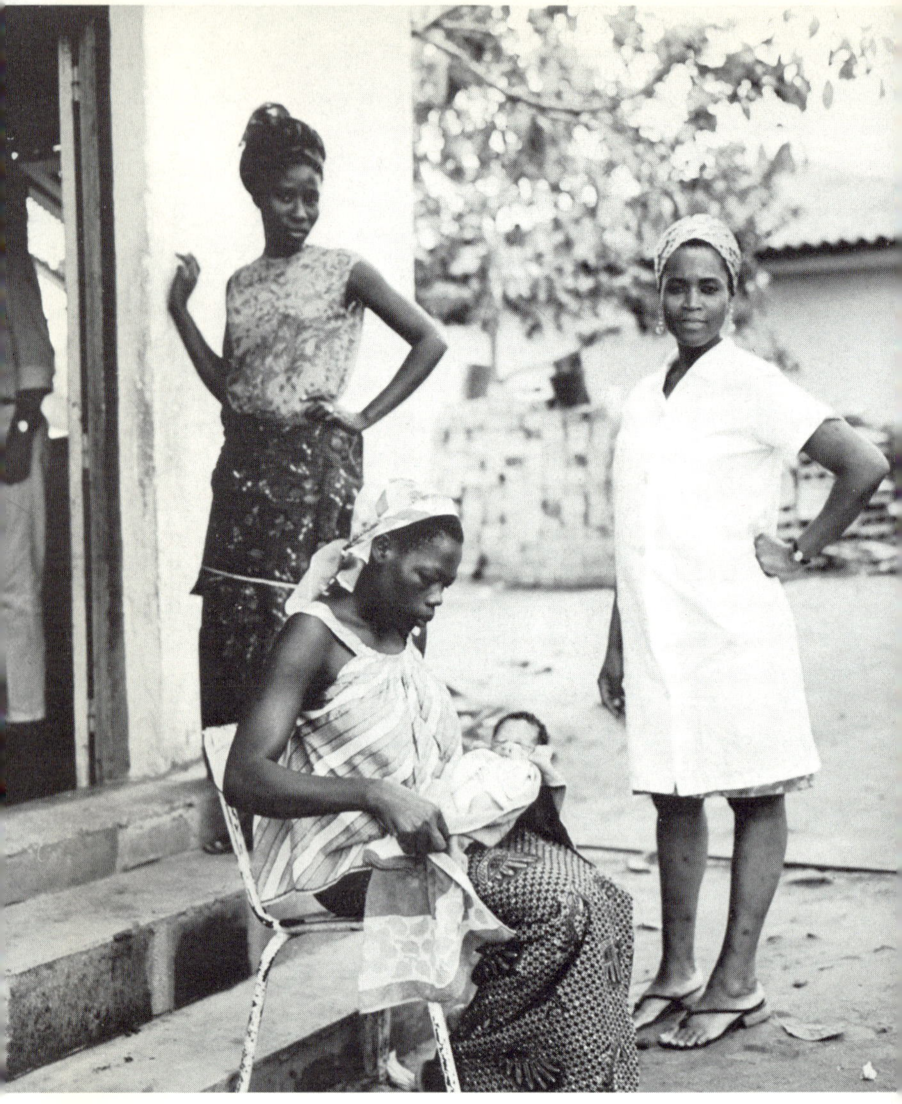

Vor einer Poliklinik

„Es ist noch kein Zucker drin“, sagte Bea.

„Ach, Entschuldigung.“

„Warum entschuldigst du dich?“ Bea beugte sich vor und reichte ihr die Zuckerdose. Sie hatte einen kräftigen Busen, und bei der Bewegung konnte man alles sehen. Dirk richtete den Blick verwirrt auf etwas anderes.

Als er Martie anschaute, sah er, daß sie ihn beobachtete. Jetzt nur ruhig bleiben, sagte er sich, tun, als ob nichts wäre! „Was ist?“ fragte er.

„Wenn du jetzt hierbleibst, Dirk, wird es für uns alle drei – vier“, verbesserte sie sich rasch, „ein verdorbener Sonntag. Bea und ich, wir sind beide müde. Lex setzt sich dann hin und liest. Er hat immer Bücher mit. Ich lese übrigens meistens auch. Aber wenn du da bist...“

„Ich kann mich auch hinsetzen und lesen.“

Bea stand auf und schob heftig den Stuhl zurück. Sie warf Dirk einen Blick zu, den er glücklicherweise nicht sah.

„Mach dir doch nichts vor!“ spottete Martie. „Ich sehe dich schon, wie du auf diesem Stuhl sitzt und liest – und ich hier und Lex dort! Das ist doch Blödsinn!“

Draußen plätscherte Wasser aus dem Hahn in den kleinen Ausguß. „Das ist Bea. Sie wäscht sich. Sie geht immer früh ins Bett.“

Dann hast du nachher mit Lex das Reich für dich allein, dachte Dirk. Ich fahre nicht weg. Er sah sie an. „Dann mache ich es ebenso“, sagte er. „Ich bin nun einmal den ganzen Weg hierher gekommen. Ich habe ein Feldbett im Wagen. Und wenn es dir recht ist, stelle ich es draußen auf. Dann fahre ich eben morgen früh und schlafe heute nacht beim Nachtwächter. Ist er bewaffnet?“

„Zwei Speere und ein Säbel."

Sie lachten beide.

„Nein", sagte Martie. „Ich weiß eine bessere Lösung. Du fährst heute abend zurück nach Mkoko. Aber für das nächste Wochenende lade ich dich offiziell ein. Dann sagte ich Lex: ‚Dirk kommt, also kannst du nicht kommen, das ist mir zu kompliziert.'"

„Mich lädst du also offiziell ein, aber er kann vorbeikommen, wann er Lust hat, und ist immer willkommen."

„Dirk, weißt du, daß Lex das ganze Jahr noch keinen Tag Urlaub genommen hat und mit den Nerven völlig herunter ist?"

„Nein."

„Na, dann weißt du's jetzt."

„Warum soll er denn mehr mit den Nerven herunter sein als andere?"

„Weil er so ist, wie er ist. Er nimmt sich alles so zu Herzen, er regt sich über alles auf, er macht es sich schwer, und dabei meint er es nur gut. Er versteht mehr von den Hintergründen und von den Beweggründen als wir alle miteinander."

„Beweggründe und Hintergründe ... dieses ganze Gerede. Da geht's schon wieder los. Und ich muß verduften."

Martie schwieg entmutigt. Das Ganze war ihr auch Beas wegen unangenehm. Bestimmt hielt sie Dirk für einen ungehobelten Flegel im Gegensatz zu Lex, den sie interessant fand. Selbst als drittes Rad am Wagen genoß sie es jedesmal, wenn er kam. Es war übrigens nur gut, daß sie immer dabei war, denn allein mit Lex, das war auch nicht das Rechte. Obwohl sie sich's manchmal brennend wünschte. Aber wenn es dann wirklich dazu kam, war es auch wieder nicht richtig. Alles, was mit Lex zusammenhing, war eben schwierig. Früher hatte sie oft gesagt: Er ist nun einmal kompliziert, was willst du machen? Erst komplizierte Menschen sind wirklich interessant.

„Jetzt pfeif' ich drauf", seufzte sie laut.

„Worauf?" fragte Dirk verdutzt. Er sah aus, als ob er gerade aus dem Schlaf hochgefahren wäre.

„Ach, ich meine diese ganze Kompliziertheit. Ich bin zu müde dazu. Ich will nicht. Und deshalb mußt du weg." Dann sprang sie auf. Sie zog Beas Stuhl neben seinen und setzte sich hinein. „Glaub jetzt ja nicht, daß ich mich nicht gefreut hätte, dich zu sehen. Ich hab' mich blödsinnig gefreut. Es war toll, dich da plötzlich stehen zu sehen. Wie lange haben wir uns eigentlich nicht mehr gesehen? Vier ganze Monate müssen das sein. Das letzte Mal bei der Entwicklungshelferkonferenz in Kaganda."

„Damals, als du jeden Abend mit Lex tanzen gegangen bist. Und nur den letzten Abend mit mir."

„Genau. Damals."

„War das aus Mitleid?"

„Du bist verrückt."

Er glaubte ihr. Ehrlich war sie immer. Aber wie das alles zusammenhing, das würde er nie begreifen. Nie.

„Ich verstehe das nicht", sagte er vorwurfsvoll.

„Ich auch nicht."

„Und was hab' ich davon."

„Gar nichts. Aber ich kann's nicht ändern. Ich bin dir gegenüber vollkommen ehrlich, wenn ich sage, daß ich's selbst nicht verstehe. Und nun bitte ich dich inständig: Laß uns über was anderes reden, über deine Arbeit oder so etwas – oder über meine Arbeit. Und in einer Stunde fährst du zurück."

„Und wenn er bis dahin kommt?“ Er hatte sich also geschlagen gegeben.

„Lex kommt immer spät“, erwiderte sie. „Sonnabends geht er mit ein paar Männern aus Wung auf die Jagd.“

„Was schießt er denn?“

„Antilopen. Das Fleisch, das wir heute abend gegessen haben, war auch Antilope.“

„Es hat ausgezeichnet geschmeckt. Hat Lex das Tier geschossen?“

„Er bringt uns immer etwas davon mit.“

„Hm.“

„Aber nun schaff du dir nicht auch gleich ein Gewehr an!“

Verdammt! Wie konnte sie erraten, daß er gerade daran gedacht hatte? Er ließ den Blick über ihr müdes Gesicht wandern. „Weißt du, daß du die schönsten Ohren hast, die ich je bei einem Mädchen gesehen habe? Es sind keine gewöhnlichen Ohren – es sind kleine Muscheln.“

„Nein, wirklich?“ Sie lachte. „Deshalb wird in den Anatomiebüchern und in allen Lexika auch von Ohrmuscheln gesprochen. Aber du hast dir das ganz allein ausgedacht.“

„Und jetzt machst du dich über mich lustig, nicht wahr?“

Plötzlich sah sie ihn ernst und voller Teilnahme an. „Aber nein“, sagte sie langsam. „Ich mache mich nicht über dich lustig. Mir ist es ernst. Du denkst dir solche Dinge wirklich selber aus. Du brauchst sie nicht erst in Büchern zu lesen.“

„Meinst du das freundlich?“

„Ja, das meine ich freundlich.“

Er stand auf. „Dann will ich jetzt fahren, ehe es wieder anders kommt. Das Essen war gut, der Kaffee war gut. Ich danke dir. Und sorg dafür, daß du heut nacht gut schläfst.“

Leise berührte er ihre Schulter. Es war ein sehr flüchtiger Gruß. Sie brachte ihn zum Wagen. Draußen war es frisch. Vor einem kleinen Feuer hockte der dunkle Schatten des Nachtwächters. „Wenn es richtig kalt wird, dann kriecht er wohl in den Ziegenstall", sagte Martie.

Als Dirk hinter dem Lenkrad saß, legte sie ihm die Hand auf den Arm. „Heute in einer Woche also. Abgemacht?" Er nickte.

„Auf Wiedersehen."

Auf halber Strecke nach Mkoko kamen ihm auf dem Buschweg die Lichter eines anderen Wagens entgegen. Daß es ein Land-Rover war, sah er an der Stellung der Scheinwerfer. Da war Lex also. Dirk biß die Zähne zusammen. Gleichzeitig dachte er: Wie komm' ich an ihm vorbei? Einer von uns beiden muß am Straßenrand anhalten. In dem Augenblick wich der andere Wagen in den Wald aus, um ihn vorbeizulassen. Dirk gab heftig Gas. Trotzdem sah er im Vorüberfahren, daß der Fahrer die Hand zum Gruß hob und daß es nicht Lex war. Dirk hielt an.

Beide stiegen aus. Es war ein Schweizer vom Technischen Hilfsdienst, Abteilung Wasserversorgung und Brunnen, der wie die beiden Mädchen in Latun stationiert war. Wenn man sich in der Wildnis begegnete, war es selbstverständlich, daß man stehenblieb und einen kleinen Schwatz hielt. Jeder hörte gern etwas Neues. Dirk konnte das Schwyzerdütsch des kleinen Mannes nur schwer verstehen. Aber dieser konnte auch ein bißchen Holländisch, das er von den Mädchen gelernt hatte. Sie nannten ihm Pimmetje – „warum, das weiß ich nicht".

„Dieser Affe – Pekkie –, hat der Sie auch gebissen?" fragte Dirk, obwohl er es genau wußte.

„Der Pekkie – der Affe –, ja, der Scheißkerl!“ Und mit aufrichtigem Mitgefühl sah er auf Dirks verbundene linke Hand.

So standen sie denn zusammen mitten im nächtlichen Busch und lachten, zwei Wildfremde. Dirk munterte das ein bißchen auf. Als er wieder hinter das Lenkrad kroch, war er besserer Stimmung. „Scheißkerl!“

Viel weniger verkrampft und einigermaßen besänftigt fuhr er weiter. Als er von dem Waldweg auf die große Straße kam und nach rechts abbiegen wollte, näherte sich von links ein anderer Land-Rover. Diesmal war es Lex. Sie fuhren aneinander vorbei, der eine Richtung Mkoko, der andere Richtung Latun. Scheißkerl, dachte Dirk. Dieser Scheißkerl! Aber ich werd's überleben. Außerdem wußte er natürlich ganz genau, daß Lex kein Scheißkerl war. Doch das machte es nicht leichter. Er gab Gas und fuhr rasch nach Mkoko.

3

„Das mußt du dir mal anhören!“ sagte Lex und schlug mit der flachen Hand auf das Buch, das er gerade las.

Martie schaute hoch. Nein, es war kein Buch, sondern eine Zeitschrift, wahrscheinlich wieder ein afrikanisches politisches oder kulturelles Magazin in französischer oder englischer Sprache. Lex war wohl der einzige Entwicklungshelfer, der Möglichkeiten fand, diese Dinger zu lesen. Wie er die Zeit aufbrachte, war ihr ein Rätsel.

„Hör mal“, wiederholte Lex, „der Verfasser dieses Artikels behauptet, daß die Arbeitsscheu des durchschnittlichen Afrikaners historisch zu erklären sei. Das mußt du dir anhören: ‚Nach dem Sklavenhandel, den die Afrikaner übrigens auch untereinander betrieben haben, kam die Ausbeutung durch die Kolonialmächte. Das Regime der Kolonialmächte mag noch so human gewesen sein, immer herrschte ein System der Zwangsarbeit.‘ Nun darf man aber voraussetzen, daß es meistens gar nicht so human gewesen ist – aber das ist ein Zusatz von mir. Dieser Verfasser ist in seinen Äußerungen forciert objektiv und deshalb lächerlich vorsichtig, denn natürlich kann er es sich nicht erlauben, gewisse ausländische Mächte vor den Kopf zu stoßen. Wegen der wirtschaftlichen Bedürfnisse seines Landes, das wirst du ja verstehen. Die Burschen hier sind immer noch nicht wirklich frei. Wenn die Afrikaner ...“

„Hör mal einen Augenblick auf!" unterbrach ihn Martie und strich sich mit beiden Händen durch das nasse Haar. Sie hatte es gerade gewaschen und vorgehabt, hier ruhig auf der Veranda zu sitzen und es trocknen zu lassen.

„Warum soll ich aufhören?"

„Weil ich die gleichen Dinge schon früher von dir gehört habe. Dieser Mann erzählt dir nichts Neues und mir deshalb auch nicht." Sie schüttelte mit zurückgelegtem Kopf die Haare. Das Badehandtuch lag ihr noch auf den Schultern. „Weißt du, meine Haare sollen trocken werden, und ich will dösen und nicht nachdenken."

„Aber ich lese es dir ja gerade vor, weil es die Bestätigung dessen ist, was ich immer behauptet habe. Und aus der Feder eines Mannes, der Soziologie und Anthropologie studiert hat."

„Wo?" wollte sie wissen.

„Was spielt denn das nun für eine Rolle? Oder meinst du, er könnte von links orientierten Mächten beeinflußt sein, etwa von Moskau oder Kuba? Aber dazu drückt er sich zu ..."

„Hör mir mit links orientierten Mächten auf!" rief Martie ungeduldig. „Ich habe nur ‚wo' gefragt, weil ich etwas ganz Gewöhnliches hören wollte. Ich meine ... wenn du geantwortet hättest, in Paris, dann hätten wir über Paris schwatzen können, über Maxiröcke und nette Verkehrspolizisten. Und hättest du London gesagt, dann hätte ich dir erzählt, daß gestern endlich die Zeitschrift Libelle mit zwei Monaten Verspätung angekommen ist und daß etwas über den Buckingham-Palast drin steht, über die englische Königsfamilie und ihren ganzen Tagesablauf, was sie sonntags tun und wie einfach die Königin Tee trinkt und solche Sachen ..."

Sie wollte ihn ein bißchen reizen. Ob es ihr gelingen würde, wußte sie noch nicht. Wenn sie ihn doch nur mal zum Lachen oder Schimpfen bringen könnte! Über ganz alltägliche Dinge lachen oder schimpfen oder auch ein bißchen jammern. Der Sonntag war zum Entspannen da, und der Himmel wußte, wie dringend sie das hier brauchten. Früher zu Hause in Emmeloord hatte sie diese langweiligen Sonntage oft genug ärgerlich gefunden, doch hier genoß sie sie. Herrlich, nichts zu tun, und herrlich, nichts tun zu müssen. Sie reckte sich behaglich.

Lex beobachtete sie. Seine Stimme klang verliebt, wenn die Worte auch im Gegensatz dazu standen. „Du tust dümmer, als du bist."

„Ach, du meine Güte, nein, bestimmt nicht! Glaubst du das wirklich?"

„Vorläufig gebe ich's auf", seufzte er und schlug ein Bein übers andere. Er versuchte, sich wieder in seine Lektüre zu vertiefen. Doch dann blickte er noch einmal auf. „Aber ich krieg' dich schon noch."

„Erst muß mein Haar trocken sein. Vorher bin ich nicht zu sprechen." Sie schloß die Augen und lehnte sich zurück. Sie dachte: Gestern habe ich zu Dirk gesagt: Lex liest, und ich lese.

Was für ein Unsinn! Meistens lese ich nicht eine Zeile. Ich blättere lieber die Libelle durch oder Beas Zeitschrift Margriet und guck' mir nur all die schönen Sachen darin an, die es woanders gibt und hier nicht, und fühle mich zufrieden, daß ich Holländerin bin. Dabei hab' ich ganz und gar keine Schuldgefühle und will auch keine haben. Auch wenn Lex immer wieder versucht, uns welche einzureden. Was können wir denn dazu, daß unsere Vorfahren eine falsche Kolonialpolitik getrieben haben? Wir werden eben andere Dinge falsch machen.

Ich will nicht dauernd darüber nachdenken müssen. Ich bin die ganze Woche eingespannt. Ich mach' meine Arbeit so gut wie möglich, und mehr kann ich nicht tun. Außerdem will ich in meiner Freizeit Ruhe haben. Wenn er noch einmal anfängt, werde ich giftig. Und dann werde ich ihm auch gleich sagen, daß Dirk nächste Woche kommt. Bei Dirk ist alles ganz anders. Ihm könnte ich einfach die Libelle in die Hand drücken und sagen: Guck mal, Prinz Philipp ist verrückt aufs Fischen. Und dann fängt Dirk auch an übers Fischen zu reden – aber nicht über die Fischsterblichkeit oder über den Fischbestand, wie es Lex tun würde, sondern über Angelhaken und Würmer, und daß er als Junge Stichlinge gefangen hat. Und dann kann ich ihm erzählen, daß ich mit meinem Vater manchmal mit einem kleinen Schleppnetz Krabben gefischt habe. Wir ließen den Wagen immer am Deich stehen, und Vater zog seine Stiefel an, die bis zu den Oberschenkeln reichten, und ich durfte alte Gummistiefel von Onkel Evert anziehen, aber ich wurde trotzdem klatschnaß – und wenn wir nach Hause kamen, kochte meine Mutter die Krabben. Manchmal suchten wir auch Treibholz, machten selber ein kleines Feuer auf einem abgelegenen Strand und kochten die Krabben in einer leeren Konservenbüchse. Dann schmeckten sie natürlich noch besser. Manchmal warfen wir auch noch Tang aufs Feuer. Es gibt Menschen, die finden, daß das stinkt – wir nicht. Ich auch nicht, sagt Dirk dann vielleicht, und weißt du, was noch gut riecht? Wenn das Kartoffelkraut auf den Feldern verbrannt wird. Ja, das gab's bei uns im Polder auch, August, September, dann war der Rauch ganz blau, und überall sah man ihn zum Himmel aufsteigen. Hier riecht es manchmal so, wenn sie den Wald verbrennen, um einen neuen Acker urbar zu machen.

Oder Gras, vor allem dort drüben, nach Dingsda zu. Dingsda? Ja, dort drüben diese Gegend, ich weiß nicht genau, wie die Orte heißen, Dingsda eben, aber du weißt schon, was ich meine.

So konnte man mit Dirk reden. Ganz einfach war das. Er sagte bestimmt nicht, daß das Abbrennen des Waldes oder des Grases zwar falsch, aber traditionell begründet und aus historischen Gründen erklärlich sei. Ach, du lieber Himmel! Da war sie schon wieder bei Lex.

„Bea?"

Martie hörte sie in der Küche hantieren.

„Sag mal, Bea, wie steht es mit Kaffee? Ich hätte große Lust darauf. Und haben wir eigentlich noch ein paar von den Keksen von Schwester Rosa? Oder sind die schon alle?"

Bea kam auf die Veranda, ein Badehandtuch um den Kopf gebunden. Die hatte sich also auch das Haar gewaschen. Lex holte, wenn auch ungern, einen Stuhl von drinnen. Sie ließ sich hineinfallen und sagte: „Die Kekse haben die Ameisen gefressen!"

„Hat Obi sie denn nicht in den Fliegenschrank gestellt?"

„Der hat anscheinend ein Loch, denn die Ameisen sind jetzt auch da drin."

Ob sie Lex bitten sollte, sich das mal anzusehen? Nein, besser, sie sagte es nächste Woche Dirk. Der würde den Schrank auch ohne langes Bitten reparieren. Zu dumm, daß sie keinen Kühlschrank hatten. Die meisten Entwicklungshelfer hatten einen. Aber wenn der Koch mal vergaß, Petroleum nachzufüllen, dann waren plötzlich sämtliche Lebensmittel verdorben. Da war ein Fliegenschrank schon besser.

„Obi hatte gestern vergessen, Wasser abzukochen und zu

filtern", sagte Bea. „Ich habe jetzt einen großen Topf auf den Herd gestellt. Könntest du den nachher in den Filtrierapparat oben auf dem Fliegenschrank schütten, Lex? Ich schaff' es nicht selber, der Schrank ist zu hoch und der volle Topf zu schwer. Sonst haben wir den ganzen Tag kein Trinkwasser."

„Gebt mir ruhig Bier", murmelte Lex, ohne aufzuschauen.

„Aber Martie und ich möchten gern Wasser."

„Ach so", sagte er, während er weiterlas. „Ich werd's nachher tun."

Martie stand auf. „Bleib du jetzt nur sitzen", sagte sie zu Bea. „Ich fragte nur nach dem Kaffee, weil ich dachte, daß du schon dabei warst. Entschuldige bitte. Da will ich ihn jetzt machen."

Sobald sie weg war, blickte Lex auf. „Ist etwas mit ihr?" fragte er Bea.

„Was soll denn sein? Sie ist ein bißchen müde, das ist alles."

„Ist die Arbeit nicht zu anstrengend für sie?"

Bea tat ziemlich gleichgültig. Insgeheim wünschte sie, es hätte sich auch um sie jemand solche Sorgen gemacht. Aber das tat niemand. Und das ärgerte sie immer wieder. Sie nahm es Martie mehr übel als Lex, was natürlich verrückt war. Aber es war nun einmal so. Deshalb mußte sie sich Mühe geben, sich nichts anmerken zu lassen.

„Natürlich ist die Arbeit anstrengend", erwiderte sie, nachdem sie sich das nasse Haar erst noch einmal tüchtig mit dem Handtuch gerieben hatte. „Aber schließlich versteht Martie etwas von ihrem Beruf und schafft die Arbeit auch. Ist es denn so verwunderlich, daß man am Wochenende mal ausruhen möchte? Das ist doch kein Beweis für zuviel Arbeit. Das ist nur normal. Ich bin auch müde. Du etwa nicht?"

Martie rief aus der Küche: „Nicht lästern, hört ihr!“

„Ich lästere doch gar nicht“, erwiderte Bea gereizt.

Lex rollte sich eine Zigarette. Wenn er nicht gerade hinter dem Lenkrad saß, drehte er sich die Zigaretten immer selbst.

„Nimmst du dazu eigentlich einheimischen Tabak? Das würde wenigstens zu deinen Theorien passen.“ Es klang giftig.

„Hör mal“, entgegnete Lex, „wenn es dich stört, daß ich hierher komme, dann ...“

„Wer behauptet denn, daß es mich stört?“ Beinah hätte sie gesagt: Im Gegenteil, nur daß du ausschließlich wegen einer kommst, das stört mich. Aber so etwas konnte man natürlich nicht sagen.

„Es ist nicht immer leicht, ein Haus zu teilen“, fuhr Lex in väterlichem Ton fort, während er immer noch die Zigarette rollte – dabei wurde das Ding immer dünner. „Unter normalen Umständen würde das kaum Schwierigkeiten hervorrufen. Aber ihr sitzt hier zu dicht aufeinander. Und ihr seht nie einen anderen Menschen.“ Er leckte das Blättchen an.

„Es paßt gar nicht zu dir, die Einheimischen nicht zu den Menschen zu zählen“, sagte Bea spitz. „Außerdem sind wir beinah regelmäßig mit Pimmetje zusammen, und du selber läßt ja auch kaum mal ein Wochenende aus. Und weißt du, wer gestern hier war? Nein? Hat sie ...“ Bea machte eine Kopfbewegung zur Küche hinüber, wodurch sich ein Zipfel ihres Handtuchs löste, „hat sie's dir denn nicht erzählt?“

„Wer denn?“ fragte Lex gleichgültig.

„Dirk Hoefnagel aus deiner Gruppe. Wenigstens ist er mit euch zusammen ausgebildet worden.“

„So.“

„Findest du ihn ... ist er dir nicht sympathisch?“

Lex, der gegen das Wort sympathisch allergisch war, schüttelte den Kopf. Dann sagte er: „Er ist recht tüchtig, der Typ des verbissenen, sturen Arbeiters. Unwahrscheinlich zuverlässig. Aber alles so ein bißchen ohne nach links oder rechts zu schauen, falls du verstehst, was ich damit meine."

Er lächelte dem Mädchen mit dem monströsen Handtuch um den Kopf so freundlich zu, wie es ihm möglich war. Wenn sie nachher auch noch Lockenwickler im Haar hatte, würde es ihm noch schwerer werden, freundlich zu bleiben. Eigentlich sollte sie verschwinden. Den einen Tag in der Woche, den er bei Martie war, hätte sie weggehen müssen. Aber wohin schließlich? Das war nicht so einfach. Hier gab es ja nichts. Das arme Schaf konnte auch nichts daran ändern. Und in ihrer Arbeit war sie sehr tüchtig, wie er gehört hatte. Deshalb sah er ihr manches nach, sogar das scheußliche Badehandtuch mit diesen kleinbürgerlichen rosa Rosen! Heiliger Strohsack, wie konnte ein Mensch so was schön finden!

Gerade als Martie mit dem Kaffee hereinkam und einschenken wollte, erschien zur höchsten Überraschung der drei Obi in seinem langen Sonntagsgewand auf dem Hof. Er überschritt ihn in einem Tempo, das – obwohl beherrscht – doch erheblich schneller war als üblich. Die Thermosflasche in der Hand, schaute Martie erschrocken auf. „Ist etwas passiert, Obi?"

„Ja, Miss Martie. Das jüngste Kind meines Bruders – es tut mir leid, daß ich störe, guten Tag, Sir, guten Tag, Miss Bea –, das jüngste Kind meines Bruders ist heute nacht ins Feuer gefallen. Ich würde Sie gewiß nicht belästigen, wenn es nicht so ernst wäre. Die Mutter ist mit dem Kind zu Won-nguy, unserm einheimischen Doktor, gegangen, der ihr Kräuter und eine Salbe gegeben hat. Sie hat meinen Bruder auch überredet, bei Won-nguy das Hühnerorakel zu Rate zu ziehen, weil sie glaubt, daß Zauberei im Spiel ist. Es ist jetzt schon das zweite Mal, daß das Kind ins Feuer gefallen ist, aber diesmal ist es viel schlimmer. Ich... nehmen Sie mir's nicht übel, aber ich wollte fragen, ob Sie das Kind nicht ins Krankenhaus bringen wollen. Es stirbt gewiß, wenn das nicht geschieht. Es tut mir leid, es sagen zu müssen, aber unser Medizinmann in Latun ist kein guter einheimischer Doktor. Ich glaube auch nicht, daß es sich um Zauberei handelt. Mein Bruder hat nichts Falsches getan, er hat keine Feinde. Wer sollte also dem Kind etwas Böses antun wollen? Das Mädchen ist im Schlaf von seinem Bambusbett ins Feuer gefallen. So etwas kann geschehen."

Bea stand so heftig auf, daß sich das Badehandtuch um ihren Kopf völlig löste. Sie sah ziemlich einfältig aus, wie sie da stand. Auf holländisch sagte sie: „Das ist nun schon das fünfte Mal, seit ich hier bin. Kind ins Feuer gefallen. So etwas kann geschehen – das sagen sie jedesmal." Sie zog das Handtuch herunter und warf es auf einen Stuhl. Auf dem Weg ins Zimmer drehte sie sich rasch nach Obi um. „Warte auf mich! Ich mache mich fertig. Ich werde das Kind mit der Mutter ins Krankenhaus fahren."

„Vielen Dank, Miss Bea." Obi trat aus Bescheidenheit zwei Schritte zurück, doch als Pekkie auf ihn zusprang, beeilte er sich, hinter Martie und Lex vorbei auf den anderen Teil der Veranda zu kommen.

„Verdammtes Biest!" knurrte Lex zwischen den Zähnen.

Bea war rasch fertig.

Nachdem sie mit Obi weggefahren war, tranken die beiden anderen schweigend ihren Kaffee. Schließlich stand Martie auf. Sie nahm das Badetuch vom Stuhl.

„Das hat mir meine Mutter zum Geburtstag geschickt", sagte sie und wies auf das Tuch. „Findest du's schön? Ich nicht. Deshalb hab' ich's Bea gegeben."

„Euer Obi lebt in zwei Welten", sagte Lex und ignorierte das Handtuch und dessen Geschichte.

Martie faltete das Tuch sorgfältig zusammen.

„Besser gesagt, im Niemandsland zwischen zwei Welten. In dieser Übergangsperiode haben es die gebildeten Afrikaner schwer. Sie werden selten glücklich dabei. Und doch müssen sie da hindurch."

„Obi sucht eine Stellung", sagte Martie. Sie hatte das Badehandtuch an sich gedrückt und strich mit der einen Hand immer wieder darüber.

„Was tust du denn da?" fragte Lex irritiert. „Du streichelst das Tuch, als sei es ein Kind."

„Entschuldige."

Sie fühlte sich ertappt. Seine Bemerkungen waren oft treffender, als sie sich eingestehen wollte. Ihr lag daran, nüchtern und nicht zu gefühlsbetont zu wirken. Und das durchschaute er. Eigentlich hatte er ja recht. Als sie über das Tuch strich, hatte sie wirklich an das verbrannte Kind gedacht.

Martie ließ sich wieder in den Stuhl sinken. „Bea hat das schon fünfmal erlebt, und dabei ist sie nicht mal Krankenschwester – da kannst du dir ein Bild machen, wie oft so etwas vorkommt. In den kleinen Polikliniken und im Krankenhaus haben wir ständig solche Fälle, immer wieder Opfer dieser elenden offenen Feuerstellen in den Hütten. Meistens werden die Kinder zu spät gebracht – wenn sie überhaupt gebracht werden. Die Brandwunden selbst brauchen noch gar nicht so schlimm zu sein, aber oft sterben die Kinder dann an

Infektionen. Und dann trottet die Mutter mit einem kleinen Sarg auf dem Kopf in ihr Dorf zurück."

Lex goß die beiden Tassen noch einmal voll.

„Sie machen jede Hilfe oft völlig unmöglich", fuhr Martie fort. „Das siehst du ja auch an der Mutter dieses Kindes. Sie glaubt an Zauberei und geht zum Medizinmann."

„Na und?" fragte Lex scharf. „Daran haben die Menschen hier immer geglaubt. Soll das von einem Tag zum anderen aufhören, nur weil wir mit unserer Wissenschaft kommen, die ihnen nichts bedeutet? Jahrhundertelang haben Priester und Medizinmänner ihnen eingeredet, daß es übernatürliche Kräfte gibt. Was willst du also! Jedenfalls ist ein Mensch in dieser Wildnis klein und ohnmächtig. An irgend etwas muß er sich dann klammern. Die Geister seiner Vorväter sind für ihn lebende Mächte, die ihm Schutz geben können, außer wenn er sich zu Recht oder Unrecht den Groll eines dieser Toten auf den Hals geladen hat. Dann muß so ein Geist mit Hilfe des Medizinmannes beschworen werden, der mit seinen Opfern und Künsten immer Rat weiß. Du bist doch schon eine ganze Weile hier, das mußt du doch alles längst wissen. Oder meinst du, sie sollten plötzlich all das aufgeben wegen unserer zweifelhaften Weisheiten? In vielen Dingen sind sie weit klüger als wir, auch das weißt du genausogut wie ich." Er stand auf und vertrat sich die Beine. „Übrigens – aber das ist wieder etwas anderes –, ich möchte nicht wissen, wie viele Leute in Europa noch an den bösen Blick glauben, um nur eins zu nennen."

Martie schwieg.

Er ging auf und ab, wobei er sorgsam dem Äffchen Pekkie auswich. „Dreckskerl!" schimpfte er. „Sag mir bloß, weshalb sich Bea so ein Biest hält."

„Sie hat nichts anderes, Lex. Ihre Katze ist weg, wahrscheinlich in eine Schlinge gegangen. Ich habe unseren watchnight im Verdacht – vielleicht hatte er Appetit auf einen guten Braten. Aber ich werde mich hüten, das Bea anzudeuten."

Plötzlich blieb Lex vor ihr stehen. „Weißt du, wenn es auch ein bedauerlicher Anlaß ist, ich bin froh, daß sie für eine Weile weg ist. Wir sind nie allein."

„Du kannst nicht verlangen, daß sie sich jedesmal, wenn du da bist, in ihrem Kämmerchen aufs Bett legt."

„Nein, aber wir könnten uns aufs Bett legen."

„Lex, ich tu's nicht. Du brauchst es bei mir gar nicht zu versuchen." Krampfhaft drückte sie sich in ihren Stuhl.

„Komm, Martie..." Er faßte sie bei der Schulter. Doch sie schüttelte seine Hand heftig ab.

„Außerdem... eigentlich hätte ich fahren müssen und nicht Bea. Es ist ja nicht nur eine Transportfrage."

„Das ist es doch. Bei Verbrennungen kann man ohnehin nichts tun, ehe man beim Arzt ist."

„Das Kind kann einen Schock haben."

„Kannst du dagegen etwas unternehmen?"

„Das spielt keine Rolle... Ich bin... ich hätte fahren müssen. Das ist mir ernst, Lex. Ich sage das nicht, um auf bequeme Weise einem Dilemma zu entgehen."

„Es ist also doch ein Dilemma. Das freut mich zu hören", spottete er. Dann wurde er böse, packte sie an beiden Schultern und schüttelte sie.

„Nein, Lex, ich will nicht. Verstehst du das denn nicht?"

„Ich will es nicht verstehen, und ich glaube es dir auch nicht. Du willst schon. Und es würde dir auch sehr gut bekommen.

Dann kommst du nämlich endlich aus dem Kokon heraus, in dem du eingesponnen bist. All die lieben kleinen Tabus aus Emmeloord haben feine Gespinste um dich gewebt. Raffiniert und zielbewußt. Aber vielleicht bin ich noch zielbewußter."

Plötzlich horchte sie auf. Im nächsten Augenblick riß sie sich los und lief zur Straße hinüber.

„Lieber Himmel, auch das noch!" seufzte er mit hängenden Armen. „Nun geht es ja doch noch nach ihrem Kopf." Denn auch er hörte jetzt das Geräusch, das sie anscheinend schon vorher gehört hatte: den Motor von Beas Wagen. Wie war das möglich? Erst nach Latun und dann ins Krankenhaus und hierher zurück, das waren mindestens ein paar Stunden.

„Lex, komm! Wir müssen hin!" Marties Stimme klang verängstigt. Was mochte passiert sein?

Bea hatte die Wagentür offenstehen und den Beifahrersitz schon nach vorn gekippt, damit sie beide sofort hinten einsteigen konnten.

„Die Frauen machen dort so einen Spektakel, daß ich das Kind nicht mitnehmen konnte. Auch Obi konnte nichts ausrichten. Kommt bitte mit! Martie ist für die Leute dort immerhin die Krankenschwester. Und du bist ein Mann."

Lex knurrte etwas, während er sich auf die hintere Bank schob. Martie klappte sofort den Vordersitz wieder zurück und setzte sich neben Bea – das war vielleicht besser. Ohne ein weiteres Wort und so rasch wie möglich jagte Bea zurück zum Dorf.

Schon von weitem hörten sie den Lärm.

Am Dorfeingang hatte sich eine Menschenmenge versammelt. Obi stand wie eine Säule, das kleine Mädchen auf dem Arm, von Frauen umringt. Eine Horde Kinder, furchtsam und neugierig zugleich, drängte sich näher. Eine junge Frau – vielleicht die Mutter – versuchte Obi das Kind abzunehmen, während eine Gruppe alter Weiber schrie und klagte. Ihre Stimmen klangen wie die kreischender Vögel.

„Mein Gott!" sagte Lex leise.

Er war aus dem Wagen gestiegen und ging nun auf die Menge zu, wobei er sich bemühte, vor Martie hinzukommen. Vor seinem weißen Gesicht – aber auch nur deshalb, das wußte er – wichen sie auseinander. Die Kinder versteckten sich hinter den Frauen, die Platz machten, damit er Obi mit dem kleinen Kind erreichen konnte.

„You a doctor?" fragte eine der Frauen, die ein paar Brokken Englisch konnte.

„No", erwiderte Lex barsch. Aber um seinen Mund zuckte es nervös.

Die Frauen fingen wieder an zu spektakeln.

Martie stand nun neben ihm, ihr Arm berührte einen Augenblick lang den seinen. Einige Frauen sagten, als ob sie Schulaufgaben herunterleierten: „Good afternoon, nurse."

Einige der Kinder drängten sich nun wieder neugierig nach vorn. Von Schwester Martie hatten sie nichts zu befürchten. Ein Mädchen griff sogar nach ihrer Hand, während andere ihren Rock anfaßten. Laut äußerten nun die Frauen ihre Ansichten über den Fall, wobei auf ein Wort Englisch ein Dutzend Wörter aus ihrer Sprache kamen.

„Verstehst du sie?" flüsterte Lex.

Sie zuckte die Achseln.

„Hat die Kleine noch eine Chance?" fragte er.

Ihr Blick wich nicht von dem verbrannten Körper. Verbrennungen zweiten und dritten Grades auf Bauch, Schenkeln und Armen. Gesicht und Hals waren einigermaßen davon gekommen.

„Der Rücken ist nicht verbrannt“, versicherte Obi.

Lex, der selten so schreckliche Wunden gesehen hatte, merkte, wie ihm schlecht wurde. Die Wundränder hatten schwarze Krusten, und das schmutzige Zeug, das man darauf gestreut hatte, war undefinierbar. Immer wieder drehte Obi der verzweifelt weinenden Mutter den Rücken zu. Als sie hysterisch aufkreischend nach dem Kind griff, wurde sie von zwei anderen zurückgerissen.

„Bring das Kind zum Wagen, Obi!“ sagte Martie.

Doch Obi schüttelte traurig den Kopf. „Mein Bruder holt meinen Vater. Wenn mein Vater kommt, wird er bestimmen, was zu geschehen hat. Die Frauen werden auf ihn hören. Die meisten wollen nicht, daß das Kind ins Krankenhaus gebracht wird. Der Großvater der Mutter ist vorige Woche dort gestorben. Sie sagen, der Arzt sei schuld daran.“

„Aber, Obi“, begann Martie wieder, „sag ihnen doch, daß das kleine Mädchen nur im Krankenhaus von den schweren Brandwunden geheilt werden kann. Der Großvater war alt, aber sie ist jung. Vielleicht ist sie kräftig genug.“

Obi blickte auf den erbärmlich verbrannten Körper hinunter. „Das weiß ich, Miss Martie. Aber die Mutter sagt, im Krankenhaus sterben auch Kinder.“

„Sag, daß dieses Kind die Chance hat, am Leben zu bleiben, wenn wir es sofort hinbringen dürfen.“

„Darüber wird mein Vater entscheiden müssen“, erwiderte Obi ausweichend. „Mein Vater wird nicht mehr lange auf sich warten lassen.“

Lex bezweifelte das. Er war noch nie einem Dorf- oder

Stammeshäuptling begegnet, der sich beeilt hätte. Das verbot ihm seine Würde.

Über das bewegungslose Kind hinweg blickten Obis Augen nun drängend auf Martie. „Können Sie meinem Vater versprechen, daß das kleine Mädchen gesund wird, Miss? Sie ist das einzige Kind meines Bruders. Wird sie im Krankenhaus bestimmt geheilt?"

„Versprechen kann ich nichts, Obi."

Er wandte das Gesicht ab.

Es half nichts, sie mußten weiter warten. Die Frauen stritten sich wieder. Einige lachten, als jemand einen Witz machte. Sie schlugen die Hand vor den Mund und hielten sich prustend aneinander fest. Andere wiesen sie keifend zurecht. Das Ganze wirkte eher wie eine willkommene Abwechslung als wie eine traurige Angelegenheit. Auch die Kinder wurden immer dreister. Nur die kleinsten hielten noch Abstand, wenigstens soweit sie nicht noch auf Mutters Rücken saßen. Neben Lex gab eine Frau ihrem Kind die Brust. Irgendwo anders spielte ein Junge auf dem Arm der Großmutter an deren Hängebrüsten.

Bea, die inzwischen das Auto gewendet hatte, war drin sitzen geblieben. Anscheinend hatte sie noch genug von ihrem ersten fruchtlosen Versuch. Jetzt hing eine ganze Traube von kleinen Jungen an ihrem offenen Türfenster. Einer besaß den Mut, den Arm hineinzustecken und auf die Hupe zu drücken. Sofort flüchtete das ganze Trüppchen wie eine Schar aufgeschreckter Spatzen. Doch genau wie Spatzen kamen sie auch gleich wieder zurück. Als die Hupe zum zweitenmal alle anderen Geräusche übertönte, erklang ein Schrei.

Ein alter Mann kam mit drohend erhobenem Arm angerannt. Mit flatternden Gewändern stürzte er auf die kleinen Jungen zu. Die machten, daß sie wegkamen. Doch einige konnte er noch packen. Er teilte Ohrfeigen aus, so daß sich die Jungen die schwarzen Backen hielten und sich eilends aus dem Staube machten. Ein paar Frauen lachten, andere griffen sich ihre Nachkommen und schimpften tüchtig mit ihnen. Schreiend lief eine Schar von Kindern davon und versteckte sich hinter einer Hütte.

Der Alte war zufrieden, daß er die Ordnung wiederhergestellt hatte, und lief nun auf eine Gruppe von Männern zu, die würdig näherwandelten. Voran schritt Obis Vater mit kräftigen, aber bedachtsamen Schritten, eine Ehrfurcht einflößende Gestalt in einem weiten, bestickten Kleid. Er hatte sich eine saubere, wohl sogar neue Mütze auf den Kopf gesetzt von der Art, wie sie nur hohe Würdenträger benutzen durften. Ihn begleiteten seine Ratgeber, lauter bedeutende Männer, die sich bewußt waren, wie wichtig das Palaver war, das sie nun halten würden. Der junge Mann mit der Sonnenbrille, der als letzter ging, war der Vater des unglücklichen Mädchens. Er trug europäische Kleidung und sah im Vergleich zu den Ehrfurcht einflößenden älteren Dorfgenossen täppisch aus.

Der zerlumpte Alte, der eben die kleinen Jungen abgekanzelt hatte, näherte sich nun dem Häuptling, den er in gebückter Haltung ansprach. Dabei hielt er beide Hände als Zeichen seiner Untertänigkeit gekrümmt vor den Mund. Der Häuptling sah ihn nicht an, sondern nickte nur kurz. Er winkte den jungen Vater zu sich und trat mit ihm zusammen zu dem kranken Kind. Nach einem flüchtigen Blick wechselte er einen Händedruck mit den weißen Entwicklungshelfern. Er sprach ebenfalls Englisch, wenn auch nicht so gut wie sein Sohn.

„Wir möchten wissen, ob das Kind meines Sohnes Enugu von dem Doktor im Krankenhaus geheilt wird.“ Das waren seine ersten Worte. Es folgten noch viele andere, die alle gesprochen werden mußten, ehe ein anderer das Wort ergreifen durfte. Obwohl der Stammeshäuptling Martie kannte, da sie schon wiederholt seine Frauen im Palast aufgesucht hatte, richtete er das Wort doch an Lex, der immerhin ein Mann war. Wie es der Sitte entsprach, begann auch Lex mit einer umständlichen Antwort.

Eine kurze Erklärung, daß er nicht medizinisch ausgebildet sei, wäre unhöflich gewesen. Doch auf Umwegen machte er klar, daß Martie als Krankenschwester mehr von Brandwunden verstand als er. Und daß es ratsam sei, das Kind ins Krankenhaus bringen zu lassen, weil es dann eine Chance habe, am Leben zu bleiben.

Immer wieder wandte sich der Stammeshäuptling an seine Begleiter und Ratgeber, um mit ihnen gemeinsam zu überlegen. Immer wieder erhob sich ein Gemurmel von ablehnenden oder zustimmenden Äußerungen; wiederholt ergriff auch ein einzelner ausführlich das Wort.

Martie stieß Lex an. Sie wies auf das kleine Mädchen, das sich bewegte und dessen Atem stoßweise und röchelnd kam. „Es eilt“, flüsterte sie.

Lex machte eine ungeduldige Bewegung. Seine Ungeduld galt ihr, nicht den alten Männern, die deutlich ihren Gefallen an diesem Palaver zu erkennen gaben. Martie kannte das zur Genüge: Palaver waren ihr Hauptvergnügen, aber dies war nicht die Zeit und der Ort dafür. „Das Kind stirbt dabei“, flüsterte sie heftig.

Als sie schließlich gegen alle Sitte das Wort an Obis Vater

richtete, hörte der Häuptling höflich zu, bis sie geendet hatte. Dann rief er den Medizinmann. Den kannte Martie nur allzugut, diesen verschlagenen alten Burschen, der sich bisher hochmütig abseits gehalten hatte. Doch Lex, das sah sie gleich, ließ sich völlig von dieser Greisengestalt in den unsäglich schmutzigen malerischen Lumpen überrumpeln. Mit erstaunlich kräftiger Stimme und ohne auch nur einen Blick auf das kranke Kind zu werfen, fing der Alte seine Beschwörungen an. Als ob es das Selbstverständlichste der Welt wäre, rief er die verschiedensten Kräfte und Mächte an, so daß immer mehr Köpfe zustimmend nickten.

In diesem Augenblick drückte Bea auf die Hupe. Lex schaute sich wütend um – wenn man alles verderben wollte, mußte man es so machen. Doch von den großen Männern ließ sich keiner auch nur im geringsten durch den Hupenton ablenken. Martie dagegen blickte verzweifelt erst auf das Auto und dann auf Lex. Und auf das verletzte Kind zeigend, unterbrach sie sogar die Wortflut des alten Medizinmannes, geriet jedoch in ihrer Nervosität ins Stottern.

Über den kleinen verbrannten Körper weg bohrten sich nun Obis Augen in die von Lex. Warum wollte er, der Weiße mit all seinen Kenntnissen, nicht reden, um die Überzeugungskraft des alten Zauberdoktors zu brechen? Doch als schließlich sein Vater die Hand hob, senkte er nach einem Blick voller Haß auf das graue, mit Strohhalmen bedeckte Haupt des mächtigen Dorforakels den Kopf.

Wieder hupte Bea. Nun blickte der Stammeshäuptling verwirrt auf. Alle anderen ließen das Geräusch auch diesmal unbeachtet.

Obis Vater wandte sich nun sowohl an Lex als auch an Martie. In umständlichem Englisch erläuterte er, daß die kleine Tochter seines Sohnes Enugu im Dorf bleiben werde. Man wisse, warum das Unglück geschehen sei, und werde den bösen Geist, der es verursacht hatte, entmachten und vertreiben. Das sei etwas, worauf der Doktor im Krankenhaus keinen Einfluß nehmen könne. Es tue ihm leid, denn er sei überzeugt, daß sie all ihr westliches Wissen zur Verfügung stellen würden. Aber sie müßten begreifen, daß es sich hier um etwas handele, was die Familie und das Dorf angehe und wo sein Sohn Obi, es tue ihm sehr leid, das sagen zu müssen, keine Fremden hätte hineinziehen dürfen. Das Wort „Fremde“ sprach er mit einem so unbewegten Gesicht aus, daß man es auf mannigfache Weise auffassen konnte. Doch um ihnen für die Mühe ihres Kommens zu danken, habe er soeben ein Huhn als Geschenk holen lassen. Ob sie es von ihm annehmen wollten?

In einem Körbchen aus Maisstroh wurde ihnen das Huhn überreicht. Martie sah das Kind noch ein letztesmal an. Lex griff nach dem Geschenk.

Dann gab Obi das Kind seiner Mutter, die triumphierend mit ihm davonlief, den Kopf in den Nacken geworfen.

Sie hatten verloren.

4

An diesem Abend schloß sich Bea in ihrem kleinen Zimmer ein. Sie war auf dem Rückweg so wütend gewesen, daß man kein vernünftiges Wort mit ihr wechseln konnte. Martie hätte fast geheult. Und Lex hatte so grimmig die Zähne zusammengebissen, daß ihm dabei eine Plombe herausgefallen war. „Verdammt noch mal, und kein Zahnarzt in der Nähe!" Er saß da und starrte auf das winzige Stückchen Gold, das er sich ausgebissen hatte. Da hatte Martie angefangen, hysterisch zu lachen.

Das Huhn hatten sie auf das Gestell der Wasserfässer gesetzt, so daß kein Raubtier daran konnte.

Bei Tisch hielt Lex einen Vortrag über Kulturmodelle, an denen man nur sehr langsam Veränderungen vornehmen könne.

„Wenn wir das hier forcieren wollten, würden wir nur erreichen, daß der Widerstand wächst. Und daß noch größere Verwirrung entsteht. Ein allmählicher Wachstumsprozeß ist das einzig mögliche ..."

Doch Bea war ihm ins Wort gefallen. „Hast du auch so große Töne geredet, als du dort standest?" Und mit einer unbeherrschten Bewegung hatte sie versehentlich die Soßenschüssel umgeworfen. „Du hättest das Kind entführen müssen. Einfach zugreifen und mitnehmen! Ich hatte den Fuß auf dem Gas. Keiner hätte etwas dagegen unternommen."

Da hatte Lex so kräftig mit der Faust auf den Tisch geschlagen, daß alles klirrte und das Wasser aus den Gläsern schwappte. „Du blödes Trampeltier, hast du denn wirklich keinen Funken Verstand im Leib? Ich hab' mein Leben lang noch nicht soviel Borniertheit auf einem Fleck gesehen! Wie zum Teufel bist du nur Entwicklungshelferin geworden? Und wie bist du durch die Auswahlprüfung gekommen? Du bist ja nicht mal gut genug für eine Vorschulklasse!"

„Lex! Jetzt reicht es aber. Hör auf! Es ist genug!" Martie sah ihn beschwörend an. „Wir sind alle überreizt. Wir machen damit doch alles nur noch schlimmer."

Bea war aufgestanden. Bedrückt sagte sie: „Ich weiß, es war blödsinnig von mir, zu hupen. Ich weiß auch, daß es ein Wahnsinn gewesen wäre, das Kind einfach wegzuholen. Aber ... aber..." Und sie war in Schluchzen ausgebrochen. Heulend war sie auf die hintere Veranda gelaufen, wo sie den Wasserhahn so lange hatte laufen lassen, bis Martie rief:

„Bitte, Bea, das zweite Faß ist auch gleich leer. Und der Wasserträger kommt erst morgen."

Seitdem hockte sie in ihrem Zimmer. Und es war dort kaum Platz zum Sitzen. Ostentativ hatte sie den Schlüssel umgedreht. Martie hatte eine Petroleumlampe für sie angesteckt und auf die Schwelle gestellt. Sie mußte den Schein unter der Tür sehen. Aber sie hatte die Lampe nicht hereingeholt. Hin und wieder hörten die beiden sie noch unterdrückt aufschluchzen.

Lex und Martie saßen sich nun schweigend gegenüber. Ihr Kaffee war kalt geworden. Ab und zu warf einer gespannt einen Blick auf den anderen, doch ihre Augen begegneten sich nicht. Lex schlug unruhig mal das rechte, mal das linke Bein über das andere.

Schließlich sprang er auf und lief hin und her, wobei er ungeschickt einen Stuhl umstieß. Dann beendete er das Schweigen.

„Ich komme um vor Zahnschmerzen", war das erste, was er sagte.

„Du solltest ein paar Tage Urlaub nehmen und während der Zeit in Kaganda zum Zahnarzt gehen."

„Ich bin doch vor knapp vier Wochen erst da gewesen. In Kaganda, meine ich. Verdonk wird mich schön ansehen, wenn ich schon wieder ankomme, gerade jetzt, wo wir auf zweitausend Kilometer im Monat beschränkt worden sind. Die Zahnschmerzen werden schon vorübergehen – vielleicht ist es auch nur Einbildung, weil ich das Loch ständig mit der Zunge fühle."

„Du machst dir alles viel schwieriger, als es in Wirklichkeit ist, Lex."

Er müßte leben und arbeiten wie Dirk – ruhig eins nach dem anderen tun, so wie sich die Dinge ergaben. Und nicht ständig versuchen, mehr tun zu wollen.

„Du reißt dir für jede kleine Analphabetenklasse ein Bein aus", sagte sie.

„Na und? Dazu bin ich doch hier. Zwei Jahre sind wirklich kurz genug. Je mehr Menschen hier lesen und schreiben lernen, desto seltener werden solche Dinge vorkommen, wie wir sie heute erlebt haben."

„Das ist doch nicht dein Ernst. Du sagst doch selber immer..."

„Ich weiß, ich weiß. Ich widerspreche mir selber. Na und? Heiliger Strohsack! Ich komme hierher, um mich zu entspannen, um dich zu sehen und... um was von dir zu haben...

Aber nichts, gar nichts! Wieder mal eine dicke Pleite! Und gleich muß ich weg. Oh, ich könnte diese Bea ..."

„Lex!"

„Ja, ich weiß, ich bin an allem schuld. Ich jage dir Angst ein. Kein Wunder, daß du vor mir zurückschreckst. Aber ..."

„Ich schrecke nicht vor dir zurück. Ich finde es nur schwierig. Und – ich habe keine Lust, mich zu Unbesonnenheiten überreden zu lassen."

„Unbesonnenheiten nennst du das? Ein abgedroscheneres Wort fällt dir dafür wohl nicht ein?"

Der Satz war noch nicht ganz ausgesprochen gewesen, da hatte sie ihn selber lächerlich gefunden. Aber was sollte sie tun? Dirk gegenüber konnte man eingestehen: Ich bin noch nicht soweit. Ich weiß selber noch nicht, was ich will. Aber wenn sie so etwas zu Lex sagen würde, hätte sie sich ihm ausgeliefert. Dirk zog sich nach einem ersten Versuch zurück und wartete ab. Aber Lex würde ihr Bekenntnis sofort ausnutzen und ihr ihre Unsicherheit auch noch vorwerfen. Und damit hätte er nicht einmal unrecht. Aber er würde sie drängen, diese Unsicherheit auch noch einzugestehen, und dann hätte er sehr bald gewonnen.

Doch sie war noch nicht soweit. Sie konnte nicht einfach alle Zweifel über Bord werfen. Sie hielt sich an ihrer Unsicherheit fest. Später ... Später würde sie eine Entscheidung treffen. Aber nicht jetzt, nicht unter solchen Umständen. Und nicht hier.

„Weshalb hast du heute mittag nicht Obis Vater unter Druck gesetzt? Wärest du von Anfang an mit Autorität aufgetreten, dann hättest du wahrscheinlich dem Kind das Leben gerettet."

„Findest du wirklich, daß der Angriff die beste Verteidigung ist?“ Seine Stimme klang gehässig. „Nun, dann werde ich dir noch einmal sagen, weshalb ich dieses Kind nicht mitgenommen habe. Aber ich hatte geglaubt, ich hätte dir das schon klargemacht. Wir haben hier nicht das Recht, die Leute unter Druck zu setzen. Wir haben nicht das Recht, aus unserer verfluchten Hautfarbe Vorteile zu ziehen. Du als Frau fühlst das vielleicht nicht so stark – ich meine die Macht, die unsere Hautfarbe uns hier gibt –, einfach weil ihr Frauen seltener als wir Gelegenheit zum Machtmißbrauch habt. Aber ich habe den Eindruck, daß ich mich hier nach *ihren* Sitten zu verhalten habe. So, wie dieser Mann mir entgegentritt, muß ich mich bemühen, ihm auch entgegenzutreten. Lange genug ist das anders gewesen. Aber das mache ich nicht mit. Und dafür kennst du mich ja auch gut genug. Wir sind Gäste in diesem Land, verstehst du? Sie haben uns gebeten, hierher zu kommen. Und wenn einige von uns nun wieder anfangen, sich auf den alten Podest zu stellen, dann ist das verdammt gefährlich. Ich spreche mich selbst gar nicht frei. Heute mittag hätte nicht viel gefehlt, und ich hätte dem alten Drecksack sein Kräutergeschmiere und sein Hühnerblut vor die Füße geworfen. Aber damit hätte ich das Fundament einer ganzen Dorfgesellschaft erschüttert. Und dazu habe ich nicht das Recht.“ Er atmete rasch und stand mit vorgeschobenem Kopf vor ihr. Plötzlich schob er beide Hände in die Taschen, drehte sich auf dem Absatz um und sagte:

„Ich will nicht mehr darüber reden.“

„In diesem Fall“, entgegnete Martie heftig, „in diesem Dorf, meine ich, liegen die Dinge ganz anders. Obi hat selbst gesagt, daß diesem Medizinmann nicht zu trauen ist. Er betrügt die Menschen. Er versteht es, selbst den ärmsten Dorfbewohnern Ziegen, Hühner und Geld abzuschwindeln als Lohn für seine nichtswürdigen Zaubermittel und Medizinen. Er ist ein schlechtes Beispiel als afrikanischer Medizinmann. Es gibt viel bessere. Der eine oder andere von ihnen schickt uns bisweilen Patienten ins Krankenhaus. Und auch wenn sie selbst ..."

„Ich sage dir doch, daß ich nicht mehr darüber sprechen will. Es steht mir bis hierher. Wenn selbst du noch nicht begreifst, wie ich über diese Dinge denke, wer soll es dann begreifen? Verdonk vielleicht? Ja, der versteht mehr davon! Aber der sitzt ein paar hundert Kilometer entfernt von hier. Au, dieser verdammte Backenzahn! Daß das nun auch noch dazukommen muß! Wahrscheinlich muß ich doch nach Kaganda fahren. Dann kann mich dieser französische Zahnarzt wieder martern."

„Stell dich doch nicht so an, Lex! Manchmal bist du wirklich wie ein kleines Kind." Sie sagte es gereizt, weil sie es nicht ausstehen konnte, wenn er so wehleidig tat.

Er hob den umgefallenen Stuhl auf und stellte ihn wieder auf die Beine. „Und nun werde ich meine Sachen zusammensuchen und abhauen. Ein ehrloser Mann, der keinen Finger gerührt hat, um ein Kinderleben zu retten ... Weißt du vielleicht, wo die Nummer von Jeune Afrique geblieben ist? Aber du kannst sie auch behalten – versuch ruhig mal, die Artikel zu lesen, die ich angestrichen habe. Davon kannst du profitieren. Porzellan zerschlagen ist keine Kunst. Es nicht zu tun, ist sehr viel schwieriger."

Überall hob er etwas auf – ein Buch, ein Paar Sandalen, ein Hemd.

„Auch wenn ein Kind dabei stirbt?“

„Jawohl, auch wenn ein Kind dabei stirbt.“ Er feuerte eine Sandale wieder auf den Fußboden und rief noch einmal: „Jawohl!“ Doch im nächsten Augenblick kam er zu ihr, strich ihr übers Haar und sagte: „Entschuldige, ich falle dir auf die Nerven. Für das nächste Mal verspreche ich Besserung.“

Danach klopfte er an Beas Tür. „Auf Wiedersehen nächsten Sonnabend. Nimm's mir nicht übel, daß ich so gemein zu dir gewesen bin!“

Es kam eine unverständliche Antwort.

Martie begleitete ihn zum Land-Rover. Erst als er die Wagentür öffnete, kam sie dazu, ihm zu sagen: „Du hast etwas von nächstem Sonnabend gesagt – aber das paßt nicht recht. Du mußt hin und wieder ein Wochenende überschlagen. Nächsten Sonnabend kommt Dirk und übernachtet hier. Er war gestern nachmittag eine Weile da, und dabei haben wir das besprochen.“

Lex drehte sich um und sah sie an. Sehr ruhig erwiderte er: „Dirk? Ach ja, natürlich. Der hat auch seine Rechte. Ich wünsche euch ein angenehmes Wochenende. Laß ihn von seiner Gemüseanbaugenossenschaft erzählen, das tut er gern. Verdonk sagte, Dirk habe im Westen hervorragende Arbeit geleistet, deshalb ist er hierher versetzt worden, weil es hier schwieriger ist. Auf Wiedersehen.“

Als er hinter dem Lenkrad des hohen Land-Rovers saß, schaute er auf sie nieder. „Von dem, was ich eben gesagt habe, ist kein Wort spöttisch gemeint, verstehst du? Ich hoffe, daß du das begreifst. Dirk ist ein Prachtkerl, und das Tollste ist, er ahnt es nicht einmal. Es ist eine Erholung, so einen Burschen zu erleben.“ Es folgte ein seltsames Auflachen. „Hin und wieder bin ich zufrieden mit mir, aber nicht oft. Na, tschüs! Das wär's dann mal wieder gewesen." Er hob die Hand, während er anfuhr.

Martie schaute den roten Schlußlichtern nach, bis sie zwischen den Bäumen verschwunden waren. Danach blieb sie noch eine Weile stehen und hörte auf das nächtliche Dröhnen, das von allen Seiten auf sie zukam.

Sie erschrak, als plötzlich Obi vor ihr stand. Nur an seiner sanften Stimme hatte sie ihn erkannt. Als er schwieg, überfielen sie wieder alle Nachtgeräusche. Sie fühlte, wie ihr das Herz hämmerte. Was hatte Obi gefragt? Ob er die Nacht in ihrem Haus verbringen dürfe?

„Geh nach Haus! Schlaf bei einer deiner Frauen, Obi!"

„Miss Martie versteht mich falsch. Ich habe Angst. Im Dorf ist etwas im Gange. Gegen mich."

„Gegen dich?" Er war doch der Sohn des Häuptlings – wie war es dann möglich, daß man sich im Dorf gegen ihn verschworen hatte? Am Mittag hatte sie allerdings auch schon feindliche Blicke bemerkt, doch nur von Frauen. Die Männer hatten ihn, als er mit dem Kind auf dem Arm dastand, wie Luft behandelt. „Aber wie kann das sein, Obi – du? Wo doch dein Vater der Häuptling ist?"

In einiger Entfernung räusperte sich jemand. Martie wandte den Kopf. Als sie scharf hinsah, sah sie den Nachtwächter, der sein kleines Feuer schürte.

„Guten Abend, watchnight!" rief sie. Und leise fuhr sie fort: „Komm mit hinein, Obi. Es wird kalt."

Obi folgte ihr. Als er ins Zimmer trat, sah sie im Lichtkreis der Lampe, daß er zitterte. Seine Haut war blaßgrau, und auf Nase und Kinn standen Schweißtropfen.

„Setz dich nur, Obi!“

„Nein, Miss.“

„Dann erzähl mir, was los ist! Ich verstehe es nicht.“

„Sie können es auch nicht verstehen, Miss. Unser Dorf ist rückständig. In unserem Lande gibt es ganz andere Dörfer als Latun und ganz andere Menschen. Weil mein Vater das weiß, ist es auch für ihn schwierig. Er ist es, der mir Nachricht geschickt hat. Er hat mich wissen lassen, daß es besser ist, wenn ich weggehe.“

„Aber warum denn, Obi?“ Sie spürte, wie die Angst des Jungen sie ansteckte.

„Der Medizinmann hat eine Ziege und zwei Hühner als Lohn für seine Mühe gefordert. Er hat beiden Hühnern die Kehle durchgeschnitten, und beide fielen auf die Seite, nicht auf den Rücken. Das bedeutet, daß ein Schuldiger da sein muß.“

„Und man hat dich als diesen Schuldigen bezeichnet?“ Sie wagte es kaum zu fragen.

Er nickte schweigend.

„Glaubst du das selbst?“

Heftig schüttelte er den Kopf. „Nein, Miss. Wenn Wonnguy einen anderen bezeichnet hätte, würde ich es ebensowenig glauben. Ich bin Christ, Miss.“

Martie nickte. „Aber weshalb hat er dich bezeichnet, Obi? Hast du im Dorf etwas falsch gemacht?“

Obi schwieg und starrte auf den Fußboden.

„Und dein Bruder? Glaubt der es?“

„Mein Bruder ist neidisch, Miss, weil ich Geld verdiene. Meine anderen Brüder sind auch neidisch. In den Augen der Dorfbewohner bin ich reich, weil Sie mir Geld zahlen.“

„Aber dafür arbeitest du doch, Obi. Daß ist doch ganz normal."

Doch sie wußte recht gut, daß es gar nicht normal war. Fast niemand im Dorf verdiente bares Geld. Einige hatten einen kleinen Handel, mit dem sie ein paar Pfennige verdienten: sie fingen Fische oder flochten ein paar Matten. Und die Frauen gingen mit einigen Wurzeln oder etwas heimischem Spinat nach Mbungwa auf den Markt. Das war alles. Doch Lohn erhalten, jede Woche oder jeden Monat Geld nach Hause bringen, das gab es bei keinem im Dorf.

Obi schwieg immer noch. Endlich fragte er: „Was soll ich tun, Miss? Können Sie nicht dafür sorgen, daß ich Arbeit in der Stadt bekomme? Oder irgendwo anders?"

„Das kann ich nicht, Obi. Ich wüßte wirklich nicht, wo und wie. Und wenn du dort Geld verdienst, wollen sie doch alles mit dir teilen. Sie kommen dir nach. Hast du denn hier im Dorf das Geld, das du bei uns verdient hast, mit deiner Familie geteilt?"

Es dauerte eine Weile, ehe er beschämt erwiderte: „Ich habe in Mbungwa einen Tisch und drei Stühle gekauft. Und in Latun habe ich mir von Ayussi, dem Zimmermann, einen kleinen Schrank aus Bambus machen lassen." Er sagte es in einer Art, die deutlich zeigte, daß er sich schuldig fühlte.

„Ist das alles?" Sie erinnerte sich noch, wie Obi die Möbel nach Hause gebracht hatte. Eines Abends war er vorbeigekommen, seine Frauen vorweg, jede einen kleinen Sessel auf dem Kopf, und er als letzter mit dem Tisch und einem Stuhl. Am nächsten Tag hatte er Nackenschmerzen, weil er nicht an diese Art des Tragens gewöhnt war. Ein anderer Dorfbewohner hätte seine Frauen viermal die Entfernung zwischen Latun und Mbungwa zurücklegen lassen, damit er selbst nichts zu tragen brauchte.

„Ist das alles, Obi? Der Tisch und die Stühle?“ Damals hatte sie zu Bea gesagt: „Es sind übrigens genau die gleichen Stühle, wie wir sie hier haben ...“

„Gerade deshalb“, hatte Bea entgegnet.

Doch nun sagte Obi: „Als ich noch auf der Schule war, Miss, sollten wir an einem Tisch und auf Stühlen sitzen und mit Besteck und Tellern essen. Als wir unsere Reifeprüfung gemacht hatten, bekamen wir ein Buch geschenkt. Das hieß: Die moderne afrikanische Familie. In dem Buch sind viele Bilder, ich kann es Ihnen einmal zeigen. Die moderne afrikanische Familie hat einen Tisch mit Stühlen. Sie hat einen Schrank. Sie hat eine Latrine und verrichtet ihre Bedürfnisse nicht im Busch. Aber Sie wissen ja selbst, wieviel Mühe es kostet, die Leute in den Dörfern davon zu überzeugen, wie notwendig Latrinen sind. Ich habe eine Latrine gebaut. Ich habe auch für meinen Vater eine Latrine gebaut. Er versteht solche Dinge, aber er kann nicht lesen. Er hat also nie ein Buch über die moderne afrikanische Familie studieren können.“

„Das Dorf ist neidisch, und der Medizinmann ist böse, weil du versuchst, modern zu leben ... Ist es so, Obi?“

„Ja, Miss. Und auch, weil ich Towa ins Krankenhaus geben wollte und meinem Bruder abgeraten habe, das Hühnerorakel zu befragen. Nun mißtrauen sie mir. Und Won-nguy hetzt sie auf.“

„Aber dein Vater hat dir eine Nachricht geschickt?“

„Mein Vater begreift vieles. Er versteht mich, aber er versteht auch das Dorf. Doch Won-nguy traut er nicht. So hat er mir sagen lassen, ich soll weggehen, ehe ich verjagt werde.“

Er sprach jetzt weniger erregt als zu Anfang, aber seine Hände zitterten immer noch.

„Morgen werde ich im Krankenhaus fragen, ob sie dort Arbeit für dich wissen", sagte sie. „Aber rechne nicht damit. Und heute nacht kannst du in der Küche schlafen. Ich werde dir eine Decke geben."

„Ich kann auch beim watchnight schlafen, Miss. Er kommt aus Dar-yam, ich kann ihm vertrauen. Und er ist bewaffnet."

„Weshalb kann sich dein Vater nicht gegen Won-nguy durchsetzen?" fragte Martie. Sie begriff das alles nicht recht. Heute mittag hatte der Häuptling sich als der größte Mann im Dorf gezeigt, während sich die anderen im Hintergrund hielten. Und nun ließ er einen seiner Söhne das Opfer solcher heimtückischer Anschläge werden.

Obi trat unruhig von einem Fuß auf den anderen. Dies war eine schwierige Frage, auf die er die Antwort am liebsten schuldig geblieben wäre. „Mein Vater glaubt an die Geister der Vorväter", sagte er schließlich abweisend. „Und mit den Geistern unserer Vorväter hat Won-nguy Verbindung." Martie begriff, daß es besser war, nicht weiterzufragen.

„Gute Nacht, Obi. Kann ich noch irgend etwas für dich tun?"

„Ja, Miss. Beten, Miss."

Sie erschrak. Beten – sie konnte sich nicht mehr erinnern, wann sie das letzte Mal gebetet hatte. Zu Haus in Emmeloord hatte sie in der Kirche sonntags wohl die Augen niedergeschlagen, um ihren Eltern einen Gefallen zu tun. Aber gebetet hatte sie nicht.

„Meinst du, daß wir zusammen beten sollen, Obi?"

„Nein, Miss." Er hatte ihre Reaktion verstanden, wollte

ihr aber seine Enttäuschung nicht zeigen. „Nachher, wenn Sie allein sind", sagte er. Dann wandte er sich ab.

„Warte einen Augenblick – eine Decke."

Mit der Decke über dem Arm verschwand er in der Finsternis, und Pekkie schnatterte hinter ihm her, weil er wütend war, daß Obi ihn geweckt hatte.

Nachdem Martie die Tür geschlossen hatte, blieb sie stehen, die Stirn an die Scheibe gelehnt. Armer Obi zwischen zwei Welten ... Das böse Keckern des kleinen Affen lenkte sie ab. Sie hörte seine Kette klirren. Gleich würde wohl Bea kommen. Oder ob sie eingeschlafen war? Sonst überhörte sie Pekkies Laute selten.

Dennoch dauerte es eine ganze Zeit, ehe Bea kam. Martie ging inzwischen durch das Zimmer, um hier und da etwas aufzuräumen. Immer wenn Lex dagewesen war, fand man nachher alles mögliche: Kippen in einer Vase, eine Flasche hinter einem Stuhl, Bücher aus dem Schrank unter dem Tisch. Und diesmal auf dem Herd den großen Topf abgekochtes Wasser, den er natürlich nicht in den Filtrierapparat gegossen hatte. Ein bißchen ärgerlich und gleichzeitig belustigt – sie hätte es schließlich wissen müssen – kletterte sie mit dem randvollen Topf auf einen Stuhl.

Während sie das Wasser eingoß, kam Bea.

„Es tut mir leid, daß ich so eine Szene gemacht habe. Aber daß ihr glauben konntet, ich hätte absichtlich gehupt ..."

„War es denn nicht so? Du sagtest doch selber ..."

„Das erstemal war's aus Versehen. Und das zweitemal ... wenn Lex das Kind dann genommen hätte ..."

„Fang bitte nicht wieder an!"

„Gut, ich werde den Mund halten. Ist was zu trinken da?"

„Kalter Kaffee. Soll ich neuen kochen? Oder willst du Tee?“

„Nein, vielen Dank. Ich werde Suppe aus der Büchse machen. Ich sterbe vor Hunger. Bei Tisch habe ich fast nichts gegessen.“

„Du nimmst dir das viel zu sehr zu Herzen. Lex sagt immer die verrücktesten Dinge, wenn er einen Koller kriegt.“

„Glaubst du, daß es ihm gar nicht ernst war?“

„In dem Augenblick schon. Aber er war völlig durchgedreht, genau wie wir. Er weiß sehr gut, wenn überhaupt jemand das Kind hätte wegbringen können, dann wäre er es gewesen.“

„Und während das Kind stirbt, spricht er von Kulturmodellen und daß man deswegen nichts machen könne.“

„Genau.“ Plötzlich versetzte sich Martie an die Stelle von Lex. Und sie wußte, daß er sogar recht hatte. Es waren Tausende und Abertausende von afrikanischen Kindern durch Unwissen und Aberglauben gestorben – wenn man es Aberglauben nennen durfte, was er mit Recht bestritt. Und es würden weiter Tausende von Kindern umkommen, jeden Tag wieder. Dieses eine Kind in diesem einen Dorf hätte vielleicht gerettet werden können. Aber der Preis wäre – seiner Ansicht nach – zu hoch gewesen. Das gute Einvernehmen mit den weißen Entwicklungshelfern wäre dadurch aufs Spiel gesetzt worden, mehr noch, das ganze Verhältnis zwischen Schwarz und Weiß in diesem Gebiet. Und dann würde die ganze Arbeit fruchtlos bleiben. Und wer hatte darunter wieder zu leiden? Die Afrikaner.

Doch das setzte sie Bea nicht auseinander. Außerdem begriff Bea von alldem weit mehr, als sie jetzt zeigte. Bei ihrer Arbeit kam sie recht gut mit den Menschen in den Dörfern zurecht.

Mütterberatung

Nähunterricht

„Das riecht lecker. Ochsenschwanzsuppe. Aus dem Paket von deiner Mutter?“

„Ja. Magst du auch eine Tasse? Oder sollen wir Teller nehmen?“

„Teller. Und dann können wir uns gleich ein Butterbrot dazumachen.“

„Obi muß morgen Brot backen“, sagte Bea, während sie die Suppe auf die Teller füllte.

„Ich weiß nicht, ob Obi morgen überhaupt hier sein wird.“ Martie berichtete die ganze Geschichte.

„Schrecklich“, seufzte Bea. Sie schämte sich jetzt noch mehr wegen ihrer Reaktion. „Wenn wir das kleine Mädchen mitgenommen hätten, wäre Obi vielleicht wirklich vergiftet worden – er oder seine Kinder. So etwas kann man nie vorher wissen.“

Martie bestätigte es. Doch gleichzeitig war ihr klar, daß sie nun damit aufhören mußten. Es gab eine Grenze für das, was man sich vorstellen wollte, für das Mitgefühl, das man noch aushalten konnte. Obi oder seine Kinder aus Rache vergiftet – sie wollte nicht daran denken. Trotzdem sagte sie: „Sein Vater hat klug daran getan, ihn wegzuschicken. Nun kommen seine Frauen und Kinder unter den Schutz der Familie. Dann sind sie sicher.“

„Unterschätze den Hokuspokus von diesem Elenden nicht, von diesem ...“

„Won-nguy“, half Martie.

„Wieder so ein schwieriger Name. Du, die Suppe ist wirklich lecker, nicht?“

Sie nahm noch einen Teller voll. Dann war der Topf leer, aber es hatte ihnen gutgetan. Sehr viel weniger bedrückt, beschlossen sie schlafen zu gehen. „Morgen fünf Leistenbruchoperationen“, sagte Martie in einem Ton, in dem andere sagen: Morgen mache ich ein paar Besorgungen.

„Assistierst du diesem Pfleger immer noch, als ob er ein richtiger Arzt wäre?“ rief Bea, die draußen die Teller abwusch.

„Warum nicht? Er macht es gut“, rief Martie zurück.

Sie zündete zwei kleine Petroleumlampen an und löschte die große Lampe aus. Ich will im Bett den letzten Brief von zu Hause noch einmal lesen, überlegte Martie. Vielleicht werde ich davon ein bißchen ruhiger. Wo habe ich ihn nur hingelegt? Bea hat immer für alles einen festen Platz, die braucht nie etwas zu suchen.

Zwischen zwei Büchern auf dem Regal fand sie den Brief wieder. Sie legte ihn gleich aufs Kopfkissen. Dann ging sie duschen und Zähne putzen. Aber nur ganz kurz duschen, sonst war das Faß leer. Morgen kam glücklicherweise der Wasserträger.

Ein Moskito tanzte um die Lampe neben ihrem Bett. Woher der kam, war ein Rätsel, denn alles war gut geschlossen.

„Liebe Martie“, las sie, *„wie mag es nur jetzt bei Euch sein? Hier haben wir dauernd Sturm und Regen, das Barometer will nicht steigen, und Pa spürt es häßlich in den Knien. Aber ewig wird es ja nicht dauern, denken wir. Gefällt es Dir noch immer dort, Kind? Wir machen uns oft Sorgen. Ißt du auch ordentlich? Soll ich wieder mal ein Paket schicken? Vielleicht auch wieder Puddingpulver? Der Vorschlag stammt von Pa.“*

Im vorigen Jahr hatte sie Puddingpulver in das Weihnachtspaket getan. Damals war sie gerade erst hier eingetroffen. Das Paket war über einen Monat zu spät angekommen, und die Puddingpäckchen waren verschimmelt. Vermutlich hatte das Paket einen Monat lang auf dem Kai im Hafen gelegen. Ach ja, damals hatte sie sich noch über die Trägheit der betreffenden Instanzen aufgeregt – jetzt war sie schon daran gewöhnt. Bei Pater van Weck im Missionshaus waren hundert Jubiläumszigarren in der Regenzeit als Brei angekommen. Er hatte sie getrocknet, durch den Fleischwolf gedreht und als Pfeifentabak an die Brüder verteilt.

„Wenn Du mal Appetit auf etwas Besonderes hast, mußt Du es uns schreiben. Vielleicht Ananas oder Tomatenmark? Aber jetzt fällt mir ein, Du hast ja geschrieben, daß Ihr das dort auch habt. Wächst bei Euch Ananas oder bekommt Ihr sie auch aus Amerika? Deine Fotos sind gut angekommen. Der Junge hinter Dir, ist das der Neger, der für Euch kocht? Hier haben die Kinder von Jan und Ria Masern, aber es ist gut, daß sie es alle auf einmal abmachen. Und Tante Bets aus Hoog-Soeren hat mir eine Karte geschrieben, daß sie wieder mit einem Asthmaanfall im Bett liegt. Die Arme kommt auch nie zur Ruhe. Ich selber bin mit einem wunden Zeh zur Pediküre gegangen. Pa hat so darauf gedrängt, und es hat dann auch ganz gut geholfen, muß ich sagen. Der Nagel war nämlich eingewachsen, und nun habe ich auch eine Salbe dafür.“

Martie ließ den Brief auf die Bettdecke fallen. Sie schloß die Augen. Ihre Mutter in Emmeloord hatte einen eingewachsenen Nagel. Und hier in Latun lag ein verbranntes Kind im Sterben. Durch die Mückengaze hörte sie die Nacht singen. Obi war beim watchnight. Ob er schlafen konnte? Lex brauchte noch

Stunden, bis er zu Hause war. Morgen würde er wieder todmüde sein. Morgen fünf Leistenbrüche, doppelte...

Noch rasch den Brief zu Ende lesen.

„Von Hans Swigters hörst Du wohl niemals mehr etwas? Die Leute erzählen, er habe sich mit einem Mädchen aus Swifterbant verlobt und werde in kurzem das Geschäft seines Vaters übernehmen. Das geht zum Glück ganz ausgezeichnet, und es wird ihnen an nichts fehlen. Aber Pa fragt sich, ob der Junge wirklich etwas von landwirtschaftlichen Maschinen versteht. Die Jugend stellt sich das gern zu einfach vor, sagt er. Nun hast Du wieder etwas von zu Haus erfahren, liebes Kind. Wir denken viel an Dich und wünschen Dir das Allerbeste. Einen herzlichen Kuß von Deiner Mutter. Denk an Deine Gesundheit. Wenn man da einmal etwas versäumt, dann ist es schwer wieder in Ordnung zu bringen, und es heißt, daß das afrikanische Klima nicht das beste ist."

Das afrikanische Klima – als ob man davon sprechen könnte! Zwischen einem holländischen Dorf und einem an der spanischen Küste sahen sie den Unterschied. Aber daß Afrika unendlich viel größer war als Europa und daß selbst in diesem einen westafrikanischen Land, in dem sie arbeitete, die Klimaunterschiede ungeheuer waren, das konnten sie sich zu Hause anscheinend nicht vorstellen.

Verärgert legte sie den Brief weg. Merkwürdig, man sehnte sich nach Post von zu Hause, und doch wurde man immer wieder enttäuscht. Weil man etwas anderes erwartete. Mehr Verständnis. Aber wie sollten sie auch etwas davon begreifen? War sie selbst denn imstande, etwas Wesentliches in ihren Briefen zu berichten, etwas über die Atmosphäre, das Licht, die Laute, die Emotionen der Menschen? Sie seufzte. In den nächsten Tagen wollte sie es noch einmal versuchen.

Als sie sich das vorgenommen hatte, schlief sie ein. Und deshalb hörte sie die Geräusche draußen nicht. Die Stimmen. Und wie Obi ins Haus schlich. Und das Tamtam im Dorf.

5

Als Martie am nächsten Morgen noch früher als sonst zum Krankenhaus fahren wollte und deshalb den Wagen auf dem Waldweg wendete, stand plötzlich Obi neben der Autotür.

„Darf ich mitfahren, Miss?" Er sah erbärmlich aus.

„Willst du ins Krankenhaus?"

„Sie wollten doch fragen, ob es dort Arbeit für mich gibt."

Sie machte eine ungeduldige Handbewegung. Wenn Obi mitkam, würde es viel schwieriger sein, etwas für ihn zu erreichen.

„Sie sind heute nacht gekommen, Miss. Watchnight hat ihnen gesagt, ich sei in den Busch gegangen."

Weil in ihrem Wagen der zweite Vordersitz fehlte, zeigte sie auf die hintere Bank. „Dann steig rasch ein! Aber gib acht auf die Waage da!" An seinem Gesicht war deutlich erkennbar, daß er Angst hatte. „Sie können dir doch nichts tun, Obi. Es gibt doch Gesetze in diesem Lande."

Sie sagte es wider besseres Wissen, denn es gab in diesem Land Kräfte, die man mit keinem Gesetz erreichen konnte, vor allem, wenn diese Gesetze einfach aus englischen oder französischen Gesetzbüchern übernommen worden waren. Sie wußte schon vorher, was Obi sagen würde, noch ehe er das verhängnisvolle Wort ausgesprochen hatte.

„Vergiften, Miss. Sie können mich vergiften."

„Glaubst du daran? Du bist doch Christ, nicht wahr?"

Der Junge schwieg. Sie kannte die Antwort übrigens schon.

Ob Christ oder Moslem, ob Animist oder Mitglied irgendeiner Sekte, die Menschen glaubten weiter an Vergiften durch Zauberkraft. Die alten Ängste behielten ihre Macht. Armer Obi! Mit seiner Schulbildung war er etwas vernünftiger als die große Mehrheit. Und trotzdem ... Man brauchte sich nur sein Gesicht anzusehen. Es war starr vor Furcht. Ein Zweig auf seinem Weg oder ein Kraut würde genügen.

„Obi ... es weiß doch niemand, daß du jetzt nach Mbungwa fährst."

„Sie wissen immer alles, Miss."

„Und trotzdem fühlst du dich im Krankenhaus am sichersten?"

„Ja, Miss, da ist der Arzt."

„Natürlich, Obi, und wenn dir doch etwas passieren sollte, kann er dich gesund machen." Sie sagte es mit tiefer Überzeugung. Überzeugungskraft war das einzige Mittel gegen solche Vergiftungen. Und Obi mit seiner Schulbildung hegte zumindest schon Zweifel. Die meisten Fälle einer solchen „Vergiftung" waren allerdings hoffnungslos. Der Arzt schickte die Patienten fast immer unverrichteterdinge wieder nach Hause. Wer überzeugt war, daß er sterben müsse, der starb wirklich; die bittere Erfahrung lehrte es.

„Haben Sie die Trommeln heute nacht gehört, Miss?"

„Ich habe sehr fest geschlafen." Sie sagte es fast beschämt. Als der Wecker geklingelt hatte, war sie aus einem Traum hochgeschreckt, in dem sie hinter einem Trecker herlief, der über ein Feld im Polder fuhr.

„Die Trommeln brauchen nichts zu bedeuten, Obi. Ich höre sie nachts häufiger. Weshalb wurden sie diesmal getrommelt?"

„Die Dorfältesten hatten eine wichtige Versammlung."

Einiges wußte sie schon über solche Versammlungen. Doch genau erfuhr es ein Außenstehender nie. Hatten die alten großen Männer des Dorfes über Obis Schicksal beraten? Wenn sie von den Trommeln in die Palaverhütte gerufen worden waren, dann mußte der Trommelschläger auch noch die Geister der Vorväter zur Unterstützung des Beratungsergebnisses aufrufen.

„Aber dein Vater ist ein mächtiger Häuptling – und du bist einer der Prinzen. Außerdem hast du nur dein Bestes getan, um die kleine Tochter eines anderen Prinzen zu retten. Wenn dein Bruder nicht an die medizinische Wissenschaft glaubt, weshalb trägt er dann europäische Kleidung?“ Die Sonnenbrille erwähnte sie gar nicht erst, weil sie genau wußte, daß sie ein Statussymbol war.

„Ich habe Ihnen gestern schon gesagt, daß mein Vater nicht so mächtig ist, wie es scheint. Das Dorf nimmt es ihm übel, daß er an der Eintreibung der Steuern mitarbeitet. Und als er eine moderne Kakaopflanzung anlegen lassen wollte, ist er auf harten Widerstand gestoßen. Den Franzosen, der ihnen den Kakaoanbau beibringen sollte, haben sie aus dem Dorf gejagt.“

Das stimmte. Pimmetje, bei dem der Pflanzer eine Zeitlang wohnte, hatte davon erzählt.

„War nicht auch noch etwas anderes mit diesem Franzosen?“

„Er hat Kinder gezeugt“, sagte Obi einfach. „Aber das tut jeder Mann.“

„Das war also nicht der Grund?“

Einer eindeutigen Antwort wich er aus. „Wichtiger war, daß sie keinen Kakao anpflanzen wollten. Die Männer wollten es nicht, weil sie dafür hätten arbeiten müssen. Und die

Frauen wollten es nicht, weil sie dann weniger Ackerland für die eigene Ernährung gehabt hätten."

„Und weil die Männer das Geld doch nur für Palmwein und mehr Frauen ausgegeben hätten. Ist es nicht so?"

Auch hierauf gab Obi keine Antwort. Es war nicht nötig, zu bestätigen, was Miss Martie bereits wußte. Außerdem schämte er sich wegen der Rückständigkeit seines Dorfes. Lieber berichtete er über etwas anderes: „Mein Vater hat ihnen damals gesagt, daß man das Geld auch auf andere Weise verwenden könne. Wenn sie es sparten, könnten sie später ein neues Haus bauen oder einen Ochsen kaufen. Und der Ochse könnte dann den Pflug ziehen. Aber die Männer fanden, daß es besser sei, wenn ihre Frauen diese Arbeit täten." Er lächelte traurig. „Ich habe auf der Schule viel gelernt, Miss. Ich habe gelernt, daß alles anders werden muß. Aber wie?"

„Es kann nur langsam gehen, Obi. Du mußt Geduld haben."

„Es müßten mehr Minister kommen", erwiderte Obi. „Die könnten es anordnen."

„Die Minister haben es im großen ebenso schwer wie dein Vater im kleinen." Das letzte hätte sie lieber nicht hinzusetzen sollen. Die „Größe" eines Dorf- oder Stammeshäuptlings durfte von einer Frau nicht angezweifelt werden. Das alles war recht schwierig. Und nun saß sie mit einem schweigenden, ein wenig beleidigten Obi im Wagen. Ob er nie mit dem Gedanken gespielt hatte, daß sein Vater ihn kurz vor seinem Tode zum Nachfolger bestimmen könnte?

Auf halbem Weg nach Mbungwa hielt sie vor der kleinen Poliklinik von Kwebele. Eine Gruppe von Frauen mit Säuglingen und Kleinkindern stand unter dem Schatten eines breitverzweigten Mangobaumes. Auch die Veranda war voll von

Wartenden, während die Hebamme drinnen Sprechstunde abhielt. Heute war nicht der Tag, an dem Martie ihr zu helfen hatte, aber trotzdem ging sie kurz hinein.

„Wie geht es Nkwebi, Frau Samwa?"

Die Hebamme nahm den Löffel aus dem entzündeten Hals eines Kerlchens, steckte ihn sorgfältig in einen Becher mit einem Desinfektionsmittel und nickte dann munter zur Tür der Wöchnerinnenstube hinüber. „Sehen Sie nur selbst!" sagte sie lachend.

In dem kahlen Zimmer saß auf einem der drei Betten eine junge Frau, die einem Kind die Brust gab. Unter der grauen Decke in der Kiste neben ihr schaute ein zweiter kleiner Wollschädel heraus. Nkwebi lachte, als sie Schwester Martie sah. Stolz zeigte sie auf ihre Zwillinge. Sie war fünfzehn. Auf dem Weg zur Klinik war sie vorgestern von der Geburt überrascht worden. Sie hatte ihre Babys in einem Tuch hierher getragen. Übrigens hatte sie einen Bindfaden und eine ausgekochte Rasierklinge bei sich gehabt, doch als es dann so weit war, hatte sie sich nicht getraut, die Nabelschnur durchzuschneiden. Danach war sie dann noch zwei Stunden bis zur Klinik weitergegangen.

„Alles wohlauf?" fragte Martie.

„Ja, danke, Schwester. Ausgezeichnet, Schwester."

„Und morgen geht's nach Hause?"

„Ja, Schwester." Nkwebi hatte keinen Mann. Aber ihre Familie würde für sie sorgen. Das Problem der ledigen Mutter? Das gibt es hier nicht, hatte Martie nach Hause geschrieben. Sie strich über die beiden Lockenköpfe. Reizendere Kinder als die afrikanischen konnte es nicht geben.

Als sie zum Auto zurückging, sah sie Obi mit abgewendetem

Kopf dasitzen. Fürchtete er etwa, von den wartenden Müttern erkannt zu werden?

Als sie weiterfuhren, sagte Martie: „Es gibt doch Fortschritte, Obi. Dort drinnen ist eine Mutter, die Zwillinge geboren hat. Was machte man hier früher mit Zwillingen?"

Unwillig warf Obi den Kopf in den Nacken. Darüber wollte er nicht sprechen.

„Oft wurde das schwächere der beiden im Busch ausgesetzt, manchmal auch alle beide. Es gab im Wald einen bestimmten Platz für solche Zwillinge. In anderen Gegenden wurden sie als Menschenopfer benutzt. Diese Zeit ist vorbei, Obi. Wirklich. Ich glaube nicht, daß es irgendwo so etwas noch gibt. Ist das kein Fortschritt?"

Doch Obi schwieg störrisch. Das waren zu heikle Dinge, die hier zur Sprache gebracht wurden. Ihm ging es um völlig andere Fragen. Martie dachte daran, daß Lex gesagt hatte: Obi hat es schwer, er lebt in zwei Welten.

Doch als sie auf das Gelände des Krankenhauses kamen, wurde er wieder zugänglicher. Neugierig sah er sich um.

„Bist du noch nie hier gewesen?"

„Nein, Miss."

„Es ist besser, wenn du hier Schwester zu mir sagst."

„Das werde ich tun, Miss... Schwester." Er mußte lachen.

Während sie parkte, zeigte sie auf eine der beiden Kochhütten, ein Palmwedeldach auf vier Pfählen, unter dem die Angehörigen der Patienten kochten. „Du wartest besser dort drüben. Dann fällst du nicht auf. Dort sind immer Menschen beschäftigt."

Als sie über die lange Veranda ging und sich dem Zimmer des Arztes näherte, hörte sie einen heftigen Streit. Verstehen konnte sie nichts, da batunesisch gesprochen wurde. Doch sie erkannte neben der Stimme des Arztes auch die der hiesigen Hebamme, Frau Akwendi. Das traf sich ja nun besonders unglücklich. Was mochte diese Person diesmal nur wieder haben? Wenn man die beiden Hebammen, Frau Samwa und Frau Akwendi, miteinander verglich, war die erste geradezu ein Engel und die zweite eine Teufelin. Der arme Dr. Nsob!

Sie ging rasch durch die Männersäle, wo sie mit Scherzen auf die Ausrufe und vielsagenden Gebärden der Patienten antwortete, und dann wieder zurück zum Arztzimmer. Die Hebamme in ihrem schneeweißen Kittel kam gerade heraus.

Als Martie das Zimmer betrat, saß der Arzt am Schreibtisch, den Kopf in die Hände gestützt. Sein Gesicht hellte sich auf, als er sie sah. „Diese Frau", begann er sofort, „quält einem das Blut unter den Fingernägeln hervor. Sie wird von Tag zu Tag unverschämter. Sie ist gefährlich."

Martie wußte das genau, hütete sich jedoch, es auszusprechen.

„Alle neuen Maßnahmen, die ich angeordnet habe, findet sie lächerlich. Ihr Mann ist Funktionär, also dürfen die Vorrechte für Funktionäre nicht eingeschränkt werden." Wie immer, wenn er sich aufregte, sprach er französisch. Diese Sprache beherrschte er besser als Englisch, da er in Paris und danach in Polen studiert hatte. „Sie hat mich direkt bedroht. Wenn ich die bisher geltenden Vorrechte nicht bestehen lasse, will sie einen Bericht an Seine Exzellenz, den Minister für Volksgesundheit, in die Hauptstadt schicken. Sie und der Minister gehören dem gleichen Stamm an. Sie kommen beide aus der Gegend von Mangkwo. Nicht genug, daß sie und ihr Mann beide ein gutes Gehalt beziehen, nein, sie wollen auch noch Vorrechte und Macht für ihre ganze Gruppe. Sie wollen mir, dem Chefarzt dieses Hauses, Vorschriften machen.“

„Trotz allem ist sie eine gute Hebamme“, warf Martie ein. Frau Akwendi hatte eines Sonntags eigenhändig einen Kaiserschnitt vorgenommen, als weder der Arzt noch der Pfleger, der sonst einfache Operationen ausführte, anwesend waren.

Dr. Nsob erhob sich. Er war ein kleiner, breiter, sehr dunkler Mann mit einem kurzen krausen Bart und klugen Augen hinter den Brillengläsern. Erst mit fünfunddreißig Jahren war er aus Europa zurückgekommen, um „seinem Land zu dienen“. Er hatte voller Idealismus mit Modernisierungen und Verbesserungen begonnen. Es war ihm gelungen, Mittel für einen Generator von den Behörden zu erhalten, und es gab nun elektrisches Licht und eine Pumpstation im Krankenhaus. Er hatte dafür gesorgt, daß alle Patienten wenigstens eine Mahlzeit pro Tag vom Krankenhaus bekamen, doch der Widerstand gegen ihn wurde immer stärker. Und warum?

„Warum legen sie mir dauernd Hindernisse in den Weg, sie und ihre Clique? Weil ich mich weigere, Vorrechte anzuerkennen, voilà.“ Er drehte die Handflächen mit gespreizten Fingern nach oben, und wieder fiel Martie die Hautfarbe auf. Wie dunkel die Menschen auch waren, die Handflächen waren rosig. Die Handflächen und die Fußsohlen. Konnte sie sich denn nie daran gewöhnen? So viele andere Dinge, über die sie sich zuerst auch sehr gewundert hatte, waren ihr inzwischen durchaus geläufig. Sie wandte die Augen ab. Dr. Nsob lachte. Er begriff es. Er mußte diese Reaktion tausendmal erlebt haben. Aber es stimmte ihn nicht bitter, wie ihn der Widerstand der eigenen Landsleute bitter stimmte.

„Der Mann mit der Schädelbasisfraktur ist heute nacht gestorben", sagte er. „Unbegreiflich, daß er noch so lange ausgehalten hat."

Von einer Palme gefallen, das wußte Martie, beim Zapfen seines Mimbo, des Palmweins.

„Wir haben heute fünf Bruchoperationen", sagte sie. „Können Njikam und ich anfangen, Doktor? Oder gibt's noch eiligere Sachen?"

„Nein, operieren Sie nur! Ich mache jetzt Visite."

Martie schaute ihm besorgt nach. Plötzlich fiel ihr ein, daß sie Obis wegen noch nicht gefragt hatte. Dann mußte das eben warten. Sie würde Obi auftragen, die beiden Säle der chirurgischen Station auszufegen. Die Angehörigen, deren Aufgabe das eigentlich war, machten diese Arbeit meist nur sehr oberflächlich.

Obi half an diesem Tag beim Fegen und Wassertragen. Denn wenn es auch eine elektrische Pumpe im Krankenhaus gab, mußte seit drei Wochen wieder alles in Eimern aus dem kleinen Fluß heraufgetragen werden, da der Generator ausgefallen war. Drucklaterne und Petroleumlämpchen waren nun wieder die einzigen Lichtquellen – auch im Operationssaal. Njikam störte das nicht, vielleicht zog er diese Lampen sogar vor, weil er so lange daran gewöhnt gewesen war. Für den Arzt erwiesen sie sich bei schwierigen Operationen jedoch als erhebliche Behinderung.

Kein europäischer Chirurg konnte die Arbeit besser machen als Njikam. Er gab Spritzen, schnitt, setzte Klammern und nähte, als ob das ein Kinderspiel wäre. Lex hatte neulich auch gesagt: „Viele Afrikaner haben äußerst geschickte Hände. Sie haben wirklich Fingerspitzengefühl."

Während Njikam operierte und Martie ihm die Instrumente zureichte, überlegte sie, daß sie gleich nachher zu Frau Akwendi in den Kreißsaal gehen wollte, um zu sehen, ob sie die Frau nicht auf irgendeine Weise ein bißchen milder stimmen konnte. Wenn dieses giftige Weibsbild es darauf anlegte, Dr. Nsob zu schaden, fand sie in diesem Land nur allzuleicht einen Weg. Und das wäre nicht nur für den Arzt, sondern auch für das Krankenhaus schlimm. Er wäre nicht der erste, der durch eine Beförderung zum „Beamten im Regierungsdienst" kaltgestellt oder auf „Studienurlaub" ins Ausland abgeschoben wurde. Und dann würde bestimmt wieder ein Kanadier oder Franzose, ein Schweizer oder ein anderer Weißer an seine Stelle kommen.

Die letzte Operation, ein doppelter Leistenbruch, wurde an einem alten Mann vorgenommen, der, als er hereingebracht wurde, laut und mit heftigen Gebärden Forderungen stellte. Doch Njikam stach ihm, ohne darauf zu achten, die Nadel in den sehnigen schwarzen Arm und injizierte die betäubende Flüssigkeit. Erst als der Patient röchelnd auf dem Holztisch einschlief, sagte er: „Dieser zähe Bursche wollte gleich mehrere Spritzen haben, und zwar Penicillin, sonst würde er nicht bezahlen."

Martie lachte. Fast gerührt schaute sie auf den alten Mann, auf das eingefallene Gesicht mit den weißen Bartstoppeln, den dicken, ein wenig violetten Lippen über den großen Zahnstummeln, mit denen er bestimmt noch Kolanüsse knacken konnte. Hier im Krankenhaus bezahlten die Patienten einen kleinen Betrag für die Medikamente, für die ihnen der „Apotheker" ohne Lizenz mindestens das Zwanzigfache abnahm. Und Penicillin nahmen sie für ihr Leben gern, mit oder ohne

Rezept. Natürlich war es meist kein Penicillin, was ihnen da aufgeschwatzt wurde.

„Du operierst wirklich gut, Njikam", sagte Martie, als sie seine Handschuhe sterilisierte.

Er nickte. Er wußte es selbst. Dann sah er sie plötzlich an. „Wollen Sie nicht einmal zu uns nach Hause kommen, Schwester? Ich und meine Frau laden sie herzlich ein."

Sie wußte, daß Njikam nur eine Frau hatte und daß er nie daran denken würde, eine zweite zu nehmen. Er war überzeugter Katholik und besuchte sonntags zweimal den Gottesdienst. „Unser Haus ist neu", sagte er. „Ich habe jetzt ein Dach aus Aluminium. Das müssen Sie sich ansehen."

„Gern, Njikam. Sag deiner Frau, daß ich Sonntag komme und noch jemanden mitbringe, einen anderen Entwicklungshelfer aus Holland, der in Mkoko arbeitet." Sie zögerte einen Augenblick, ehe sie fortfuhr. „Übrigens, Njikam, hast du in deinem Haus vielleicht einen Schlafplatz für einen Gast?"

„Jederzeit, Schwester. Aber gehört er dem wahren Glauben an?" Njikam stellte ihr eine Gewissensfrage. Obi war Christ – aber vom „wahren Glauben"? Soweit sie wußte, war die Schule, die er besucht hatte, eine Gründung der schottischen Kirche gewesen.

„Er ist Christ, Njikam."

Der Pfleger sah sie lächelnd an. „Einen Gast heiße ich immer willkommen", erwiderte er.

Eine Weile später ging Martie zu den beiden Kinderpavillons hinüber. Frau Akwendi hatte sie nicht sprechen können, weil die gerade telefonierte. Telefonieren, das stand nur wenigen Menschen zu. Höhere Regierungsbeamte hatten ein Telefon in ihrem Büro und machten ausgiebigen Gebrauch davon.

Und dank dem Einfluß ihres Mannes hatte die Hebamme, die seine erste, wenn auch nicht seine Lieblingsfrau war, ein eigenes Telefon in ihrem Zimmer im Krankenhaus. Als Martie fragend eintrat, wurde sie energisch abgewiesen.

In den Kinderpavillons lagen Jungen und Mädchen zusammen. Weil sie von Müttern, Großmüttern, Tanten oder Schwestern versorgt wurden und, außer wenn sie schwerkrank waren, nicht im Bett liegenblieben, herrschte ständig ein großes Durcheinander. Und im Augenblick war es sogar besonders schlimm, weil eine Mutter das Huhn, das sie für ihren kranken Jungen schlachten wollte, versehentlich hatte entwischen lassen. Laut gackernd rannte das Tier unter den Betten durch.

„Weshalb hat sie das Huhn hierher gebracht?“ fragte Martie einen der größeren Jungen. Mit den Frauen konnte sie sich kaum verständigen, aber die meisten Kinder lernten Englisch in der Schule.

„Um zu zeigen, daß es ein gutes Huhn ist“, erwiderte der Junge. „Wer zeigen will, was ein Huhn wert ist, hütet sich, es vorher zu rupfen.“ Darüber mußte er selbst laut lachen.

Er war nur noch Haut und Knochen und war, völlig von Geschwüren bedeckt, von den Angehörigen ins Krankenhaus gebracht worden. Genau wie der alte Mann mit dem doppelten Leistenbruch hatte sein Vater eine große Spritze Penicillin für ihn gefordert. Tabletten könnten ihm nicht mehr helfen. Aber die Tabletten hatten geholfen, und dem Jungen ging es schon viel besser. Ob der Vater nun in Zukunft auch an Tabletten glauben würde, war allerdings eine zweite Frage.

Das Huhn wurde endlich gefangen und unter lautem Gekreische hinausbefördert. „Schwester! Schwester! Schwester Martie!“ Die Kinder umdrängten sie nun von allen Seiten. Alle hatten etwas zu fragen. Alle verlangten ein wenig Aufmerksamkeit. In zerrissenen Hemden, mit oder ohne Hose, mit aufgeblähten Bäuchen, kahlen Flecken auf dem Kopf, Armen und Beinen wie Stöcken, aber lachend und schreiend wimmelten sie um sie her.

Temperatur messen, Krankenblätter ausfüllen, Spritzen geben, Medikamente austeilen, es war fast alles Routinearbeit. Keine Routinearbeit jedoch war es, Mut zuzusprechen, über einen Kopf zu streichen, der still auf einem groben Kissen lag, schweigend von einem Kind Abschied zu nehmen, das heute, vielleicht morgen, sterben würde, fast wortlos eine jammernde Mutter zu trösten, die dasaß und ihr krankes Kind wiegte, als ob sie es damit am Leben halten könnte.

„Wo steckt denn Thomas wieder!“ rief Martie.

Thomas war ein etwa dreijähriger Junge, der immer wieder von seiner Großmutter weggeholt wurde. Gewöhnlich saß sie dann mit ihm in der Kochhütte, das fiebernde Kerlchen in den Armen. An ihrem Feuer sang sie ihm abwechselnd afrikanische Wiegenlieder und europäische Kirchengesänge vor. So versuchte sie ihm schaukelnd und summend neue Lebenskraft einzuflößen.

Auch jetzt fand Martie den kleinen Thomas in der Kochhütte, wo mehr als ein Dutzend Feuer unter verrußten Töpfen brannten oder schwelten. Sanft nahm sie den Jungen seiner Großmutter aus den Armen.

„Er ist zu krank ... zu krank“, erklärte sie ihr wie schon so oft. Aber die alte Frau hatte immer auf diese Weise versucht, ihre Kinder am Leben zu halten.

Thomas trug eine Schnur um den Bauch, an der „Medizinen“ des „einheimischen Doktors“ befestigt waren. Es war immer ratsam, die alte und die neue Methode gleichzeitig wirken zu lassen.

Martie trug das fiebernde Kind in sein Bett zurück. Dort deckte sie es mit einem der Lumpen zu, die seine Großmutter gelegentlich wusch. Auf allen Betten lagen solche Fetzen, die die Menschen in Mitteleuropa Lumpen nennen würden. Hier wurden diese Lumpen viele Male gewaschen, getrocknet und benutzt. Der kleine Thomas schlief schon fast, als Martie ihn verließ.

Zuletzt – weil ihr dieser Weg gerade heute besonders schwerfiel – ging sie zu den beiden Geschwistern, einem Jungen und einem Mädchen, die beide von einem Bambusbett ins Feuer gefallen waren. Der kleine Junge war übler dran, die Wunden waren schwerer infiziert als die seiner Schwester. Er bekam eine hohe Dosis Antibiotika. Ob es helfen würde? Eine Tante versorgte die Kinder. Sie hatte eine Ziege mitgebracht, um den Kindern Milch geben zu können, aber die Milch war zu fett und mußte mit Wasser verdünnt werden. Martie hatte Njikam dazugerufen, der der Frau genau erklären sollte, wie das Wasser abgekocht und durch ein Tuch gegossen werden müsse.

Plötzlich hatte Martie eine Eingebung: Wenn Obi den Frauen nun beibringen würde, daß sie das Wasser kochen und durch ein ausgekochtes Tuch filtern müßten? Er verstand, warum das sein mußte, und konnte es den Frauen erklären. Wenn einige der Frauen einen anderen Dialekt sprachen, mußten sie es sich eben gegenseitig übersetzen.

Sie machte sich auf die Suche nach Obi. Endlich fand sie ihn mit baumelnden Beinen auf der Veranda vor der offenstehenden Tür des Arztzimmers sitzen.

„Was machst du denn hier, Obi?“

Er blickte zu dem Schreibtisch hinüber. „Die Schreibarbeit könnte ich machen“, sagte er. Er zeigte auf den Schrank mit den Schubladen, in dem die Kartei untergebracht war. Eine Schublade stand offen. „Ich weiß genau, was das ist. So etwas hatte der Direktor unserer Schule auch, eine Kartei. Ich könnte diese Karten ausfüllen.“

„Aber unsere Pumpe funktioniert nicht, und wir brauchen Wasser.“

„Wasser können auch andere tragen“, erwiderte Obi und rieb sich den Nacken. Er war schon achtmal zum Fluß hinuntergegangen und mit einem Eimer Wasser auf dem Kopf wieder heraufgekommen.

In diesem Augenblick ertönte ein großes Geschrei. Der Gärtnerjunge des Krankenhauses war gerade dabei, die Frauen aus der größeren Kochhütte zu verjagen, wozu er einen Stock und eine Fliegenklatsche benutzte. Danach sperrte er die Kochstelle ab, indem er ein Seil um die vier Pfosten spannte.

„Das geschieht jeden Tag einmal“, erklärte Martie, „und zwar dann, wenn unser Koch hier für die Patienten kochen will.“

„Bekommen sie das Essen umsonst?“ fragte Obi erstaunt.

„Ja, das bekommen sie umsonst. Das hat der Arzt hier so eingerichtet. Früher war es hier ebenso wie in den meisten anderen Krankenhäusern. Aber weißt du, dann gibt es immer einige Patienten, die gar nichts zu essen haben, weil nicht jeder Angehörige bei sich hat, die für ihn sorgen.“ Und sie teilen nie, dachte sie, aber das sagte sie nicht.

„Ich habe eine Schlafstelle für dich gefunden, Obi“, fuhr sie fort. „Doch erst möchte ich dich fragen, ob du den Ange-

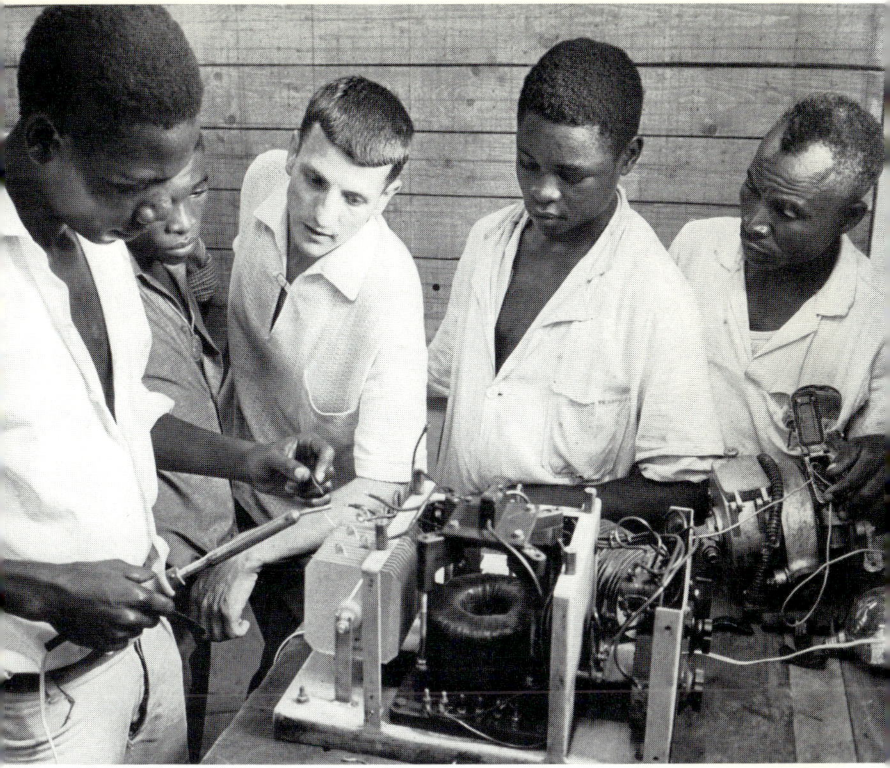

Technischer Unterricht

Landwirtschaftliche Beratung

hörigen unserer Patienten etwas beibringen willst. Du würdest das bestimmt gut können." Sie erzählte ihm, worum es sich handelte.

Obi nickte. Als vorübergehende Arbeit wollte er es wohl versuchen. „Die Arbeit wird nicht bezahlt", warnte ihn Martie. „Aber ich habe eine Schlafstelle für dich, und ich werde den Arzt fragen, ob du bei der Krankenhausmahlzeit mitessen darfst."

Obi nickte zurückhaltend. Aber er begriff, daß im Augenblick nicht mehr für ihn herauszuholen war. Außerdem fing er an, sich wieder sicher zu fühlen, weil hier so viele ihm völlig unbekannte Menschen herumliefen. Und der Arzt, der ihm vorhin zugenickt hatte, ohne auch nur eine Frage zu stellen, flößte ihm Vertrauen ein.

„Sehr wohl, Miss. Vielen Dank, Miss... Schwester."

Als Martie an diesem Abend nach Hause kam, hatte Bea schon das Essen gekocht. „Obi ist verschwunden", sagte sie. „In den Busch, wie der watchnight erzählt hat."

Martie unterrichtete sie von dem Vorgefallenen.

„Angst vor Vergiftung – er könnte sogar recht haben", überlegte Bea. „Sein Vater hat ihn gewiß nicht ohne Grund weggeschickt."

„Vorläufig habe ich ihn bei Njikam untergebracht. Wir wollen sehen, wie es weitergeht. Notfalls denke ich mir ein Märchen aus und zahle ihm etwas aus meiner Tasche. Und wenn wir jetzt selbst kochen, brauchen wir auch keinen Lohn für einen Koch zu zahlen."

Bea war wenig begeistert. „Das geht nicht. Wir müssen einen neuen Koch haben. Eine Weile schaffen wir es natürlich.

Aber auf die Dauer gehen wir dabei vor die Hunde. Vergiß nicht, wie lang unser Arbeitstag ohnehin schon ist! Und dann noch kochen, Brot backen, Wasser filtern, das Haus sauber halten, waschen und bügeln – wann willst du denn das alles erledigen?"

Es traf zu, Obi hatte fast jeden Tag gewaschen und gebügelt.

„Und du weißt, was passieren kann, wenn die Wäsche nicht gebügelt wird", sagte Bea. „Pimmetje hat auch nicht daran geglaubt, daß es Insekten gibt, die Eier in die Wäsche legen. Er hätte so etwas noch nie gesehen, erklärte er. Und auf einmal hatte er diese großen roten Flecken. Und jammerte, daß es juckte und brannte!"

Martie ließ sie reden. Sie wußte genau, daß Bea recht hatte.

„Und außerdem weißt du auch, wovor sie uns in Amsterdam auf dem Kursus immer wieder gewarnt haben: Niemals etwas aus der eigenen Tasche bezahlen oder Vorschüsse geben oder so was. Damit macht man sie abhängig. Außerdem nutzen sie das aus. Denn in ihren Augen ..."

„... sind wir steinreich, ich weiß", beendete Martie den Satz.

„Ja, steinreich", wiederholte Bea grimmig.

Martie seufzte.

„Du ißt ja gar nicht!" sagte Bea plötzlich. „Hast du denn gar keinen Hunger? Ich habe doch extra Reis mit Tomaten gemacht, weil du das so gern magst."

„Vielen Dank", sagte Martie. „Es ist wirklich lecker. Diese Frau Akwendi! Wenn es der tatsächlich gelingt, unseren guten Dr. Nsob zu vergraulen, dann ..."

„Was ist dann?"

„Dann weiß ich auch nicht mehr weiter", klagte Martie.

„Manchmal fragt man sich wirklich, ob das alles überhaupt einen Sinn hat. Daß wir hierher kommen, um ihnen zu helfen, während sie sich selber immer wieder neue Schwierigkeiten bereiten?"

Sie schob den Teller zurück. Doch kurz danach aß sie weiter.

„Hör nicht auf mich! Es ist Unsinn, was ich eben gesagt habe. Natürlich gehört das alles dazu. Als ob sie sich bei uns in Holland nicht auch oft genug in die Wolle kriegten. Und hier, eben erst unabhängig geworden und ohne Ausbildung, was kann man da anderes erwarten? Wenigstens würde Lex das sagen." Hastig trank sie das ganze Wasserglas auf einmal leer und ging sofort zum Hahn des Filtrierapparats, um das Glas wieder zu füllen. „Wenn Lex jetzt hier wäre, hätte er für alles wieder eine glänzende Erklärung. Aber manchmal möchte ich auf den ganzen Kram von Ursache und Wirkung pfeifen ... Weißt du vielleicht, wie es dem Kind von Obis Bruder geht?"

„Ich bin nicht in Latun gewesen", erwiderte Bea. „Vorläufig habe ich – zum Glück – noch genügend andere Dörfer zu besuchen."

„Vielleicht können wir morgen den Wasserträger fragen. Wer duscht zuerst, du oder ich? Ich klebe überall."

„Dann geh du nur", erwiderte Bea.

Der kühle Wasserstrahl – wie dünn er auch war – tat ihr wohl. Bea war doch eigentlich ein gutes Mädchen. Aber warum gingen sie sich dann so oft auf die Nerven?

Als sie sich abtrocknete, hörte sie plötzlich den Klang der Dorftrommeln. Die fernen dumpfen Schläge brauchten nichts Unheilvolles zu bedeuten. Dennoch schauderte sie – Obis

Angst hatte sie angesteckt. Schnell zog sie sich eine bequeme Leinenhose und ein altes Arbeitshemd an.

Sie stellte das Tonbandgerät an, um das Geräusch der Trommeln zu übertönen. Heute hatte sie nichts für afrikanische Musik übrig. Lieber das Band mit dem Männerchor aus Urk und der Stimme ihres Vaters, die am Schluß sagte: „Und nun wünschen wir euch allen ein gutes Weihnachtsfest.“

6

„Schlecht, Miss, es geht ihr sehr schlecht“, berichtete der Wasserträger nach vier Tagen. „Es ist ein doppeltes Unglück, denn der Vater hatte das kleine Mädchen schon Tange Okwanko, dem Fischhändler, für seinen Sohn versprochen. Er hat einen Vorschuß auf das Brautgeld verlangt, um teure Medizin kaufen zu können, doch Tange hat sich geweigert. Wenn das Kind stirbt, bekommt er das Geld nie zurück, hat er gesagt. Wissen Sie, wer hätte bezahlen müssen, Miss? Obi müßte bezahlen, denn er ist ihr Onkel und hat gut verdient.“ Er sah Martie von der Seite an, um festzustellen, wie sie es aufnahm. „Ja, Miss, wenn Obi nur bezahlt hätte, dann hätte er nicht in den Busch zu fliehen brauchen, Miss.“

Doch Martie entgegnete: „Wie viele Onkel hat das Kind wohl? Plenty. Warum soll allein Obi zahlen?“

„Er ist der einzige, der gut verdient hat, Miss, wenn auch seine Familie mehr erwartet hat. Doch nicht einmal das wenige hat er gerecht geteilt. Sie sagen, er hätte das Geld in einem Eisenkästchen in der Erde unter seiner Hütte vergraben.“

„Aber so viel hat er bei uns wahrhaftig nicht verdient“, verteidigte Martie ihn.

Der junge Wasserträger tat, als ob er ihre Worte gar nicht gehört hätte. „Wer reichlich Mais erntet“, sagte er, „muß die Ernte verteilen. Wer seine Verwandten hungern läßt, wird den jungen Mais nicht wachsen sehen.“

„Aber was tust du denn mit dem Geld, das du verdienst?" Ihre Stimme klang aggressiv.

Er lachte entwaffnend. „Mit Wassertragen verdiene ich gerade genug für meinen Tabak und Mimbo, Miss, das wissen Sie selbst doch am besten."

Sie wußte auch, daß er ein Jahr lang im Süden gearbeitet hatte, auf einer Gummiplantage. Aber das war „Sklavenarbeit", und deshalb war er zurückgekommen. Was hatte er mit seinem Lohn getan? Eine Anzahlung für seine künftige Frau geleistet, die für ihn arbeiten sollte. Und vermutlich hatte er sich ein Transistorradio gekauft.

„Du mußt die Wasserfässer von innen putzen", sagte sie kühl. „Es ist eine dicke Rostschicht darin. Damit verdienst du etwas extra."

„Ich werde morgen einmal nachsehen, Miss." Er grüßte höflich und ging.

Martie lief ins Haus und suchte ihre Sachen zusammen. Heute mußte sie in zwei Polikliniken Sprechstunden halten. Zuerst in der von Agnes Samwa. Das würde eine Erholung sein nach dem gestrigen Ärger über Frau Akwendi. Die beiden Hebammen unterschieden sich wirklich wie Tag und Nacht voneinander. Während Frau Samwa in ihrer Lehmhütte von ihrem bescheidenen Gehalt sechs Kinder ihres Bruders und ihrer Schwester aufzog und in die Schule gehen ließ, hauste die Akwendi in einer geräumigen Regierungswohnung, wo sie nur gelegentlich den Besuch ihres Mannes erhielt. Ein Auto hatte sie auch. Frau Samwa dagegen mußte, wenn sie Hausbesuche machte, oft stundenlang zu Fuß gehen.

An den kleinen Polikliniken, die noch tiefer im Busch lagen, arbeiteten drei Hebammen, die zwar recht geschickt waren, denen es aber an der Tüchtigkeit von Frau Akwendi und der Herzlichkeit von Agnes Samwa fehlte. Trotzdem ließ sich gut mit ihnen auskommen, und es war eigentlich ein Wunder, wie sie ihre schwere Arbeit schafften. „Was wir hier in der Wildnis Poliklinik nennen", hatte sie in einem Brief nach Haus so gut wie möglich zu erklären versucht, „ist eigentlich eine Mischung von Entbindungsheim, Mütterberatungsstelle und einem Unterrichtszentrum für Hygiene und Ernährungslehre, alles unter einem Dach. In den Niederlanden arbeiten dabei immer ein Arzt und eine Schwester zusammen, doch hier steht so eine Hebamme praktisch allein. Einmal die Woche komme ich hin, um sie zu beraten und Patienten zu untersuchen, wobei ich eine weit größere Selbständigkeit genieße, als ich sie in Holland als Krankenschwester jemals haben könnte."

Während sie den Waldweg fuhr, bemühte sie sich, an alles zu denken, nur nicht an das kleine verbrannte Mädchen in Latun. Sie konzentrierte sich auf die Spur, in der sie bleiben mußte, und auf die Bretter der schmalen Brücken, über die sie zu fahren hatte. Bergauf kam sie gut voran. Freundlich winkte sie den nackten Kindern zu, die in den Wasserpfützen neben den kleinen Brücken planschten, oder den Frauen, die dort Wäsche wuschen und lachend aufschauten, als sie vorüberfuhr.

Dorfbewohner aus Latun traf sie glücklicherweise nicht. Doch obwohl sie sich ständig bemühte, nicht daran zu denken, bedrückte sie dauernd ein Schuldgefühl. Wenn sie heute nicht nach Latun fuhr, um nach dem Kind zu sehen – mit oder ohne Genehmigung des Medizinmannes –, würde sie sich das nie verzeihen können.

Immer wieder machten ihr Frauen, die auf dem Weg zum Markt in Mbungwa waren, Zeichen, daß sie mitfahren wollten. Kübel voll Knollen, Mais oder Gemüse auf dem Kopf, flehten sie mit ausgestreckten Händen um einen Platz im Auto. Auch kleine Jungen wollten mitfahren. Einmal traf sie einen alten Mann mit einer schweren Last Zuckerrohrstengel auf dem Kopf. Er trat zur Seite und winkte. Doch auch ihn durfte sie nicht mitnehmen. Das war den Entwicklungshelfern nun einmal verboten. Wenn man damit erst einmal begann, war das Ende gar nicht abzusehen. Dann würden sie einem den Wagen so vollstopfen wie ihren afrikanischen Omnibus. Das Zuckerrohr hätte sie übrigens gar nicht verstauen können, nicht einmal in diesem Wagen, aus dem der zweite Vordersitz herausgenommen worden war.

Ob sie heute wieder Schwerkranke befördern mußte? Das kam oft vor. Oder eine Frau, die jeden Augenblick entbinden konnte und im letzten Augenblick ins Krankenhaus gebracht werden mußte, weil sich herausgestellt hatte, daß die Geburt für die gewöhnliche Hebamme zu schwierig zu werden drohte?

Oft hatte sie sich gefragt: Weshalb tue ich das alles hier eigentlich? Zu Hause hatte sie sich für die freiwillige Arbeit in der Entwicklungshilfe entschlossen, ohne zu ahnen, worauf sie sich da einließ. Und hier? Man hatte kaum Zeit und Gelegenheit, sich Rechenschaft davon abzulegen, denn sobald man hier in diesem Land war, wurde man so in Anspruch genommen, daß man selten zur Besinnung kam. Vielleicht lag es an dem Ereignis von Latun, vielleicht auch an dem immer gespannter werdenden Verhältnis zu Lex, daß sie nun gegen ihren Willen gründlich nachzudenken begann. Lex dagegen stellte ständig Fragen und suchte nach Antworten.

Sie preßte die Hände fest um das Lenkrad. Jetzt bin ich

buchstäblich darauf gestoßen worden; das begriff sie plötzlich.

Ob du willst oder nicht, Martie Goossens, das Problem, vor das dich dieses Kind und Obi stellen, erlaubt es dir nicht mehr, einfach von einem Tag zum anderen zu leben. Du mußt es wagen, dich den Fragen zu stellen. Dem Himmel sei Dank, daß Lex an diesem Wochenende nicht kommt; er würde dich verrückt machen.

Martie kam erst lange nach Dunkelheit nach Hause, müde zwar, aber zufrieden mit sich selbst. Auf der hinteren Bank ihres Wagens hatte sie eine Frau, die nicht mehr rechtzeitig in die Poliklinik gekommen war, entbinden müssen.

„Die Kinder waren nicht von den Fenstern wegzutreiben", erzählte sie Bea und Pimmetje, der gekommen war, um ein Bier bei ihnen zu trinken.

„Hast du denn versucht, sie wegzutreiben?" fragte er.

„Na ja", lachte Martie. „Ich hatte alle Hände voll zu tun, das kann ich euch versichern."

„Und was war's?"

„Ein prächtiger Junge. Das sechste Kind dieser Mutter, drei leben noch, alle von demselben Vater. Ich hab' sie ins Krankenhaus gebracht, denn die drei Betten von Frau Samwa waren besetzt. Eine Mutter hatte dort gerade einen Albino geboren."

„Diese Kinder mit der weißen verletzbaren Haut und den zwinkernden Augen finde ich immer so bedauernswert!" rief Bea aus. „Für Albinos hat eine Sonnenbrille wirklich Sinn." Bea warf Martie einen Blick zu; sie dachten beide sofort an Obis Bruder.

„Ich habe gehört, daß ihr hier Besuch von einem anderen Holländer bekommt", sagte Pimmetje. „Auch ein Entwicklungshelfer. Was tut der? Ich meine, was für ein Projekt?"

„Gemüseanbaugenossenschaft", erwiderte Martie. „Aber ich will mich jetzt erst mal waschen und umziehen. Ich habe das Gefühl, daß man mit mir den Fußboden aufwischen könnte. Pfui!"

Während sie zur hinteren Veranda weiterging, rief Pimmetje: „Gemüseanbaugenossenschaft? Aber die gibt es hier doch gar nicht!"

„Eben deshalb", rief sie über die Schulter zurück.

Bea war schon wieder mit dem Essenkochen beschäftigt. „Ihr kriegt aber genau dasselbe, was ich heute mittag beim Kochunterricht gemacht habe, Tapiokasuppe mit getrockneten Krabben und Gemüsen. Wenn Pimmetje lieber sein Schweizer Müsli ißt, muß er sehen, wo er es bekommt."

Bei Tisch verhielten sich alle drei sehr tapfer. Dennoch wurde der dicke, vom Palmöl orangefarbene Brei, der stark nach Fisch roch und auf der Zunge brannte, nicht zur Hälfte aufgegessen.

„Und doch ist es gut, hin und wieder afrikanisch zu essen", sagte Bea. „Im übrigen hatte ich gar nichts anderes im Haus. Obi ist nicht da. Und diese Sachen hatte ich für den Unterricht besorgt. Im Dorf drüben haben sich alle die Finger danach geleckt."

„Das will ich glauben", sagte Pimmetje. „Dies hier entspricht ihrem Geschmack. Und dann noch wie die Eingeborenen in einer kleinen Hütte leben, auf einem Bambusbett schlafen, eine einzige Petroleumlampe, bei der man seine Berichte schreibt, ein Becherchen Ziegenmilch..."

„Hör auf! Rede ja nicht von Berichten! Ich bin so sehr im Rückstand mit meinen. Verdonk wird mir bald mitteilen: Ich ersuche Fräulein Hazebroek, ihre Berichte rechtzeitig vorzulegen und etwas mehr auf Einzelheiten einzugehen. Die Ergebnisse ihrer Arbeit werden dem Ministerium in Den Haag unklar bleiben, wenn sie weiter so summarisch gemeldet werden. Im übrigen alle Anerkennung! Gezeichnet Verdonk, Feldleiter."

Sie sprach jetzt Holländisch, so daß ihr der Schweizer nicht mehr folgen konnte.

Er war selber ziemlich mißmutig, denn er sollte einen Brunnen in einem Dorf hinter Mbungwa bohren. Was bedeutete, daß er jeden Tag vier Stunden im Auto sitzen mußte. Er hatte jetzt schon Schwierigkeiten mit seinen Nieren. Das ständige Geholpere und die Erschütterungen taten ihnen bestimmt nicht gut. „Außerdem kann ich nicht mal meinen Assistenten mitnehmen, den ich gerade so gut eingearbeitet hatte. Er wird versetzt. Es ist ein Jammer, diese ständigen Versetzungen."

Martie hatte einen Einfall. „Sag mal, könnte Obi nicht an seine Stelle treten? Wenn du ihn dann jeden Morgen in Mbungwa abholtest? Er wohnt dort vorläufig bei einem Krankenhauspfleger."

Doch Pimmetje schüttelte den Kopf. „Das Ministerium für Gebietsentwicklung wird wohl schon wieder einen anderen Beamten für mich vorgesehen haben."

„Aber eure Organisation ist doch nicht so sehr an die Ministerien gebunden wie wir Entwicklungshelfer", rief Martie, die ihren Gedanken nicht so rasch aufgeben wollte. „Du hast auch früher schon mal einen Mann selbständig eingestellt."

„Damals handelte es sich um die Bewachung einer Wasserinstallation – das wurde aus Schweizer Mitteln bezahlt. Aber hier geht es um einen Posten, dessen Inhaber später die technische Überwachung im Auftrag des Ministeriums übernehmen soll", erklärte Pimmetje geduldig. „Vom Standpunkt der Kontinuität aus betrachtet, sind all diese Versetzungen bedauerlich", philosophierte er beim Kaffee weiter. „Sogar ihre höheren Beamten versetzen sie alle zwei Jahre. Sie fürchten, daß bei denen die Familie und die Stammeshäuptlinge zu großen Einfluß bekommen. Aber ich kann euch versichern, daß die ebenso beweglich sind! Sie ziehen einfach hinterher. Wie steht es eigentlich mit Dr. Nsob? Ich habe gehört..."

Martie sprang auf. „Was hast du gehört?"

„Setz dich ruhig wieder hin!" sagte Pimmetje. „Nichts Besonderes. Es heißt, er solle versetzt werden. Der Bischof scheint ein junges Ehepaar vorgesehen zu haben, Belgier."

„Der Bischof?" Martie riß die Augen weit auf.

Pimmetje nickte. „Natürlich. Der Bischof ist in dieser Diözese sehr mächtig. Erzählt mir bloß nicht, daß euch das neu wäre!"

„Kennst du Frau Akwendi?" fragte Martie.

„Ich hatte bisher nicht das Vergnügen."

„Na, ein Vergnügen ist es nicht." Martie spürte, wie sie aggressiv wurde. „Aber ich möchte wohl wissen, wie sie es fertigbringt, den Bischof vor ihren Karren zu spannen. Soweit ich weiß, ist sie gar nicht katholisch. Aber ihr Mann ist irgendwo ein hohes Tier – im Finanzministerium – und außerdem auch noch etwas Politisches." Damit machte sie eine Bewegung, die zeigte, daß sie an Politik wenig Interesse hatte.

„Moment mal!" rief Pimmetje. „Ist das etwa dieser Akwendi von der Einheitspartei? Politischer Kommissar der einzig wahren, der einzig vaterlandsliebenden, der einzig zugelassenen Partei von Seiner Exzellenz Patrick Kamudju Gnaden, jawohl!"

„Gut möglich", erwiderte Martie ziemlich gleichgültig. Doch plötzlich dämmerte es ihr. Wagte es Dr. Nsob deshalb nicht, Frau Akwendi gegenüber energischer aufzutreten? Lag er vielleicht politisch ein bißchen schief? Schließlich hatte er seine chirurgische Facharztausbildung in Polen bekommen. Man konnte nie wissen – und seine Krankenhaus-Reform ließ sich wohl auch falsch auslegen, wenn es denen dort oben so in den Kram paßte. Einen Menschen der kommunistischen Einstellung zu bezichtigen, war ein beliebter Trick. Aber Lex würde wohl wieder sagen ...

Sie stand auf und ging hinaus in die Küche, um neuen Kaffee zu kochen. Lex, Lex, Lex, dachte sie. Ständig denke ich: Lex hat gesagt, Lex würde sagen. Das Butangas zischte mit weniger Druck als sonst. „Unsere Gasflasche ist fast leer!" schrie sie ins Zimmer. „Sie muß ein Leck haben."

„Ich habe noch eine in Reserve!" rief Pimmetje aus dem Zimmer. „Die könnt ihr haben. Dann hol' ich am Montag in Mbungwa zwei neue."

Sie trödelte absichtlich beim Kaffeekochen und horchte auf das nächtliche Konzert der Grillen, Frösche und Zikaden. Frau Samwa hatte ihr erzählt, daß in der Nacht auch manche Grabameisen sangen. Plötzlich hörte sie, daß eins der Wasserfässer undicht war und tropfte. In der Ferne bellte ein Hund. Im Busch knackte etwas. Es konnten Jäger sein. Vielleicht waren es auch nur ein paar neugierige Jungen. Ständig hörte man Laute, und fast nie wußte man, woher sie stammten.

Nur gut, daß wenigstens das Wasser im Kessel jetzt so vertraut zu singen begann. Gleich konnte sie es über den Kaffee gießen, auch ein beruhigendes und heimatliches Geräusch. Urholländisch, würde Lex sagen.

Da hatte sie's schon wieder! Lex hatte wirklich zuviel Einfluß auf sie. Langsam, aber sicher bemächtigte er sich ihrer Gedanken. Nein, sie wollte nicht.

Morgen würde Dirk kommen. Der fand eine Kaffeekanne normal und notwendig. Die Kaffeekanne ist in Dirks Leben integriert, würde Lex sagen. Seltsame Worte hatte sie jedenfalls von Lex gelernt, aber nicht nur von ihm, auch schon im Kursus in Amsterdam. Dirk hatte dabei jedesmal geseufzt und ein Wörterbuch aus der Bibliothek geholt. Integration, Konfrontation, Assimilation, Evolution – das ist mir zu hoch, hatte er behauptet. Aber Lex jonglierte geradezu mit wissenschaftlichen und pseudowissenschaftlichen Begriffen. Das hatte übrigens inzwischen ein bißchen nachgelassen. Lex hatte sich hier verändert wie alle anderen auch. Wenn Dirk morgen...

„Wann kommt denn nun der Kaffee!“ rief Bea.

„Kommt schon!“

Wenn Dirk morgen hier war, würde sie doch einmal über Obi mit ihm sprechen. Und auch über die Schwierigkeiten in Latun. Doch erst wollte sie morgen früh selbst hinüberfahren, dann hatte sie es hinter sich, und die Männer in Latun hatten noch nicht allzuviel Palmwein getrunken. Vielleicht konnte sie sie zur Vernunft bringen, was die Behandlung des Kindes betraf.

Doch als sie nach einer unruhigen Nacht frühmorgens auf die Veranda trat, sah sie da ein Feldbett stehen. Und in dem

Feldbett lag Dirk in einem Schlafsack unter einem Moskitonetz. Er war also schon in der Nacht gekommen. – Sie mußte darüber lachen. Aber das brachte ihre Pläne durcheinander. Und wenn sie sich auch über sein frühes Kommen freute, war sie doch etwas ungeduldig.

Dirk schlief noch fest. Sein Mund stand halb offen, und auch die Augen waren nicht ganz geschlossen. Wie kam es, daß Pekkie keinen Lärm geschlagen hatte? Sie schaute sich um. Aber Pekkie war nicht zu sehen. Nur seine Kette hing noch da. Ob der watchnight geschlafen hatte? Sie blickte auf die beiden Speere, die an der Hauswand lehnten. Seinen Säbel hatte er ständig bei sich.

Dirk grunzte im Schlaf. Er bewegte sich, und seine Augen waren jetzt geschlossen. Sollte sie ihn wecken? Oder erst Kaffeewasser ansetzen? Oder vielleicht doch erst fragen, ob er etwas über Pekkie wußte?

Sie rüttelte ihn wach. Sofort fuhr er hoch. „Ach du! Guten Morgen!“ rief er laut.

„Pst. Weißt du, wo Pekkie geblieben ist?“

„Pekkie? Was für ein Pekkie? Wer ist Pekkie? Ach so, ja, der Affe.“

„Er ist weg.“

„Nein, wirklich?“

„Sag doch, weißt du etwas von ihm? Hast du nichts gehört?“ Sie fragte sehr drängend. Sie dachte an die Laute, die sie gestern abend im Busch gehört hatte. Aber das brauchte nichts damit zu tun haben – solche Laute hörte man immer. „Er ist weg“, sagte sie noch einmal.

Dirk zog den Reißverschluß des Schlafsacks auf, schlängelte sich unter dem Moskitonetz hervor und ging in seinem bestickten afrikanischen Schlafanzug zu der Kette. „Affenfleisch schmeckt gut“, sagte er.

„Sag das bitte nicht, wenn Bea dabei ist!“

Er unterdrückte ein Grinsen.

„Wie könnten sie es getan haben?“ fragte Martie.

Dirk zuckte die Achseln. „Mit einem kleinen vergifteten Pfeil ist es sehr schnell geschehen. So gehen die Afrikaner auf die Jagd. Und dies war wohl eine Art Jagd.“

„Nein“, entgegnete Martie bestimmt, „es war Rache.“

Und noch ehe Dirk die Möglichkeit fand, sich anzuziehen, hatte sie ihm alles erzählt. „Sie haben Pekkie getötet, weil ich Obi geholfen habe.“

„Du mußt nicht zuviel hinter einem ganz gewöhnlichen Diebstahl vermuten“, meinte Dirk.

„Es war kein gewöhnlicher Diebstahl. Und warum hat der watchnight nicht eingegriffen? Er fand es sicherer, diesmal nichts zu hören. Wann bist du denn hier angekommen?“

„Erst gegen drei Uhr. Der Mann schnarchte wie ein Dragoner.“

Dirk dachte an seine lange nächtliche Fahrt und daran, wie überrascht die Mädchen sein würden, wenn sie ihn im Feldbett auf der Veranda fänden. Er hatte gehofft, daß es ein hübscher Scherz sein werde. Doch das war nun völlig ins Wasser gefallen.

Doch zum Glück sagte Martie: „Ich bin froh, daß du da bist.“

„Ich fahre gleich mit dir ins Dorf“, versprach er.

„Nein, ich fahre allein.“ Sie sagte nicht: Lex hat auch die Gewohnheit, sich in alles einzumischen.

„In Ordnung.“

Sie frühstückten auf der Veranda und verhielten sich so leise wie möglich, um Bea nicht zu wecken. „Ausgezeichneter Kaffee“, flüsterte Dirk, aber er konnte nicht sehr gut flüstern.

„Eine Kaffeekanne hat so was Heimatliches, findest du nicht auch? Urholländisch“, sagte Martie leise.

Er sah sie überrascht an. „Was meinst du damit? Willst du Konversation mit mir machen? Meinetwegen brauchst du dich nicht zu bemühen, wirklich nicht.“ Seine Stimme war schon wieder viel zu laut. Doch er grinste beruhigend und legte einen Finger auf die Lippen. „Ich sag' auch nichts mehr“, flüsterte er.

Als Martie ihren Wagen anließ, wurde Bea natürlich doch wach. Sie griff nach dem Wecker. Noch so früh? Was hatte Martie denn vor? Es war doch Sonnabend! Nachdem sie sich schlaftrunken ihren Morgenrock angezogen hatte, weil es so früh am Morgen noch recht frisch war, ging sie auf die Veranda und fand da zu ihrer Überraschung Dirk, der gelangweilt in einer zwei Monate alten Illustrierten blätterte. Er blickte erschrocken von den Bildern auf, als Bea erschien. „Bist du jetzt schon da?“ fragte sie noch leicht verschlafen.

Dirk stellte erleichtert fest, daß sie Pekkies Verschwinden noch nicht bemerkt hatte.

„Das Hellblau steht dir sehr gut“, sagte er.

„Sag mal, ist vielleicht noch Kaffee in der Kanne? Weshalb habt ihr denn die Thermosflasche nicht genommen? Und wie kommt es, daß du schon so früh hier bist?“

Sie hatte noch immer nicht bemerkt, daß der Affe weg war. Wie konnte er sie nur ablenken, bis Martie aus dem Dorf zurückkam? Die hatte dann vielleicht einen Einfall.

„Pekkie!“ schrie Bea plötzlich. „Seine Kette!“

Da ging die Aufregung schon los.

Als Martie nach einer knappen Stunde zurückkam, stellte Dirk enttäuscht fest, daß auch mit ihr nichts anzufangen war. Leb wohl, Wochenende! dachte er. Ohne auf Beas Gejammer wegen des Affen einzugehen, sprach Martie ausschließlich über das verbrannte Kind, das anscheinend im Sterben lag. Natürlich war das schlimm, aber sie waren hier schließlich in Afrika, wo ein Leben wenig zählte.

Doch dann stellte sich heraus, daß dies noch nicht alles war. Martie wirkte völlig verstört, und während sie erzählte, schien es, als ob sie unter einem Alptraum stünde. Nun hörte auch Bea zu.

Martie berichtete aufgeregt, was in Latun geschehen war. Die Frauen und Kinder, die ihr sonst immer lachend entgegenkamen und sie willkommen hießen, hatten sich heute bei ihrer Ankunft in die Hütten zurückgezogen. Daß sie ihr ausweichen wollten, war nicht zu übersehen. Nur ein paar Ziegen blieben stehen; eine leckte ihr die Hand und zupfte sie danach am Rock. Ein kleines Kind kam aus einer Tür gewackelt, wurde aber sofort wieder zurückgezerrt.

„Es war einfach unheimlich, ich habe so etwas gerade hier, wo die Menschen immer so freundlich sind, noch nicht mitgemacht. Zwar saßen ein paar Männer herum, aber sie taten, als ob sie mich nicht sähen. Es war wirklich wie ein Alptraum. Ich bin weitergegangen bis zum Palast des Häuptlings. Am Ende des Dorfes führt ein schmaler Weg rechts ab durch den Busch. Da steht eine Tafel, und an deren Pfosten scheuerte sich ein schwarzes Schwein. Ich bekam einfach Halluzinationen – dieses Schwein ist ein böses Vorzeichen, dachte ich, und gleich springt mich ein Leopard an, obwohl es hier schon lange keine

Leoparden mehr gibt. Ich hatte auch Angst vor Geistern, vor dem Juju. Die Frauen und Kinder hatten sich nicht grundlos versteckt. Sie verstecken sich immer, wenn das Juju kommt. Aber natürlich passierte gar nichts, und ich ging weiter. Als ich am Palast durch die Öffnung der Umzäunung trat, geschah das gleiche wie im Dorf. Alle Frauen und Kinder zogen sich in ihre Hütten zurück. Auf dem ganzen großen roten Platz lagen schließlich nur noch ein paar Matten mit Tapiokamehl zum Trocknen. Ein einziger Mann war da. Er schaufelte Kaffeebohnen auf einem Trockengestell um. Er legte die Schaufel hin und kam auf mich zu. Dann fragte er, was ich hier wolle. Den Häuptling sprechen. Das ist vielleicht möglich, sagte er. Danach ging er in das Haus des Häuptlings. Ich wartete schrecklich lange. In Wirklichkeit war es wahrscheinlich gar nicht einmal so lange. Dann zog mich jemand am Ärmel. Schräg hinter mir stand ein Junge und sagte, daß mich die Königin sprechen wolle. Zum Glück wußte ich, daß die Königin nicht die erste Frau oder die Lieblingsfrau ist, sondern die Mutter des Häuptlings. Also eine uralte Frau. Draußen war ich ihr gelegentlich schon begegnet, doch nie in ihrem Haus. Was man so Haus nennt. Ich kam in einen dunklen Raum mit niedriger Decke, an der lauter braun geräucherte Maiskolben von der vorigen Ernte hingen. Anfangs konnte ich nahezu nichts erkennen außer dem Feuer, das in der Mitte auf dem Boden brannte. Es waren große Baumstrünke, die schwelten und rauchten, so daß mir die Augen wehtaten und zu tränen begannen. Endlich sah ich ein Bett in der Ecke. Und auf dem Bett – es war ein altes Eisengestell ohne Matratze – saß die Königin, die sich halb aufgerichtet hatte und mir etwas zumurmelte. Ihr Gesicht sah ich immer deutlicher, alt, runzlig, mit einem eingefallenen Mund ohne Zähne. In dem Raum waren noch zwei Frauen, jung und in sauberen Kleidern, während die alte Frau Lumpen trug, die man nicht mit der Zange hätte anrühren mögen. Doch die beiden anderen verneigten sich immer wieder ehrfürchtig vor ihr, und eine der beiden übersetzte mir alles, was die Königin sagte. Erst das übliche, was sie immer sagen, daß man willkommen ist und solche Dinge, doch dann riet sie mir, wieder zu gehen, ohne mit ihrem Sohn zu sprechen. Ihrem Sohn gehe es nicht gut. Seine Ratgeber seien ständig bei ihm, deshalb hätten seine Frauen viel zu kochen. Und der Medizinmann komme auch jeden Tag, seit das Unglück geschehen sei. Das Unglück mit dem Kind? Nein, das Unglück, daß sein Sohn Obi weggegangen sei. Der Häuptling habe Obi aber doch selbst gewarnt, sagte ich, denn es seien Zauberkräfte im Dorf, die ihn bedrohten. Das ist es ja gerade, sagte sie, Zauberkräfte und all der Streit im Dorf. Da ist ein Juju und ein Gegen-Juju, sagte sie, und Obi hätte nicht weggehen dürfen. Ihr Sohn sei krank, vielleicht sogar vergiftet, und er habe das Gegen-Juju selbst aufgerufen. Aber ich solle nun dafür sorgen, daß Obi zurückkomme. Sie sagte: Er muß zurückkommen mit drei kleinen Ziegen für jedes Juju. Und alles kann noch gut werden, wenn genügend Hühnerblut geopfert wird. Genügend Hühnerblut – das sagte sie wohl dreimal, als ob sie selbst damit schon eine Zauberformel ausspräche. Ich stand da wie festgenagelt und konnte kein Wort hervorbringen. So bedrükkend und so unwahrscheinlich war das alles. Da haben wir nun ein Jahr lang nebeneinander gewohnt! Bea – kannst du dir vorstellen, wie ich mich gefühlt habe? Endlich brachte ich es dann doch fertig, nach dem verbrannten Kind zu fragen. Die Königin fing an, sich auf die Brust zu schlagen, als ob das

Kind bereits tot wäre. Aber die junge Frau, die übersetzt hatte, fragte aus eigenem Antrieb, ob ich das kranke Kind sehen wollte. Und plötzlich ging alles wie von selbst, und dabei hatte ich gefürchtet, es werde furchtbar schwierig sein. Wie die Wunden aussahen, konnte ich zuerst nicht erkennen, denn es war dunkel in der Hütte der Mutter, wo das Kind lag. Der Vater wurde geholt. Er roch nach Mimbo, doch er hielt bereitwillig ein flammendes Stück Holz in die Höhe, damit ich das Kind besser ansehen konnte. Ich verstand einfach nicht, daß es nicht schon tot war. Das kleine Mädchen lag im Koma, die Wunden voller Eiter. Sie besprengten es mit einem Kräutersud, den sie ihr auch in den Mund gossen. Es muß wohl etwas Heilsames darin sein, weil die Kleine immer noch lebt. Der Vater fragte mich, ob ich ‚Injektionen' bei mir hätte, die dürfte ich ihr dann geben. Sein Glaube an den Medizinmann ist nicht mehr so stark. Von Juju und Vergiftung – wie die alte Königin – sprach er kein Wort. Seine Frau sagte gar nichts. Sie nickte nur, als er von Injektionen redete. Aber vom Krankenhaus wollten beide nichts wissen. Ich kann es einfach nicht begreifen. Ich bin also um nichts weiter als am Anfang. Das Kind ist nicht zu retten."

Die beiden anderen blieben still, als Martie endlich schwieg. Bea dachte: In unserem Erste-Hilfe-Kasten müssen wir doch ein Beruhigungsmittel haben. Sie ist ja völlig verstört. Ich muß es suchen. Doch sie blieb sitzen, die Hände zwischen die Knie geklemmt.

Martie saß auf der Stuhlkante, die Finger um die Lehnen gepreßt. „Ich weiß wahrhaftig nicht, wie ich hierher zurückgefahren bin."

„Du legst dich jetzt erst mal ein bißchen ins Bett, und wenn ich dich persönlich hineinschleppen muß", bestimmte Dirk. „Wo ist euer Medikamentenkasten? Da muß doch ein Schlafmittel oder so was drin sein, sonst nehmen wir zwei Aspirin. Von Aspirin schläft man zur Not auch. Bea, habt ihr Milchpulver im Haus? Dann mach ihr einen Becher heiße Milch."

Er hob Martie auf und trug sie in ihr Zimmer. Sie dachte gar nicht daran, sich zu wehren. Er schlug die Decke zurück, und sie ließ sich aufs Bett fallen. Dirk deckte sie zu. „Und nun wartest du auf deine warme Milch!" befahl er. „Es gibt nichts Besseres als warme Milch."

Sie seufzte tief. Warme Milch in diesem Klima!

Kurze Zeit darauf schlief sie wirklich ein.

7

Als Martie wach wurde, stand ein Glas Zitronenlimonade neben ihrem Bett. Sie trank davon und blieb, noch ein wenig benommen, liegen. Es fiel ihr schwer, in die Wirklichkeit zurückzukehren. Das Gefühl eines Alptraums, mit dem sie heute morgen aus Latun zurückgekommen war, hatte sie nicht mehr – eher den trügerischen Eindruck, daß das alles überhaupt nicht geschehen sei. Leises Hämmern auf der anderen Seite der dünnen Wand machte sie endgültig wach. Das war Dirk, der den Fliegenschrank reparierte. Ein Glück, nun kamen keine Ameisen mehr hinein!

Sie trank die Zitronenlimonade aus. Danach strich sie sich mit dem kühlenden Eau-de-Cologne-Stift ein paarmal über die Stirn. Es war viel zu warm, um hier liegenzubleiben. Dennoch konnte sie sich nicht gleich zum Aufstehen entschließen. Ihr Blick fiel auf ein paar Reißzwecklöcher in der Wand. Da hatte eine Zeitlang ein Foto von Lex und Dirk und ihr selbst – noch aus Amsterdam – gehangen. Aber das Dach war undicht gewesen, und so war das Bild aufgeweicht. Nun war da statt des Fotos ein brauner Wasserstreifen zu sehen. Sie wollte Dirk einmal fragen, ob er das Gruppenbild vielleicht noch hatte. Ernestine hatte es damals aufgenommen. Die hatte das Negativ bestimmt noch, aber sie war viel zu weit weg. Und wer machte ihr hier im Busch schon Abzüge? Dazu mußte man in die Stadt fahren.

Als sie zur Dusche ging, fand sie Bea auf der hinteren Veranda beim Bügeln. Der Haufen Bügelwäsche war entmutigend groß.

„Soll ich dir auch gleich das Kleid bügeln, das du gestern gewaschen hast?" fragte sie.

„Das wäre fein. Es ist das luftigste, das ich habe." Sie war Bea aufrichtig dankbar. Wie konnte sie es nur wieder gutmachen, daß sie manchmal so kurz angebunden und unfreundlich zu ihr war? „Dafür kümmere ich mich heute und morgen um das Essen. Ja?"

„Prima", erwiderte Bea, „aber wir haben einen Plan. Dirk hat ihn sich ausgedacht. Er wird dir wohl gleich davon erzählen."

„Wo ist er denn?"

„Er streift durch die Gegend. Sucht irgendwas – aber was, das weiß er nicht." Bea tippte mit dem nassen Zeigefinger an das Bügeleisen, nickte und machte sich wieder an die Arbeit.

Als sie eine Stunde später zu dritt bei Kaffee und dem Rest eines Kuchens, den Obi noch gebacken hatte, auf der Veranda saßen, sagte Dirk: „Ich habe neulich Jan Oliemans getroffen. Er kam zu den Brüdern ins Missionshaus, um Autoteile zu schnorren. Die braucht er für seine kleine technische Schule in Lokko. Dabei hat er auch gleich den Wagenpark der Brüder nachgesehen. Ein Motorrad, von dem Bruder Bartolomeus – das ist unser Mechaniker – meinte, es taugte nur noch zum Wegwerfen, hat er wieder fahrbereit gemacht. Als Monteur ist der Junge nicht zu schlagen."

„Und wobei ist er zu schlagen?" fragte Martie.

Der stets vergnügte Jan Oliemans war das Muster eines tüchtigen und vielseitigen Entwicklungshelfers, der nie den

Mut sinken ließ. Ein Grund, weshalb andere Entwicklungshelfer, wenn sie sich mit ihm verglichen, manchmal den Mut besonders rasch sinken ließen.

„Ob er auf anderen Gebieten zu schlagen ist?" überlegte Dirk. „Das weiß ich wirklich nicht. Er wird ja auch mal Pech haben, genau wie ein gewöhnlicher Mensch. Für seine kleine Schule zum Beispiel kann er sich immer noch keinen Zuschuß beschaffen. Obwohl sie so glänzend läuft und seine Jungen viel Freude haben. Viel mehr als die Schüler in diesem piekfeinen Technischen Zentrum der Mission – das ist zu groß und zu schön. Es ist ihnen zu fremd, und sie finden keinen Spaß dabei. Aber Jan Oliemans fängt ganz klein an. Er fällt mit ihnen Bäume, schuftet mit ihnen, und dann bauen sie gemeinsam einen Werkstattschuppen, nicht viel mehr als ein Dach über einem Betonfußboden. Und er läßt die Jungen selber Werkbänke zimmern. Dann geht er auf Betteltour, um allerlei Kram zusammenzuholen, der als Unterrichtsmaterial dienen soll. Deshalb kam er auch in die Missionsstation. Dort hat er einen ganz schönen Haufen weggeschleppt – lauter Zeug, mit dem andere nichts mehr anfangen könnten."

„Aber weshalb will er dann Zuschüsse haben?" fragte Bea.

„Vielleicht ist Zuschüsse ein zu großes Wort. Aber er hat einen kleinen Betrag angefordert, um einen Unterrichtsraum zu bauen und den Werkstattschuppen vor der Regenzeit abzudichten. Kriegt er nicht. So ein Technisches Zentrum bekommt eine Million. Aber wenn man, wie er, die Hand aufhält und nur ein kleines bißchen verlangt, dann kriegt man nichts. Es ist nicht interessant genug."

„Sag mal, ihr hattet doch einen Plan?" Martie war neugierig, denn was für Pläne konnte man hier schon machen?

„Deshalb fing ich ja mit Jan Oliemans an. Der ist nämlich dort gewesen.“

„Wo denn?“

Dirk lachte. „Jetzt bist du ganz schön neugierig, nicht wahr?“ Genau das hatte er erreichen wollen. Sie brauchte Ablenkung, um von den bedrückenden Gedanken an dieses Dorf loszukommen. „Ich habe übrigens auch noch andere Neuigkeiten. Aber nicht alles auf einmal. Nun, Jan Oliemans hat mir von einem kleinen Kratersee erzählt, gut hundert Kilometer von hier entfernt. Nach Westen zu. Er hat dort gebadet. Herrliches Wasser, klar wie Glas. Der Weg dahin führt durch einen Eukalyptuswald – er hat mir genau erklärt, wie man hinkommt. Habt ihr Lust?“

„Lust!“ riefen die Mädchen gleichzeitig. Was für eine Frage! Bea hatte sich übrigens schon den ganzen Morgen darauf gefreut. Das hatte ihr auch den Schwung gegeben, in der größten Mittagshitze mit diesem Berg Bügelwäsche zu beginnen.

„Aber wie steht es mit unseren Kilometern?“ überlegte Martie. Ihr Gesicht verdüsterte sich. Wenn sie deshalb nicht fahren könnten! Bea und sie kamen gerade aus mit den zweitausend Kilometern, die ihnen monatlich erlaubt waren.

„Keine Schwierigkeit“, erklärte Dirk. „Ich muß mich in Mkoko einarbeiten und sitze mehr hinter dem Schreibtisch als hinter dem Lenkrad. Ich kann also plenty fahren.“

„Schwimmen!“ seufzte Martie. „Herrlich! In einem Kratersee – das klingt gleich so sauber. Keine Gefahr von Bilharziose?“

„Bestimmt nicht“, erwiderte Dirk.

Und Bea rief entrüstet: „Du mit deinem Krankenschwesterkomplex! Jetzt hör gefälligst damit auf! Ich will weder an Würmer noch an Schlangen oder sonst was denken. Ich habe meinen Bikini schon aus der Kiste gefischt." Daß das Ding muffig roch – natürlich war es in der Regenzeit doch feucht geworden –, setzte sie nicht hinzu. Wen störte das außer ihr selbst?

Aber Marties Badeanzug war sogar voller Schimmelflecken. „Man kann hier aber auch nichts trocken aufbewahren", schimpfte sie. Durch kräftiges Bürsten kriegte sie das Schlimmste weg. Aber schließlich war der Sprung ins Wasser das wichtigste. Typisch Dirk, sich so etwas auszudenken! Mit Lex wäre es wieder ein ermüdendes Wochenende mit einem Gespräch nach dem anderen geworden – das Latunproblem theoretisch betrachtet! Das war auch wieder so ein von Lex übernommener Ausdruck. Sie bürstete weiter an ihrem Badeanzug. Nagelneu war er gewesen, für die Woche am Meer während der Ausbildungszeit gekauft. Doch damals hatten sie so viel zu tun gehabt, daß sie gar nicht zum Baden gekommen waren. Ein Bikini war es übrigens nicht. Das hatte ihre Mutter verhindert. Wenn sie jetzt an all die Besorgungen dachte für „Marties Tropenausrüstung", wie ihr Vater es genannt hatte!

„Worüber lachst du denn?" fragte Bea.

„Ich dachte gerade daran, wie ich mit meiner Mutter in Emmeloord Einkäufe gemacht habe – damals habe ich auch den Badeanzug bekommen."

Dirk meinte, sie müßten nun aufbrechen; sie hätten ein tüchtiges Stück zu fahren. Und sie erwarteten hoffentlich nicht, vor Einbruch der Dunkelheit zu Haus zu sein.

„Bestimmt nicht. Wir nehmen Thermosflaschen mit Tee mit", sagte Bea. „Ich hab' sie schon fertig. Und Zitronen."

Als sie auf die große Straße kamen, bog Dirk nach links. „Dort geht's nach Wung", sagte Martie. In Wung wohnte Lex.

„Etwa fünfundzwanzig Kilometer vor Wung finden wir ein Schild, auf dem steht, daß dort ein Reservat ist. Das bezieht sich auf die Eukalyptusbäume, die dort noch von der Kolonialverwaltung angepflanzt worden sind. Jetzt ist das Nationalbesitz."

Dirk fuhr schnell und sicher. Doch plötzlich machte er einen gefährlichen Schlenker nach rechts: In einer Kurve kam unvermutet ein Radfahrer mitten auf der Fahrbahn den Hang heruntergerast. Sowohl der Afrikaner als auch Dirk reagierten schnell und gut.

„Das wäre eine schöne Geschichte, wenn man so einen Burschen totführe!" knurrte Dirk. „Wem so was passiert, der kann gleich damit aufhören, hier zu arbeiten."

„Du wärest nicht der erste, dem es so erginge", sagte Martie. „Dieser Franzose, der im vorigen Jahr – ohne jede Schuld – ein Kind angefahren hatte, wurde rausgeworfen. Nicht einmal eine Versetzung war möglich. Und seine Kollegen von der landwirtschaftlichen Unterrichtsstelle haben kein einheimisches Personal mehr bekommen. Sie haben das ganze Zentrum aufgeben müssen."

„Aber nicht nur wegen dieses Unglücks", sagte Bea.

„Na ja, gut, es waren auch noch andere Dinge. Sie wollten alles auf ihre eigene Art machen, lernten auch nicht Pidgin-Englisch und machten wohl auch noch andere Fehler. Aber das kann auch Klatsch gewesen sein. Es wurde um diese Zeit entsetzlich viel geklatscht."

„Nur um diese Zeit?" fragte Bea spöttisch.

Dirk lachte. „Geklatscht wird bei uns zu Haus in Holland auch."

„So sehr wie hier?" fragte Martie, und sie lachten alle drei.

„Jedenfalls bin ich froh, daß dieser Bursche auf seinem Fahrrad noch erzählen kann, was er heute erlebt hat", sagte Dirk.

Aber langsamer fuhr er deshalb doch nicht. Freilich, es war auch kaum Verkehr. Lediglich Fußgänger am Straßenrand, wie immer in kleinen Gruppen, in einer Reihe hintereinander und mit Lasten auf dem Kopf. Einmal ein paar frei herumlaufende Ziegen, ein magerer Jagdhund und ein schwarzes Schwein. Ein einziges Mal passierten sie schwere Fahrzeuge: vier Lastwagen der Armee, eskortiert von Motorradfahrern in grünen Kampfanzügen.

„Französische Militärtransporte, hat man mir erzählt", sagte Dirk mit gerunzelter Stirn. „Gegen Guerillatätigkeit irgendwo in Zentralafrika. Ob es zutrifft, weiß ich nicht. Aber sie können auch von der hiesigen Armee sein. Die Motorradfahrer waren bunesische Gendarmen."

Kurz danach sahen sie einen Jungen, der einen blutenden Affen an einem Bein über die Straße schleifte. „Sieh lieber nicht hin!" sagte Martie zu Bea.

„Da fällt mir übrigens noch etwas ein, was ich mit euch besprechen wollte", fing Dirk an. „Es wird am besten sein, wenn ich es gleich hinter mich bringe. Könnt ihr eurem Nachtwächter trauen?"

„Natürlich nimmt er mal was weg", sagte Martie. „Wir vermissen hin und wieder Kleinigkeiten. Aber es ist unsere eigene Schuld, wenn wir diese Dinge rumliegen lassen. An Geld oder Wertsachen hat er sich noch nicht vergriffen."

„Als ob wir die hätten!“ schnaubte Bea.

„Na ja, was man so Wertsachen nennt. Ein Pfeifenkessel beispielsweise ist für ihn eine Kostbarkeit. Und einen Pfeifenkessel haben wir noch nicht vermißt.“

Dirk grinste. „So kann man auch argumentieren“, sagte er. „Aber ich meinte mehr, ob ihr euch auf ihn verlassen könnt. Heute nacht, als ich kam, schlief er. Und es sollte mich auch nicht wundern, wenn er euern Pekkie verputzt hätte. Hat Pekkie ihn vielleicht einmal gebissen?“ Er erinnerte sich selber noch sehr deutlich an die scharfen Zähne des Tieres.

„Ein einziges Mal!“ rief Bea entrüstet. „Aber das ist doch kein Grund, einen Affen zu töten.“

Martie schwieg. Sie war so fest davon überzeugt gewesen, daß Pekkies Verschwinden etwas mit Rache zu tun hatte, daß jede andere Möglichkeit für sie einfach undenkbar war. Und doch war Dirks Vermutung nicht unwahrscheinlich.

„Watchnight ist nicht zu fixieren“, sagte sie.

Dirk schaute sie von der Seite an. Das ist wieder so ein Ausdruck von Lex, stellte er fest. Ob sie überhaupt ahnte, wieviel sie von Lex übernommen hatte? Nicht zu fixieren!

„Ich würde mir diesen Kerl gern mal vorknöpfen“, erwiderte er. „Ich muß euch nämlich sagen, daß ich abgenagte Knochen in der Asche seines Feuers gefunden habe.“

„Und das sagst du jetzt erst!“ beschwerte sich Bea.

„Mit Absicht. Ich wollte einen Ausflug mit euch machen. Und nun sind wir wenigstens erst mal auf dem Weg. Ihr müßt beide mal abschalten!“

„Leichter gesagt als getan!“ protestierte Bea. Doch er lachte ihr entwaffnend zu, und dafür war sie sehr empfänglich.

Martie aber dachte: Dieser Affe, das mag ja noch hingehen,

doch das in Latun Geschehene ist nichts, was man einfach vergessen kann. Trotzdem war Dirks Plan eine gute Sache. Sie war endlich einmal heraus aus allem – es ging ihr alles immer viel zu nahe.

Es war schon nach drei Uhr, als sie das wenig auffällige Schild zum Reservat fanden. Dort führte ein Weg rechts von der Straße ab, zwei Räderspuren zwischen hohem Gras. Sie befanden sich plötzlich in einer völlig anderen Landschaft. An einem fast ausgetrockneten Bachbett stießen sie auf eine Rinderherde, blanke, dunkelbraune Tiere mit prachtvoll gebogenen Hörnern. Ein junger Hirt zu Pferde hob lachend die Hand, während er mit seinem Stock eine träge Kuh und ihr Kalb vom Weg heruntertrieb. Dirk rief ihm einen Gruß zu und bedankte sich.

„Prächtiges Vieh", sagte er. „Nur schade, daß alles zum Schlachten bestimmt ist. Die Kühe haben hier nur so lange Milch, wie ihre Kälber saugen. Milchvieh können die Leute nicht züchten. Oder sie wollen es nicht. An sich sind die Hirten, die Fulani, nämlich recht klug und tüchtig."

„Bei uns in der Gegend sieht man sie leider nie", sagte Martie. „Nur auf den großen Straßen gelegentlich, wenn sie nach Süden zu den Schlachthäusern ziehen. Und dann sehen die Herden nicht mehr schön aus. Abgemagert und voller Zecken. Aber dann sind sie oft auch schon wochenlang unterwegs."

„Diese eben hatten aber auch Zecken", entgegnete Dirk. „Hast du die braunen Vögel nicht gesehen? Das waren Madenhacker. Die picken die Zecken und Larven heraus. Manchmal hacken sie den Rindern den ganzen Rücken blutig. Es ist eben eine Radikalkur."

„Du müßtest Landwirtschaft und Viehzucht unterrichten statt Gemüseanbau", sagte Bea.

„Gemüseanbaugenossenschaft", verbesserte Dirk. „Das ist ganz was anderes. Ich muß die Leute organisieren, ihnen Ratschläge geben, für Transportmöglichkeiten sorgen und ihnen Absatzgebiete suchen. Drüben, auf meinem vorigen Posten, hat das alles prima geklappt. Aber hier... Habe ich euch eigentlich schon erzählt, daß man wieder was anderes für mich gefunden hat? Ich habe es erst diese Woche gehört. Auf Bitten der Behörden setzen sie mich plötzlich auf ein anderes Projekt an."

„Das ist nicht das erste Mal", sagte Martie, „daß einer, der für die Landwirtschaft ausgebildet wurde, dann den Leuten beibringen soll, Latrinen zu graben, Hühnerställe zu bauen oder genossenschaftlich zu sparen. Lex erzählte neulich..."

„Ja, genau", unterbrach er sie. „Das ist es nämlich. Ich soll auf die Dörfer fahren, um den Menschen ein Sparsystem zu erklären, die Erfindung eines amerikanischen Paters, Credit Unions nennen sie's – man könnte es gut mit kleinen landwirtschaftlichen Darlehnskassen vergleichen. Vorläufig arbeite ich mit einem bunesischen Beamten und einem amerikanischen Entwicklungshelfer zusammen. Der Bunese ist in Kanada ausgebildet, und der andere, ein Bursche vom Peace-Corps, ist Geschichtslehrer. Beide sehr gescheit. Ich bin der einzige Dummkopf in der Gruppe. Mein einziger Vorzug ist, daß ich mit den Leuten Pidgin rede. Die beiden anderen sprechen zu schön, das paßt nicht in die Dörfer. Dort ist es besser, wenn man fünfhundert statt fünftausend Wörter gebraucht."

Inzwischen fuhren sie durch einen lichten Wald von Eukalyptusbäumen. Alle paar hundert Meter stand auf einer kleinen weißen Tafel, wann die Bäume angepflanzt worden waren. In zwanzig bis dreißig Jahren waren sie mit ihren hochaufragenden Stämmen etliche Meter gewachsen, aber die Kronen ließen viel Licht durch. Unterholz gab es so gut wie gar nicht, so daß der Boden von Sonnenflecken gesprenkelt war. Es war hier so anders als in ihrem Dorf, daß die Mädchen still wurden. „Endlich wieder ein richtiger Wald!“ seufzte Martie schließlich. Aber gleich mußte sie selber darüber lachen. Richtiger Wald – das war für sie in der Kinderzeit die kleine Pappelanpflanzung auf dem Polder gewesen.

Der Weg war mit mattgrauem Laub bedeckt. Auf der dikken Schicht rollten sie fast geräuschlos dahin, bis Dirk an einem langen Hang den Motor anhielt. Schade, daß diese Fahrt zu Ende war.

Am Fuß des Hanges ließen sie den Wagen stehen. Dort floß ein glasklarer Bach, über den zwei Baumstämme als Brücke gelegt waren. Der Wald war auch hier licht, aber es gab keine Eukalyptusbäume mehr, sondern einheimische Arten, Riesen mit vielen toten Ästen, merkwürdig geformt. Die Rinde ihrer breiten, brettförmigen Wurzeln wirkte wie Elefantenhaut. Es gab Schirmakazien und hohe grüne Sträucher, die ein geheimnisvolles Licht durchließen und von denen einige kleine gelbe Blütendolden hatten. Und überall Schmarotzerpflanzen, Flechten, hängende Lianen und Farne. Hier gab es auch eine Brennnesselart, bei der man sich vorsehen mußte. In der Ferne rauschte ein kleiner Wasserfall.

Dirk stand bereits auf einem der beiden Baumstämme, die die Brücke bildeten, und suchte nach Fischen.

„Nicht ein einziger“, sagte er.

Er streckte die Hand aus, um Martie hinüberzuhelfen. Danach sorgte er dafür, daß auch Bea auf die andere Seite kam. Nun mußten sie einen steilen, ein wenig schlüpfrigen Hang hinauf. „Eine knappe Viertelstunde, dann sind wir da", versprach er, während er den Mädchen die Taschen mit den Badesachen und Thermosflaschen abnahm.

Es dauerte etwas länger, doch die Mühe wurde belohnt. Plötzlich sahen sie etwa zwanzig Meter unter sich den Kratersee liegen, reglos, dunkel glänzend, von tiefem Grün umrahmt. Es war totenstill.

Dirk sagte: „Seht mal, doch ein Fisch!" Sie sahen den kleinen Strudel.

„Ist dies der einzige Zugang?" fragte Bea.

„Es scheint wohl so."

„Nein, guck mal, da unten links, bei diesem toten Baum im Wasser, da ist so etwas wie ein kleiner Strand. Ob man dahin kann?" Es waren nur ein paar Quadratmeter Sand.

„Wir können doch auch hier hinuntergehen, wenn wir zum Wasser wollen", sagte Dirk.

„Dann geh du nur als erster", erwiderte Bea. „Sieh zu, ob da auch keine Dornbüsche sind."

„Hier kommen anscheinend manchmal Leute zum Baden her." Martie zeigte auf eine Art Umkleidehütte, aus Baumstämmen zwischen den Sträuchern errichtet. Und auf die Reste einer Feuerstelle. In der grauen Asche lag eine geschwärzte Zigarettenbüchse.

Dirk war als erster umgezogen. Mit großen Sprüngen lief er im Zickzack nach unten ins Wasser. Nachdem er prustend wieder hochgekommen war, schrie er hinauf: „Keine Dornen! Aber kalt!" Er schnappte nach Luft. „Vielleicht siebzehn Grad."

„Dann komm“, sagte Bea. „In Holland fanden wir das auch nicht schlimm.“

Aber hier war es kälter. Im ersten Augenblick blieb ihnen die Luft weg, so eisig schien das Wasser. Doch sie gewöhnten sich rasch daran. Nach kurzer Zeit schwammen sie mit Vergnügen herum. Martie schwamm zur Mitte des Sees, weil sie glaubte, daß es dort noch herrlicher und noch stiller war.

Als sie sah, daß Dirk ihr nachkam, wollte sie schon rufen: Bitte, laß mich allein! Doch als er kurz darauf neben ihr auftauchte, schnaubend und mit nassem Haar, fragte sie: „Ob du dich nicht lieber ein bißchen um Bea kümmern solltest?“

Sie kam sich gemein vor, weil er, ohne ein Wort zu sagen, wieder tauchte und davonschwamm. Doch lange hielt das nicht vor. Ihr Bedürfnis, die Ruhe hier zu genießen, war zu stark.

Merkwürdig, diese Totenstille, die durch einen einzelnen schwachen Schrei noch verstärkt wurde. Affen? Sie suchte mit den Blicken das dichte Grün ab, aber natürlich konnte sie nichts erkennen.

„Sind das Affen?“ rief sie übers Wasser, als sich der Ton wiederholte.

Doch Dirk antwortete nicht.

Dann hörte sie Bea lachen. Die beiden alberten also miteinander herum. Um so besser! In der Nähe tauchte ein Fisch auf, einen Augenblick lang war ein kleines weißes Maul zu sehen, danach ein paar Luftblasen. Dann wieder völlige Stille. Gelöst schwamm sie weiter. Das kühle Wasser wirkte wie ein Beruhigungsmittel auf sie. Nach einer Weile fühlte sie sich auf eine ganz neue Art glücklich und voller Frieden. Laß nur alles auf dich zukommen, dachte sie, es wird schon richtig sein.

Die Sonne stand schon so tief, daß sich eine funkelnde Bahn über den See zog. Mit geschlossenen Augen schwamm Martie jetzt in diesem Streifen. So hätte sie stundenlang schwimmen mögen.

Dann rief Dirk nach ihr. Seine Stimme hallte über das Wasser. Sie mußte sich erst daran erinnern, daß es so etwas wie Zeit überhaupt gab.

Als sie, wieder angezogen und ein wenig fröstelnd, ihren warmen Tee tranken, war die Sonne fast untergegangen. Dirk hatte an der Stelle, wo die Asche lag, ein kleines Feuer angezündet. Als Überraschung hatte er eine Büchse weiße Bohnen mitgebracht.

„Mit Speck und Tomatensoße. Wer von den Damen möchte was?"

Sie fischten die lauwarmen Bohnen mit den Fingern aus der Büchse. So aßen die Afrikaner, und das konnten sie mittlerweile alle drei auch dank der Gastfreundschaft, mit der sie selbst in der ärmsten Hütte empfangen wurden.

„Hunger treibt's rein", sagte Dirk. Martie schaute zu ihm auf. So etwas hätte Lex niemals gesagt, das wußte sie genau. Es war eine alltägliche Bemerkung, die nichts zu bedeuten hatte, die sie aber auch nicht störte. Denn Dirk hatte nicht die Absicht, mit seinen Bemerkungen etwas Bedeutendes zu sagen.

Als sie zum Wagen zurückgingen, mußten sie plötzlich ins Gestrüpp ausweichen, da unerwartet ein Pferd vor ihnen auftauchte. Der Reiter war ein Fulani mit klaren semitischen Zügen und rotbrauner Haut. Ein scharfer Geruch nach Mist und Kräutern schlug ihnen entgegen.

Bea, die beim Ausweichen in die Brennesseln geraten war, jammerte: „Oh, meine Beine."

Dirk sah sich in der Gegend um. Nach einer Weile fand er, was er suchte. Er ging zu einem Strauch, riß eine Handvoll Blätter ab und brachte sie Bea. „Zwischen den Handflächen zerreiben ... so ...“ Er machte es ihr vor. „Und dann auf die brennenden Stellen streichen.“

Es schien zu helfen, doch als sie den kleinen Fluß erreichten, schöpfte sie mit den Händen doch noch kühles Wasser über die Beine. Mittlerweile war es dunkel. Zu schade, daß sie kaum noch etwas von den Eukalyptusbäumen sehen konnten.

Bei der Rückfahrt waren sie alle so müde, daß Dirk hinter dem Lenkrad Mühe hatte, die Augen offen zu halten. Er war jedesmal froh, wenn ihnen etwas entgegenkam, was ihn zur Aufmerksamkeit zwang. Martie, die neben ihm in der dunklen Kabine saß, schrak aus dem Halbschlaf auf, als er wegen einer Rinderherde bremste, an der sie vorbei mußten. Die Scheinwerfer beleuchteten die schaukelnden Tiere, braun und grauweiß gescheckt, mit vorstehenden Rippen und gesenkten Köpfen unter den schweren Hörnern.

„Das sind vielleicht jämmerliche Gestalten“, sagte Bea. „Die werden gewiß nicht viel einbringen.“

Zwei Männer in langen weißen Gewändern gingen neben den Rindern. Der eine trug einen kleinen Wasserkessel und einen Regenschirm, der andere balancierte ein kleines Bündel auf dem Kopf. „Seine Schlaf- und Gebetsmatte“, bemerkte Dirk.

Lex würde sich nun über den Islam auslassen, dachte Martie schläfrig.

Nach einer Weile überholten sie eine zweite Herde. Wieder so ein verbeulter Aluminiumkessel, wieder ein Regenschirm, das gleiche leichte Gepäck.

„Diese Leute sind mindestens vier, fünf Wochen unterwegs“, erklärte Dirk. „Sie kommen mit wenig aus. Wahrscheinlich sind es Haussa, von den Fulani als Treiber angeheuert.“

„Der Reiter vorhin im Wald war aber ein Fulani“, sagte Martie.

„Ich nehme an, daß sie dort irgendwo ein Lager haben“, erwiderte Dirk, der, um wach zu bleiben, gern reden wollte. „Sie bleiben etwa ein Vierteljahr in einem Lager, bis die Gegend abgeweidet ist. Dann ziehen sie mit ihren Herden ins nächste Gebiet. Doch diese Tiere sind schon wochenlang unterwegs. Es sind große Viehhändler, die Fulani. Häufig ziehen sie über die nigerianische Grenze, heimlich, den Begriff ‚Schmuggel‘ kennen sie nicht. Ich mag sie gern, aber sie können ganz schön gerissen sein. In dem Grasland, wo ich früher gearbeitet habe, gab es oft Streit über Weideerlaubnisse und Bodenrechte. Ich möchte nicht gern Streit mit einem Fulanihäuptling haben. Aber die Bauern sind auch nicht gerade Engel. Und natürlich ist niemals etwas schriftlich festgelegt, das könnt ihr euch ja denken. Einer von unseren Gemüsebauern dort sagte zu mir: Schau mal her! Siehst du diese Papayen dort? Die hat mein Großvater gepflanzt. Also gehört das Land mir ... Er wollte, daß einer der Entwicklungshelfer vom Landwirtschaftszentrum komme, um das zu vermessen und schwarz auf weiß festzulegen ... Was sagt man dazu?“

„Na?“ fragte Bea. „Was hast du gesagt?“

„Daß ich darauf nicht reinfalle, natürlich. Denn wenn man sich einmal näher erkundigte, dann erfuhr man vom örtlichen Stammeshäuptling – das sind die Leute, die dort die Bodenrechte vergeben –, daß alles ganz anders war. Und bei so etwas darf man sich als Entwicklungshelfer ja nicht einmischen. Tut man's doch, dann putzt einen der Teamleiter mit Recht herunter. Aber es gibt in unseren landwirtschaftlichen Gruppen nun einmal Burschen, die am liebsten mit dem Meßband alle Schwierigkeiten aus der Welt schaffen möchten. Sie können sich ganz hübsch die Finger dabei verbrennen ... na ja. Schwierige Arbeit oft bei all den Unklarheiten!"

Martie hörte mehr auf seine Stimme als auf seine Worte. Wieviel leichter ihm das Sprechen fällt als früher, dachte sie. Er ist verändert, genau wie Lex und wir alle. In zwölf Monaten lernen wir hier mehr als zu Hause in zwölf Jahren. Und wenn es auch manchmal noch so schwer hier ist, ich weiß, daß ich die Arbeit schrecklich vermissen werde, wenn ich wieder in die Niederlande zurück muß. Und Dirk wird es ebenso gehen. Von Lex weiß ich es nicht. Ihm fehlen hier wohl die aus Holland gewohnten Kontakte.

Sie fuhren jetzt wieder durch das Waldgebiet, das ihnen so vertraut geworden war. Für Dirk, der diese Gegend noch nicht so gut kannte, mußte es allerdings ein wenig beklemmend sein nach dem offenen Hügelland, in dem er bisher gearbeitet hatte.

„Tut es dir leid, daß du dort weg mußtest?" fragte sie.

Er warf einen Blick auf ihr kaum noch sichtbares Profil. Anders als auf dem Hinweg saß sie nun zwischen ihm und Bea – das hatte er so arrangiert, wenn auch nicht allzu geschickt.

„Ach", erwiderte er, „weg mußte? Sie haben mich gefragt, ob ich wollte. Und ich wollte. Die Gegend hier hat mich interessiert. Und es reizt mich auch, mal was anderes zu tun. Deshalb haben sie mich jetzt auch für die Credit Unions kapern können – ich möchte gern wissen, wie so etwas funktioniert. Ich glaube, so was nennt man eine Herausforderung."

Martie lachte laut.

„Warum lachst du?"

„Weißt du, daß du viel mehr Worte gebrauchst als früher?"

„Das ist doch selbstverständlich. Du vielleicht nicht?" Er sagte nicht, wie häufig er in ihrem Vokabular Wörter von Lex wiedererkannte.

„Wollen wir heute abend ein bißchen Scrabble spielen?" schlug Bea vor.

Dirk entgegnete sofort: „Nur gut, daß ich verlieren gelernt habe. Sonst würde ich sagen, lieber eine Partie Maumau oder Poker. Pokern habe ich von Jan Oliemans gelernt, aber der Kerl gewinnt ja immer. Da hätte ich bei euch wohl bessere Chancen."

„Nichts mit Pokern", sagte Bea. „Wir spielen Scrabble."

„Mir auch recht", meinte Dirk. „Ich werde bestimmt was dabei lernen."

Wenn du genauso ungeschickt Scrabble spielst, wie du mich vorhin hier neben dich manövriert hast, dachte Martie, wirst du tatsächlich verlieren. Aber der Platz ist nicht schlecht. Meinetwegen könnte diese nächtliche Fahrt noch stundenlang dauern. Ich habe keine Sehnsucht danach, wieder zu Hause zu sitzen. Da ist der watchnight, da sind Pekkies Knochen, und da ist das Problem in Latun, dem ich nicht gewachsen bin. Es war wirklich ein guter Vorschlag von Bea, heute abend Scrabble zu spielen.

Doch als sie endlich auf den Hof fuhren und die Scheinwerfer die blühende Hibiskushecke beleuchteten, trat unerwartet Obi aus dem Dunkel.

„Ich muß Sie sprechen, Miss", flüsterte er Martie zu.

Unwillig ging sie vor ihm her zu der kleinen hinteren Veranda. Sie hatte Angst, wieder in etwas hineingezogen zu werden, was ihr über den Kopf wachsen würde. Wenn doch Lex jetzt da wäre, wünschte sie sich plötzlich.

„Ja, Obi?" Während sie wartete, machte sie sich daran, die Lampe anzuzünden, doch Obi nahm ihr die Arbeit ab.

Erst als die Lampe aufleuchtete, entdeckte Martie den watchnight hinter dem Gestell für die Wasserfässer. Er machte seine Runde ums Haus.

„Watchnight?"

„Ja, Miss."

„Warum hast du Pekkie getötet und aufgegessen?"

Der Bericht kam recht stockend, denn der Nachtwächter sprach nur wenig Englisch. Pekkie hatte ihn gestern abend zum zweitenmal gebissen, als er auf der Veranda eine Ratte fangen wollte, um sie über seinem Feuer zu braten. „Da, sehen Sie, Miss!" Er streifte den ausgefransten Ärmel seines Pullovers hoch und zeigte eine Wunde.

„Ich verstehe", entgegnete Martie. „Und da hast du Pekkie statt der Ratte getötet."

„Nein, Miss, die Ratte habe ich auch getötet. Für Sie. Sie wollen doch keine Ratten im Haus. Richtig?"

„Richtig, watchnight. Aber Miss Bea hat nun viel Kummer."

Das war so dumm, daß man darauf nicht antworten konnte. Die Vorlieben der Weißen waren überaus seltsam. „Good night, Miss." Und er verschwand in der Finsternis.

Obi hatte gewartet. „Ich möchte es nur Ihnen sagen, Miss. Weil sie mich zum Krankenhaus gebracht und mir ein Obdach besorgt haben. Ich habe eine Botschaft von meinem Vater bekommen." Er sprach leise, doch seine Stimme bebte vor Erregung. „Mein kleiner Sohn ist krank. Er ist vergiftet worden. Aber sie wissen, wo der Medizinmann wohnt, der das Mittel verkauft hat. In einem Dorf, nicht weit von hier entfernt. Ich muß dort eine Gegenmedizin holen, aber ich habe nichts, womit ich bezahlen kann. Mein Vater hat mir zwei Hühner bringen lassen, doch das wird für ein starkes Mittel nicht genug sein. Können Sie mir etwas Geld geben?"

Das war es, wovor sie sich so gefürchtet hatte. Weiter in diese Schwierigkeiten verstrickt zu werden – gerade das, was sie vermeiden mußte! Aber sich einfach zu weigern, war auch nicht leicht. Außerdem – wie konnte sie Obi im Stich lassen, da jetzt sein eigener Sohn das Opfer geworden war?

„Willst du einen Augenblick warten, Obi. Ich muß mir das erst überlegen."

Er sah sie vorwurfsvoll an.

„Es muß sein, Obi."

Drinnen saßen Bea und Dirk und warteten mit dem Scrabble-Spiel auf sie. Dirk wippte mit dem Fuß, während Bea dabei war, alle Buchstaben mit der weißen Rückseite nach oben auszulegen. Sie blickte auf, als Martie neben ihr in einen Stuhl sank. „Und?"

Als Martie erklärt hatte, was vorlag, sagte Bea sofort: „Tu's nicht!"

Martie schaute zu Dirk hinüber, wie sie es sonst bei Lex getan hätte. Er schüttelte langsam den Kopf, während er auf seine nackten Zehen starrte, die aus den Sandalen hervorsahen. Dann begann er aufzuzählen: „Da hast du erstens Den Haag. Was würden die dort sagen? Nein. Dann ist da dieser gelehrte Herr vom Tropeninstitut, der uns Unterricht gegeben hat. Was würde der sagen? Nein. Drittens Verdonk in Kaganda, nicht umsonst unser Feldleiter. Was würde der sagen? Nein. Alles Leute mit Erfahrung. Aber ich begreife, daß es ungeheuer schwer für dich ist."

Was er selbst davon hielt, hatte er jedoch nicht gesagt. Wie die Antworten der Außenstehenden lauteten, wußte sie selber auch. „Du machst es dir sehr leicht", warf sie ihm vor.

„Das ist nicht meine Absicht", erwiderte er. „Aber ich finde meine persönliche Ansicht nicht so wichtig. Wenn du sie unbedingt hören willst, dann sage ich: Nein, tu's nicht! Weil man nie weiß, wann ein Ende ist. Sie müssen mit solchen Dingen allein fertigwerden."

Das letzte hätte auch Lex sagen können, nur umständlicher, dachte Martie. Sie erhob sich widerstrebend. Obi wartete draußen.

„Nein, Obi, du mußt sehen, wie du allein damit fertigwirst", sagte sie.

„Gute Nacht, Miss." Und er verschwand genau wie vorher der Nachtwächter in der Dunkelheit.

8

Am Sonntagmorgen hörten sie wieder das dumpfe Geräusch der Dorftrommeln von Latun. Und der Wasserträger berichtete, daß das Kind von Obis Bruder gestorben sei. Während Martie schweigend zuhörte, murmelte Bea leise: „Es ist erst elf Uhr, und er stinkt jetzt schon nach Mimbo."

„Ist das Begräbnisfest schon im Gange?" fragte Dirk. „Weil wir die Trommeln hier hören."

„Ah – nein, Sir."

„Dann sind die Frauen gewiß beim Klagen."

„Die Frauen klagen, Sir."

Für Entwicklungshelfer, die sich erst kurze Zeit im Lande befanden, war das laute Wehklagen der Frauen bei Begräbnissen etwas überaus Fremdartiges. Doch die drei hatten sich inzwischen daran gewöhnt wie an manches andere, was ihnen in diesem Land fremd erschienen war, und sie wunderten sich auch nicht mehr darüber, daß dem Tag und Nacht währenden Wehklagen, Jammern und An-die-Brust-Schlagen ein ausgedehntes Festmahl folgte. Noch erschöpft vom Weinen und Klagen, bereiteten die Frauen das Begräbnismahl.

„Aber die Trommeln? Gehören die denn dazu?"

„Ja, Sir, nein, Sir." Es war klar, daß noch etwas anderes vorlag. Nach kurzem Zögern kam es fast herausfordernd: „Die großen Männer, Sir, sie werden zu einer Versammlung im Palast zusammengerufen."

„Wo hast du so gut Englisch gelernt?" erkundigte sich Dirk.

„Ich habe im Süden gearbeitet, Sir, im Hafen, und ein Jahr lang auf einer Gummiplantage. Dann bin ich hierher zurückgekommen."

„Hast du es dort nicht gut gehabt?"

Der Mann grinste listig. „Wer sich zuviel bückt, kann sich leicht den Rücken brechen."

Dirk dachte im stillen: Über den Rücken eurer Frauen macht ihr euch keine Sorgen. Doch laut fragte er: „Und ... hast du dich wieder an das Dorfleben gewöhnen können?"

„Ich bin ein freier Mann, das behagt mir mehr."

Sie lachten gemeinsam. Martie sah Dirk aufmerksam an. Er wollte auf irgend etwas hinaus – aber worauf?

„Entbehrst du hier nicht allerlei, nachdem du aus dem Süden zurückgekommen bist, wo alles moderner zugeht?" fragte er nun. „Dieses Dorf ist doch noch sehr rückständig. Du hast doch sicher vieles kennengelernt, was es hier im Busch nicht gibt."

„O ja, Sir, plenty, Sir." Der Mann lachte wieder, doch jetzt mit einer gewissen Verachtung. „Die Hafenstadt habe ich gesehen und die großen Schiffe. Ich habe Bananen geladen, aber ich bin weggegangen. Meine Schwester ist dort geblieben, sie verdient viel Geld." Seine Lippen verzogen sich geringschätzig. „Sie trägt moderne westliche Kleider aus den großen Kaufhäusern, und sie fährt im Taxi, aber sie wird krank nach Hause kommen. Und dann wird sie unfruchtbar sein. Mein Bruder ist auch geblieben, er ist der Sklave einer Maschine, die auf den Straßen der Stadt Teer versprüht. Er verdient viel, aber ich habe gesehen, wohin das führt. Er muß nun außer den eigenen Kindern auch andere unterhalten, und zwei Brüder seiner Frau leben aus seiner Tasche. Sie sagen wenigstens, daß sie Brüder sind, aber die Frau meines Bruders hat ihre Mutter nie gekannt. Dennoch muß er sie unter seinem Dach wohnen lassen und ihnen zu essen geben. Dieses Dorf ist rückständig, aber es ist mir gut genug. Nur ..."

„Du fürchtest, daß es sich hier auch ändern wird?"

„Es wird sich überall ändern, Sir."

„Meinst du, daß das in Latun noch lange dauert? Ich kenne das Dorf nicht, ich bin nur durchgefahren. Es sieht aus wie alle anderen Buschdörfer."

„Haben Sie eine Zigarette für mich, Sir? Wissen Sie, Sir ... es herrscht Unruhe. Die Leute wissen nicht, woran sie sind. Die Kinder gehen in die Schule und lernen bei ihrem Lehrer andere Dinge, als ihre Eltern früher von ihren Vätern und Müttern gelernt haben. Der neue Lehrer in Latun, der aus der Hauptstadt gekommen ist, hat mit den Kindern Latrinen gebaut, dort müssen sie nun ihre Bedürfnisse verrichten. Dann hat der Häuptling für seine Frauen und Kinder auch eine Latrine bauen lassen und befohlen, daß sie sie benutzen, aber er selbst geht weiter einfach in den Busch. Das ist es, Sir." Der Wasserträger geriet in Erregung und blies eine endlose Rauchwolke aus.

„Der Häuptling, Sir, hat einen seiner Söhne auf eine höhere Schule geschickt, um von seinen Kenntnissen profitieren zu können. Und was ist geschehen? Der Sohn hat sich gegen eine Entscheidung des Medizinmanns aufgelehnt. Das ist gefährlich, deshalb kann ihm der Häuptling nicht helfen." Er sah Martie an. „Höchstens vielleicht insgeheim." Sie spürte eine versteckte Drohung hinter seinen Worten.

„Unser Häuptling, Sir", fuhr der Wasserträger fort, „unser Häuptling steht mit dem einen Bein hier und mit dem anderen da.“ Er zeigte es ihnen, indem er einen Sprung machte. Da bemerkte auch Martie, wie stark sein Atem nach Mimbo roch.

„Unser Häuptling hat vor nicht allzulanger Zeit ein Projekt der Regierung unterstützt. Ein Franzose ist gekommen, um uns beizubringen, wie man Kakao anbaut. Aber der Boden für die Kakaopflanzungen sollte von den Äckern der Frauen genommen werden, also nur teilweise ein Fortschritt. Und wie steht es mit der Vererbung der Bodenrechte? Deshalb hat der Kakaopflanzer aufgeben müssen, wenn er auch goldene Berge versprach. Aber wir glauben nicht an goldene Berge. Wer soll unseren Kakao denn aufkaufen, wo unser Dorf doch so abgelegen ist? Etwa die griechischen und libanesischen Händler, die uns doch nur betrügen? Die Dorfältesten haben mit dem Häuptling beraten, sie haben ihm gesagt, daß moderne Änderungen nicht unbedingt schon Verbesserungen sind. Deshalb ist Unruhe im Dorf, Sir. Jetzt hat der Häuptling wieder einen Botschafter an den Distriktskommissar geschickt, weil er etwas über Genossenschaften gehört hat. Doch seinen eigenen Kaffee, der von schlechter Qualität ist, hat er an einen Libanesen verkauft, und alle seine Söhne sind bei Händlern verschuldet, die nichts von Genossenschaften wissen wollen. So entstehen Feindschaften, Sir, in einem Dorf, wo es früher ruhig war. Es hat Tote gegeben.“ Wieder schaute er vielsagend auf Martie und dann auf Bea, der er einen unverschämt herausfordernden Blick zuwarf. „Aber gegen solche Sterbefälle können weiße Entwicklungshelfer nichts tun.“

„Und wie denkst du selber über diese Dinge?“ fragte Dirk. „Willst du alles so lassen, wie es ist?“

Wieder lachte der Mann listig. „Ich warte ab, Sir. Ich wähle die Seite, die für mich am vorteilhaftesten ist. Aber lesen und schreiben möchte ich wohl lernen. Reden allein reicht für die Zukunft nicht." Er öffnete weit den Mund, und seine Zunge bewegte sich wie der Kopf einer Schlange. Er lachte schallend, und Dirk stimmte in sein Gelächter ein, doch die Mädchen waren verstimmt.

„Er sollte lieber erst lernen, den Rost aus einem Wasserfaß zu entfernen, ohne gleich ein Loch hineinzustoßen!" sagte Bea ärgerlich auf holländisch.

„Was haben Sie gesagt, Miss?" fragte der Wasserträger, obwohl er genau wußte, daß sie in ihrer Muttersprache geredet hatte.

„Ich sagte, daß eins der Wasserfässer ein Loch hat. Da wirst du sehr viel häufiger den Weg zum Fluß hinunter machen müssen", erwiderte Bea.

„Jawohl, Miss, ich werde etwas dagegen tun."

Er streckte bittend die Hand aus, und Dirk gab ihm den Rest des Zigarettenpäckchens. Als Martie das zufriedene Grinsen des Wasserträgers sah, wagte sie zu fragen: „Wie steht es mit dem Juju in eurem Dorf? Ich habe gehört, neulich hat es zwei gegeben."

„Vom wem haben Sie das gehört, Miss?" Er schien verblüfft.

„Im Palast. Von der alten Königin."

Der Wasserträger zog geringschätzig die Oberlippe hoch. „Eine Frau!" sagte er. „Eine schwatzende alte Frau, die nicht mehr weiß, was sie sagt. Die Frauen im Palast wissen nicht mehr als die Frauen im Dorf. Sie sind eben alle verwirrt. Von Miss Bea erhalten sie Nähstunden, und dann wollen sie nicht mehr arbeiten. Die neue Suppe, die sie kochen sollen, schmeckt nicht besser als die alte. Und warum sollen sie lernen, sich die Hände zu waschen, wenn sie die kleinen gefährlichen Tierchen niemals auf ihren Händen gesehen haben? Und Schwester Martie will, daß sie auch mit ihren gesunden Kindern den weiten Weg nach Mkele zur Poliklinik laufen – die gesunden kriegen Spritzen, von denen sie häufig krank werden, und die kranken Kinder kriegen Tabletten, von denen die Mütter auf dem Heimweg schon vergessen haben, wie viele sie ihnen geben sollen. Und der Häuptling befiehlt, daß sie die Latrine benutzen, obwohl es im Busch viel bequemer ist, und man findet niemals mehr etwas davon wieder, so wahr ich hier stehe. Und wenn die Schulkinder nach Haus kommen, sagen sie zu ihren Müttern: You saby nothing. Und das stimmt, denn die Mütter wissen nichts. Glauben Sie also niemals, was die Frauen sagen, Miss, das empfehle ich Ihnen sehr."

Er steckte sich eine neue Zigarette an, blies wieder eine mächtige Rauchwolke aus und grinste befriedigt.

„Ich habe Ihnen die Nachricht gebracht – das Kind ist tot." Vielsagend setzte er hinzu: „Und es werden noch mehr sterben. Sagen Sie nicht, daß der Wasserträger Sie nicht gewarnt hat."

Dann ging er – nicht zu den Wasserfässern und auch nicht zum Fluß, sondern den Waldweg zurück nach Latun. Es war schließlich Sonntag. Zwar kein einheimischer Feiertag, aber der christliche Ruhetag bot Vorteile, die man nicht ungenutzt lassen durfte.

Die Stimmung auf der Veranda war durch den Besuch des Wasserträgers auf den Nullpunkt gesunken. Martie sagte ganz verzweifelt: „Ein erbärmliches Beispiel für die afrikanische Mentalität! Wenn man das hört, möchte man am liebsten alles hinschmeißen."

„Komm, komm", sagte Dirk gutmütig, „es gibt auch andere."

„Natürlich gibt es die. Das brauchst du mir nicht zu erzählen!" Sie stieß es so heftig hervor, daß er erschrak. Was hatte er falsch gemacht? Aber als er einen Blick auf ihr schmales blasses Gesicht warf, begriff er, daß sie nach dem Tod des Kindes und all den Schwierigkeiten etwas anderes von ihm erwartete als so eine läppische Bemerkung.

„Ich meine nur, daß ich sofort viele Afrikaner nennen könnte, die ganz anders denken. Beispielsweise dieser Mann von den Credit Unions, mit dem ich jetzt immer zusammenarbeite – John Asong heißt er –, ihr müßt ihn übrigens unbedingt mal kennenlernen. Soll ich ihn zum Wochenende mal mitbringen? Er ist hier nämlich auch fremd, denn er kommt aus dem Norden, aus einem ganz anderen Stamm, sieht anders aus und spricht eine andere Sprache."

„Genau wie Dr. Nsob", sagte Martie. „Stimmt schon, wenn ich an Dr. Nsob denke oder an einen Menschen wie Frau Samwa, die Hebamme, dann fühle ich mich doch wieder getröstet. Entschuldige bitte, daß ich so reagiert habe. Weißt du, Dr. Nsob und Agnes Samwa und all die anderen und natürlich die Kinder – die sorgen doch dafür, daß man sinnvoll findet, was man tut. Und Obi – ja, Obi kann man ruhig auch dazurechnen – und sogar seinen Vater. Er will es gern anders haben, aber er bringt es nicht fertig. Es steht ihm zuviel im Wege, alle Traditionen, die mächtige Clique der alten Männer und der eingewurzelte Glaube an Kräfte, gegen die sich der Mensch nicht durchsetzen kann – im Grunde ist er wohl sogar eine tragische Gestalt."

„Sag mal, wollt ihr euch denn keine andere Hilfe suchen jetzt, da Obi weg ist?" fragte Dirk. Er fand, daß die Mädchen müde aussahen, obwohl ihnen der Ausflug gestern bestimmt gutgetan hatte. Er wußte nicht, daß Martie diese Nacht nicht hatte schlafen können, weil sie Obi kein Geld gegeben hatte.

Sie zuckte die Achseln. „Warte nur, der Buschtelegraf hat längst seine Arbeit getan, es wird rasch genug ein Interessent erscheinen. Bezahlte Posten gibt es hier nicht oft. Nein, Bea, für Kaffee und Essen sorge ich heute. Du hast dich die letzten Tage genug abgeschuftet."

Sie war froh, eine Weile allein sein zu können. Während sie sich auf der hinteren Veranda kaltes Wasser über die Handgelenke laufen ließ, versuchte sie ihre Gedanken zu ordnen: Seit ich hier bin, haben sich keine ernstlichen Schwierigkeiten ergeben, und plötzlich kommt alles zugleich. Akwendi kontra Dr. Nsob ist vielleicht noch nicht das Schlimmste. Was Obi und diesen Machtkampf im Dorf angeht – das brauchte ich mir natürlich nicht zu Herzen zu nehmen; aber wenn ein Kind dabei stirbt, wie kann ich dann ruhig bleiben? Und dazu noch die Schwierigkeiten mit Lex und Dirk, das macht mich natürlich so reizbar, daß ich alldem nicht mehr gewachsen bin. Wenn Dirk drüben im Westen geblieben wäre, hätte ich es leichter. Und trotzdem bin ich froh, daß er hier ist. Es liegt auch nicht an ihm, daß ich unruhig bin, denn er ist die Ruhe selbst. Ich würde mich freuen, wenn er häufiger und Lex etwas seltener käme. Lex hat mich viel zu sehr beschäftigt. Ich kann ja kaum noch selbständig denken, und das macht mich manchmal wütend. Aber ist das seine Schuld oder meine?

Als sie mit dem Kaffee auf die Veranda kam und für Dirk eine Dose Bier mitbrachte, stand da, einen Strohhut unter dem Arm, ein kleiner dunkler Mann – fast so schwarz wie der Nachtwächter. Er sah sehr ernst aus und streckte ihr wortlos einen Brief entgegen.

„Es ist der Mann von Agnes Samwa, so viel wissen wir schon", sagte Bea verdrossen, weil der Mann ihr nichts weiter hatte erklären wollen.

Martie faltete das Blatt auf und betrachtete die einfache, deutliche Handschrift. Der Brief war tatsächlich von Frau Samwa.

„Setz dich doch bitte", sagte sie und zeigte auf den vierten Stuhl, den sie dem Wasserträger aus Latun vorhin nicht angeboten hatte.

Der Mann nahm vorsichtig auf der Stuhlkante Platz und sah sie unentwegt an, während sie den Brief las.

„Masern!" rief sie, als sie den Brief beendet hatte. Sie ließ sich in ihren Stuhl fallen. „Frau Samwa hat gestern vier kranke Kinder aus Latun und drei aus einem anderen Dorf in ihrer Poliklinik untersucht und meint, daß sie Masern haben. An der Küste hat es eine Epidemie gegeben – wenn wir die hier auch bekommen, dann blüht uns einiges. Es sollte schon längst eine große Impfkampagne durchgeführt werden, aber es ist immer das alte Lied: nicht genug Impfstoff, die Instrumente fehlen und so weiter und so weiter. Ich will heute nachmittag zu Dr. Nsob fahren, vielleicht weiß er Rat. Wenn wir nur Vakzin bekommen!"

Der Schweiß lief ihr an den Schläfen entlang, und ihre Hände zitterten. Aber sie hatte begriffen, daß Obis Junge dann wahrscheinlich einfach die Masern hatte.

„Und das andere, Miss?“ fragte der Bote nun drängend.

„Ach so, ja, das ist ausgezeichnet“, erwiderte Martie, „oder findest du nicht, Bea? Der Mann von Agnes Samwa will unser Koch werden. Er hat früher für den englischen Ingenieur der Versorgungsbetriebe in Mbungwa gearbeitet und danach für einen Amerikaner, der hier die landwirtschaftliche Fortbildung übernommen hatte. Er kann kochen und alles ... Na, was hab' ich gesagt?“ fragte sie, zu Dirk gewandt.

Der Mann zeigte auf die Limonadenflasche, die unter dem Tisch stand. „Sie brauchen nur Apfelsinen und Zitronen zu geben, und ich kann Ihnen bessere Limonade machen als die da“, versicherte er. Dann fragte er: „Wieviel Lohn, Miss?“

Martie sah Bea an, und die nannte den Betrag, den Obi erhalten hatte.

„In Ordnung, Miss. Ich werde gleich bleiben. Die Küche der Weißen – kein Geheimnis für mich. Wenn Sie es mir nicht übel nehmen ...“ Damit verschwand er rasch von der Veranda, den Weg hinunter und ein Stück die Straße hinauf. Kurz darauf war er mit einem Bündel Stangen wieder da, gefolgt von drei Kindern, die Palmwedel trugen. „Wir werden uns hier vorläufig einrichten, Miss.“ Ohne zu zögern gingen die vier hinter das Haus.

„Das ist ein Witz!“ rief Dirk. „Der Mann hatte seine Hütte und die halbe Familie gleich hinter euren Kalebassenbäumen stehen.“

„Ich habe nichts dagegen“, sagte Martie. „Und er tut es, um seine Frau Agnes zu entlasten. Wißt ihr, daß diese Leute ein halbes Dutzend Nichten und Neffen aufziehen? So etwas könntet ihr in Holland aber suchen!“ Doch dann sah sie Beas Gesicht. „Ich hoffe, daß du es auch gut findest“, sagte sie.

Verdrossen erwiderte Bea: „Das bißchen Freiheit, das wir hatten, ist jetzt natürlich im Eimer."

Dirk stand auf und ging zur hinteren Veranda. Wenn die beiden Mädchen eine Auseinandersetzung hatten, war er mehr als überflüssig.

Martie hatte allein zu Dr. Nsob fahren wollen. Doch Dirk bestand darauf, sie hin- und zurückzubringen. „Ich habe heute abend noch Zeit genug, um nach Mkoko zu kommen", behauptete er.

Martie zögerte. Doch eigentlich fand sie es recht angenehm, nicht allein fahren zu müssen. Und bei Dirk konnte sie schwatzen, ohne daß er große Kommentare dazu gab. Wenn nur Bea nicht ärgerlich war, an einem Sonntag allein bleiben zu müssen.

„Ich habe Agnes Samwas Mann gesagt", berichtete Dirk, „daß er seine Hütte nicht zu nahe an euer Haus setzen soll. Riecht ihr's? Sie brennen sich einen Platz im Urwald frei. Die Hütte wird heute abend schon stehen, und später baut er etwas Besseres, sagt er. Er hat große Pläne."

„Nach den Erlebnissen mit dem Nachtwächter finde ich es sehr gut, ihn in der Nähe zu haben", sagte Martie.

Doch Bea war immer noch mürrisch.

„Du kennst Agnes Samwa nicht", sagte Martie. „Sie würde ihn nie schicken, wenn er nicht gut wäre. Wenn er auch nur ein Zehntel von ihren guten Eigenschaften besitzt, dann können wir uns die Hände reiben. Und daß er die Kinder gleich mitgebracht hat, finde ich ganz vernünftig."

„Ja, ja, nun fahrt schon!" sagte Bea ungeduldig.

Auf dem Weg nach Mbungwa war Dirk still. Er hatte es sich

so schön ausgemalt, mit Martie allein zu sein, doch nun, da es so weit war, kümmerte sie sich kaum um ihn. Sie dachte an die Masern in Latun. Und er mußte sich eine lange Geschichte über einen mißlungenen Impfversuch anhören, bei dem sie mit derselben Frau Samwa nach einem fünfstündigen Marsch zu Fuß in einem verseuchten Dorf angekommen war und alle Hütten verschlossen und die Höfe verlassen vorgefunden hatte.

„Stell dir das mal vor! Alle waren mit den kranken Kindern zu einem Totenfest gegangen. Die Sterbefeierlichkeiten mußten stattfinden, und von Ansteckung haben diese Menschen nicht die geringste Ahnung. Nur wenige beginnen allmählich, etwas davon zu begreifen. Wir haben damals die schwersten Fälle herausgesucht und ins Krankenhaus gebracht. Die anderen erhielten Medikamente und Ratschläge. Von Isolierung konnte natürlich nicht die Rede sein", fuhr Martie fort. „Allerdings war in diesem Dorf – ich weiß nicht mehr genau, wie es hieß, Mkenbi oder so ähnlich – ein einheimischer Heilkundiger, der in jeder Hinsicht mitarbeitete. Deshalb gab es dort nahezu keinen Widerstand. Dieser Mann war wirklich das Gegenteil von diesem ekligen alten Kerl in Latun."

Dirk erzählte, daß er selbst einmal Bekanntschaft mit einem einheimischen „Doktor" gemacht hatte, der regelmäßig in den Busch zog, um dort die Geister um Rat zu fragen. So hatte übrigens seine Laufbahn begonnen: Die Geister hatten ihn dazu gezwungen, während er selbst lieber weiter Masken geschnitzt hätte. Doch nach einiger Zeit hatte es sich als vorteilhaft erwiesen, und jetzt bedauerte er es nicht mehr. Das Merkwürdige war, daß der Mann wirklich Heilerfolge hatte, vielleicht weil er selbst daran glaubte und diesen Glauben auf seine Patienten übertrug.

„Ach nein", erwiderte Martie, „das liegt nicht nur daran, daß sie selbst daran glauben. Die Kräuter, die sie verwenden, sind sehr oft wirklich heilkräftig. Die große Gefahr liegt nur darin, daß sie meist nicht zwischen Fällen, bei denen sie helfen können, und solchen, bei denen sie machtlos sind, zu unterscheiden wissen. Doch manchmal muß man wirklich staunen. Bei Geisteskrankheiten, für die es hier noch völlig an ärztlicher Hilfe fehlt – bisweilen werden die Kranken deshalb noch ins Gefängnis gesteckt –, bewirken sie manchmal wahre Wunder. In einem meiner Dörfer hatte ich eine widerspenstige Patientin, eine alte Frau. In ein Krankenhaus konnte sie nicht, und ich wußte mir keinen Rat. Doch schließlich haben die Angehörigen sie in eine kleine einheimische Klinik gebracht. Die arme Frau mußte dort erst festgebunden werden. Ich habe sie selber auf dem Boden sitzen sehen, Hände und Füße an vier eingeschlagene Pfähle gebunden. Doch nachdem sie eine Woche lang mit Kräuteraufgüssen besprengt worden war, konnte sie geheilt aus eigener Kraft in ihr Dorf zurücklaufen."

„Solange es anhält", brummte Dirk.

„Natürlich. Aber das ist bei uns doch auch oft so, nicht wahr? Man muß es eben abwarten."

„Schreibst du in deinen Berichten manchmal über solche Dinge? Das wäre für die Leute in Holland bestimmt interessant." Er selber fand das Schreiben von Berichten schrecklich. Er hatte nun einmal nicht gelernt, sich schriftlich auszudrücken. Aber die Organisation verlangte es, und es war auch notwendig, das sah er ein. Aber er kam sich trotzdem jedesmal, wenn er daran schuftete, albern vor.

„Meine Berichte, ach, ich weiß nicht", sagte Martie. „Vielleicht schreibe ich zu ausführlich. Bea lacht mich immer aus. Sie selber macht es so kurz wie möglich. Aber mir macht die Arbeit Spaß, wenn ich da wohl auch eine Ausnahme bin. Lex natürlich auch, der schreibt meterlange Berichte, doch sie wirken eher wie Streitschriften. Die Leitung reagiert übrigens meiner Ansicht nach recht positiv. Verdonk ermutigt mich noch, wenn ich über die hiesigen Zustände berichte, etwa über die Kräuterdoktoren, und oft weist er mich auf schwache Stellen hin. Bei Lex allerdings muß Verdonk manchmal Abstriche machen." Sie lachte. „Aber zum Glück erträgt der Kritik besser als manche anderen ... Lex meine ich."

Weshalb spricht sie auf einmal soviel über ihn? dachte Dirk. Soll ich dazu nun Kommentare liefern? Will sie mich aus meiner Zurückhaltung herauslocken?

Ich weiß nicht, was mir da einfällt, dachte Martie. Warum rede ich plötzlich über Lex? Da Dirk nicht reagierte, wechselte sie sofort das Thema.

„Über einheimische Methoden, Kranke zu behandeln, berichte ich natürlich", sagte sie rasch. „Mindestens, wenn ich dahinterkomme. Denn in den meisten Dörfern stößt man auf Rätsel. Dort wollen sie einem nichts erzählen. Andererseits ... ich bin auch einmal bei so einem Mann gewesen, der mir stolz seine ganze Einrichtung gezeigt hat. Stell dir vor, der hatte auf seinem Gelände eine Reihe von Badehäuschen stehen, Hütten, in denen runde Bäder waren, in der Mitte ein Stein, auf dem seine Patienten sitzen. Es ist feucht und dunkel dort – und überall riecht es nach Kräutern und anderen Pflanzen. In seinem Untersuchungszimmer war es übrigens ebenso. Man konnte kaum die Hand vor Augen sehen, und es roch ganz fremdartig, durchdringend, aber nicht unangenehm. Überall hingen Kräuterbündel an der Decke. Weiter gab es sehr ordentliche

Krankensäle, mit Betten vollgestellt, aber alles sauber. Und natürlich Kochhütten, genau wie bei uns in Mbungwa. Manche Kranke schickt er zu uns weiter, und mit anderen hat er sehr gute Ergebnisse. Er spritzt nur viel zuviel Penicillin. Wenn wir Patienten von ihm bekommen – und nicht nur von ihm, auch von anderen –, dann müssen wir erst immer feststellen, wieviel Penicillin sie schon erhalten haben. Und dann fällt man auf den Rücken, welche Mengen die Leute vertragen können."

„Aber sie sind auch eisern", sagte Dirk. Er war froh, daß das Thema Lex erledigt war. „Ich weiß nicht, aber ich habe den Eindruck, wenn diese Leute hier erst mal das zwanzigste Lebensjahr hinter sich haben, dann sind sie unglaublich widerstandsfähig. Ob das nun anders wird, wenn ihr mehr Kinder am Leben erhaltet? Ich frage nur, weißt du?"

Martie dachte: Wie gut, mal mit einem anderen Menschen reden zu können, der nicht alles „wußte", wie es bei Lex der Fall war. Das war eine richtige Erleichterung für sie.

Dirk dagegen fürchtete, daß sie ihn, weil er manches nicht wußte, für einen „Bauern" hielt. Auf dem Tropeninstitut hatte diese Ernestine ihm deutlich genug zu verstehen gegeben, daß er besser täte, nicht hinter einem Mädchen wie Martie herzulaufen. Andererseits war er hier viel sicherer geworden, weil er Glück bei seiner Arbeit hatte und weil ihn die Organisation schätzte, ganz gleich, ob er Berichte schreiben konnte oder nicht.

„Ich schreibe eben so gut wie möglich auf, was ich getan habe und so", sagte er nun, „und damit müssen sie sich zufriedengeben. Verdonk stellt mir dann manchmal noch ein paar Fragen. Und darauf antworte ich eben. Den Haag und Amsterdam müssen sich begnügen... Sag mal, wieviel Kilometer sind es bis zum Krankenhaus?" Er blickte auf den Kilometerzähler.

„Achtundvierzig."

„Dann haben wir schon reichlich die Hälfte. Hast du nie Rükkenbeschwerden beim Fahren auf diesen Buschwegen? Die sind hier noch schlimmer als im Westen."

„Nein, davon merke ich gar nichts", erwiderte Martie. „Weißt du, wovor ich viel mehr Furcht habe? Vor dem Verkehr in Holland, wenn wir wieder zu Haus sind. Vor diesem scheußlichen Betrieb an den Kreuzungen. Mich daran wieder zu gewöhnen, wird mir bestimmt schwerfallen."

„Ach, das geht schnell", versicherte Dirk.

Wie würden ihre Eltern wohl über ihn denken? Ein reicher Autohändler, ein richtiger Bürger – so hatte Lex ihn charakterisiert. Heimisch würde er selbst sich in einer solchen Umgebung kaum fühlen. Und Martie? Nach allem, was sie hier gesehen und erlebt hatte? Nach dieser ganzen Armseligkeit plötzlich wieder Wohlstand und Komfort ... Ob sie dann noch ja sagen würde, wenn er sich traute, sie zu fragen? Ohne die Zustimmung ihrer Eltern würde sie's wohl ohnehin nicht tun. Aber eigentlich war sie doch ein recht selbständiger Mensch, und das wurde hier noch verstärkt. Nur seltsam, daß sie trotz aller Selbständigkeit so häufig Redewendungen benutzte, die ihn an Lex erinnerten. Ob ihr das überhaupt klar war – das hätte er auch gern einmal gefragt. Aber dafür war die Zeit noch nicht reif. Und jetzt war es gewiß nicht der rechte Augenblick. Wie sie in den Urwald starrte – man konnte fast glauben, sie sähe Gespenster.

Er blickte auf das dichte Grün von Sträuchern und Unterholz und dann hinauf zu den Stämmen und Lianen.

„Paß auf!" warnte Martie. „Da kommt wieder so ein Loch."

„Und ich dachte schon, du siehst Gespenster", sagte Dirk grinsend.

„Das hab' ich auch. Ich mußte gerade an die Jujus in Latun denken. Weißt du, daß ich eine Todesangst vor so einem Juju habe?"

„Das ist auch beabsichtigt."

„Und es glückt ihnen. Wenn so ein Juju über die Dorfstraße angetanzt kommt, möchte ich mich genauso verstecken, wie es die Frauen und Kinder aus dem Dorf tun. Manchmal wirken diese Kerle völlig betrunken. Wie besessen springen sie von einer Straßenseite zur anderen, und ich frage mich, ob sie überhaupt normal sind."

„Normal? Meist haben sie doch große Mengen Rauschgift genommen. Sie wissen wahrscheinlich kaum, was sie tun."

„Das glaube ich nicht", zweifelte Martie. „Ich meine, sie begreifen sehr genau, welche Macht sie auf die Leute ausüben. Gerade weil sie alles so geheimhalten. Und diese Gemeinschaften mißbrauchen oft ihre Macht, die tatsächlich gar keine Grundlage hat."

„Aber wenn du das weißt, weshalb fürchtest du dich denn dann trotzdem?" fragte Dirk überrascht. „Da muß ich dir was erzählen. In Njikom, wo ich eine Zeitlang gearbeitet habe, war in dem kleinen Wald schräg gegenüber von meinem Haus der geheime Versammlungsplatz der Juju-Gemeinschaft. Man hörte manchmal allerlei Stimmen, sehen konnte man aber nichts. Mein Nachtwächter machte sich vor Angst in die Hosen, und wenn ich meinen Wagen zufällig dort geparkt hatte, dann wollte er sich um keinen Preis hineinsetzen."

„Und du?"

„Na, weißt du!" Dirk lachte. „Ich habe sie nach einer Zu-

Familienberatung

Hauswirtschaftslehre

sammenkunft mit den Vorvätern zurückkommen sehen, und es hat mich nicht im geringsten beeindruckt. Ich habe immer den Verdacht gehabt, daß unser Dorfschmied der Juju war – zumindest trug er genau dieselben Sandalen. Wenn du meine Ansicht hören willst, es ist so etwas Ähnliches wie zu Haus unser guter alter Knecht Ruprecht – nur ein bißchen wüster."

„Nein", sagte Martie und schüttelte heftig den Kopf. „Ich wünschte, daß ich das glauben könnte, aber für mein Gefühl steckt viel mehr dahinter."

„Wer weiß denn, was alles hinter dem alten Knecht Ruprecht gesteckt hat... früher wenigstens. Laß dich doch nicht für dumm verkaufen, Martie."

Plötzlich ärgerte sie sich über ihn. Sich für dumm verkaufen lassen! Auch seine Wortwahl brachte sie auf. Obendrein konnte von „dumm" gar nicht die Rede sein. Es ging einfach darum, ob man die Dinge, an die die Menschen hier fest glaubten, ernst nahm oder nicht.

„Du machst es dir viel zu bequem." Sie versuchte gar nicht erst, ihre Gereiztheit zu verbergen. „Ein solches Kulturphänomen kannst du nicht mit einem altbackenen mitteleuropäischen Spaß vergleichen."

Er schwieg und dachte: Verdammt, da guckt schon wieder dieser Lex um die Ecke. „Steck mir eine Zigarette an!" sagte er verdrossen. Wenn sie Lex nachahmen wollte, konnte er das auch.

Ohne ein Wort tat sie, was er von ihr verlangt hatte. Ob sie nun auch an Lex dachte?

Nach der Biegung führte die Straße abwärts, und Dirk schaltete jäh in den zweiten Gang. Das Auto fuhr wieder über eine der zahlreichen kleinen Brücken.

„Das ist die letzte ... die letzte Brücke meine ich“, sagte Martie. „Gleich sehen wir die Kaffeepflanzungen von Bingwo, und dann kommen wir auf die große Straße. Da mußt du aufpassen, denn da laufen massenhaft Hühner herum.“

Nun, so viele waren es doch nicht. Aber fast hätte Dirk einen Mann überfahren, der ihm unerwartet ein Bündel Fisch vor die Windschutzscheibe hielt. Während der Dorfbewohner mit ihnen zu verhandeln begann, kam eine alte Frau angehumpelt. Sie stützte sich schwer auf einen Stock und trug ein Bündel auf dem Kopf.

Als sie an der Wagentür stand, bat sie Martie flehentlich darum, mitfahren zu dürfen. Sie müsse unbedingt zum Krankenhaus, und es sei doch Platz im Wagen, nicht wahr? Es konnte sein, daß sie tatsächlich zum Krankenhaus mußte. Martie zögerte und warf Dirk, der sich mit dem Fischverkäufer unterhielt, einen Blick zu.

Nun kamen noch zwei Dorfbewohner auf sie zu. Einer der beiden war ein grauhaariger, alter Mann, den Martie aus dem Krankenhaus kannte, wo er manchmal seine Frau besucht hatte.

Er erzählte, daß seine Frau dort gestorben war, aber dafür konnte sie, die weiße Schwester, natürlich nichts. Aber der Doktor, der seine Frau behandelt hatte! Doch wie es auch sein mochte, man müsse nun einmal über eine Entschädigung sprechen.

Der Mann mit den Fischen ergriff sofort für ihn Partei. Ja natürlich, so ein armer Witwer, der nun auch noch die entsetzlich hohen Kosten für die Beerdigung aufzubringen hatte, der brauchte unbedingt Hilfe. Er vergaß seine Fische und redete mit drohenden Gebärden und bösem Gesicht auf Dirk ein. Doch Dirk schüttelte nur immer wieder den Kopf. „Kommt gar nicht in Frage", erwiderte er bestimmt. „Damit haben die weißen Entwicklungshelfer nichts zu schaffen. Kein Palaver!"

„Aber er will einen schönen Zementblock und ein christliches Kreuz für sie machen lassen, dort, dort drüben, genau vor seinem Haus, sehen Sie, dorthin kommt ihr Grab, das kostet allein schon mehr, als er hat. Und dann die vielen Gäste, die erwartet werden, seine Frauen müssen drei Tage lang kochen, Fufu für die vielen, vielen Gäste und Suppe, mit der er Ehre einlegt, und er muß ein, zwei Ziegen schlachten lassen, und er hat nicht einmal eine einzige eigene Ziege, er muß also, wie ich schon sagte, eine oder zwei kaufen. Einem armen Witwer muß geholfen werden, um so mehr, als seine Frau im Krankenhaus gestorben ist – und wie ist das so rasch gekommen? Sie war eine kräftige Frau."

„Wieviel Frauen hat er denn noch?" fragte Dirk.

„Vier. Aber die gestorbene war seine erste. Sie war ihm die liebste, das ist ja selbstverständlich. Er hat viel verloren, da er so an ihr hing."

Nun wurde die alte Frau neben Martie ungeduldig. Konnte sie endlich in den Wagen steigen oder nicht. Sie war müde, und der Weg war weit. Die Miss mußte sie doch kennen! Sie war schon einmal mit einer anderen Miss in ihrem Dorf gewesen, um Unterricht in Kochen und Sauberhalten von Haus und Hof zu geben. O ja, sie hatten Suppe gekocht, und dann hatten sie ihnen ein Bild von einem prächtigen Baby gezeigt, das niemals krank werden konnte, weil kein Schmutz und keine Abfälle auf dem Hof lagen und weil sich Mücken und Fliegen und Würmer nicht in den ungefegten Winkeln vermehren konnten, in denen das Kind aufwuchs, o nein, o nein, sonst wäre das bestimmt nicht so ein schönes gesundes Baby geworden.

„Nein“, hörte Martie Dirk neben sich sagen. „Ich bedaure den Tod seiner Frau, aber er muß selbst wissen, welche Ausgaben er für die Beerdigung machen kann und welche nicht. Einer seiner Brüder oder Söhne wird ihm wohl eine gute fleischige Ziege schenken, und daß er gerade ein neues Dach hat auf sein Haus machen lassen, das ist zwar sehr schön, aber mit den Schulden dafür habe ich ebensowenig etwas zu schaffen. Kein Palaver! Wir sind freiwillig gekommen, um hier als Entwicklungshelfer zu arbeiten, nicht um mit Geld um uns zu werfen. Geld haben wir auch gar nicht. Sieh dir nur mal meine Taschen an!“

Damit drehte er die Hosentaschen um, so daß die Spitzen komisch nach außen standen. Die Männer begannen laut zu lachen. Auch die alte Frau kicherte.

„Und nun sorgt dafür, daß die Kinder vor dem Wagen verschwinden, sonst passiert was“, mahnte Dirk. Gleichzeitig griff er an Martie vorbei und öffnete die Tür für die alte Frau. „Hinten auf der Ladefläche wird sie zu sehr durchgeschüttelt. Laß sie neben dir sitzen.“

Martie rückte ganz nahe an Dirk heran. Die alte Frau mummelte strahlend ihren Dank. Einer der Männer warf ihr Bündel hinten hinein. Als Dirk hupte, stoben die Kinder auseinander.

„Hast du das gesehen?“ fragte Dirk. „Im linken Bein schien der eine Junge schweren Muskelschwund zu haben. Was übrigens die alte Dame neben dir betrifft, so bin ich neugierig, ob sie wirklich ins Krankenhaus muß oder ob sie irgendwo einen Familienbesuch abstatten will.“

„Das werden wir ja merken.“

So war es auch. In der Nähe des Krankenhauses machte die

Frau mit pfiffigem Gesicht eine entschuldigende Gebärde. „Mir fällt eben ein, daß ich erst noch hierhin muß", sagte sie und zeigte auf ein Haus zwischen kleinen Kaffeepflanzungen. Davor stand eine roh gezimmerte Tafel, auf der zu lesen war: „Ich, Joseph Nkwenda, baue erstklassigen Kaffee, weil ich den anreichernden Kunstdünger benutzte, den die Genossenschaft mir liefert."

„Das ist ein Mann mit Verstand", sagte Dirk. „Auch die Sträucher sind ausgezeichnet beschnitten." Danach griff er nach hinten, faßte das Bündel der Alten und stieg aus, um es ihr zum Haus des Kaffeepflanzers zu tragen. Als er zurückkam, hatte er vier Mandarinen in der Hand und grinste.

„Die hatte einen Spaß, daß sie mich hereingelegt hat! Weißt du, wenn diese alten Leute Komödie spielen, lasse ich sie immer glauben, ich sei hereingefallen. Dann haben sie doppelte Freude an ihrem kleinen Betrug. Und kann man's ihnen übelnehmen? Sie sehen uns ständig mit einem fahrbaren Untersatz, während sie selber immer nur tippeln, tagelang, wenn's sein muß. Ich habe nichts gegen ihre Tricks. Nur schade, daß man sie so oft abweisen muß. Magst du eine Mandarine? Habe ich als Belohnung gekriegt."

Der Saft lief ihnen an den Fingern entlang, als sie die Früchte zerteilten.

„Hoffentlich ist Dr. Nsob da", sagte Martie, als sie zum Krankenhaus einbogen. „Wenn wir keinen Impfstoff bekommen, wird es ein Drama."

Doch es spielte sich bereits ein anderes Drama im Krankenhaus ab: Vor der Tür von Dr. Nsobs Zimmer stand ein Gendarm. Martie erschrak. „Da haben wir's", sagte sie.

Auf dem Platz vor der Veranda saßen zwei andere Gendarmen und spielten Karten. Obi sah ihnen zu. Er kaute auf etwas herum und war ganz in das Spiel vertieft. Als Martie ihn rief, kam er widerstrebend näher.

„Was ist hier geschehen, Obi?“ fragte sie leise.

Doch er zuckte die Achseln. Das Unglück kann jeden treffen, bedeutete das. In diesem Fall war es Dr. Nsob, für den ein Haftbefehl vorlag. Die Gendarmen hatten ihn aus der Hauptstadt mitgebracht. Aber der Arzt hatte sich geweigert mitzukommen und saß nun in seinem Zimmer. Obi nickte zu der geschlossenen Tür hinüber. Danach zuckte er noch einmal die Achseln. Was kann man gegen einen Befehl aus der Hauptstadt machen? Nichts.

„Wo ist Frau Akwendi?“ fragte Martie erregt. Sie ballte die Fäuste.

„Nicht aufregen, Martie!“ hörte sie hinter sich Dirk sagen. Er faßte sie am Arm. „Willst du dem Mann noch mehr Schwierigkeiten machen? Kümmere dich nicht darum!“

Martie wußte, daß Dirk recht hatte. Das waren Dinge, aus denen sich die Entwicklungshelfer heraushalten mußten.

„Frau Akwendi ist heute nicht hier“, erklärte Obi. „Nur der Arzt, Njikam und ich haben Dienst.“ Das sagte er mit angemessenem Stolz. Anscheinend hatte er es inzwischen zum unbesoldeten Pfleger gebracht.

„Als die dort...“ damit zeigte er auf die Kartenspieler, „den Arzt mitnehmen wollten, habe ich gesagt, daß die Kranken dann sterben würden. Der Doktor hält ihr Leben in der Hand, habe ich gesagt.“

„Hat der Arzt selbst auch noch was gesagt?“

Obi nickte wichtigtuerisch.

„Daß es gegen die Gesetze dieses Landes ist, ihn mitzunehmen, während der Distriktskommissar auf Inspektionsreise ist. Der müsse den Haftbefehl auch unterschreiben. Der Distriktskommissar bleibt noch drei Tage weg. Und weil sie vor den Gesetzen Angst haben, wollen sie den Arzt so lange bewachen."

„Obi ..." sagte Martie zögernd.

„Ja, Miss?" Es klang schroff. Ihre Weigerung, ihm Geld zu geben, damit er Gegenmedizin für die Krankheit seines Sohnes kaufen konnte, hatte ihn bitter gestimmt. Sie konnte es ihm nicht einmal übelnehmen.

„Ich habe Nachrichten für dich, Obi. Das Kind deines Bruders ist gestorben."

Er nickte störrisch. Das wußte er schon. Waren etwa heute keine Menschen zum Markt in Mbungwa gekommen? Die hatten übrigens noch mehr schlechte Nachrichten gebracht. In Latun gab es weitere unheilverkündende Krankheitsfälle.

„Es ist aber noch etwas anderes, Obi. Das betrifft auch deinen Sohn. In Latun sind die Masern ausgebrochen. Dein Junge ist nicht vergiftet, sondern ich glaube, daß er Masern hat." Sie sah ihn drängend an. „Ich bin hierher gekommen, um bei Dr. Nsob Medizin dagegen zu holen, wenn er welche hat."

„Masern?" rief Obi. „Aber diese Krankheit habe ich auf der Schule auch gehabt, und ich bin glänzend wiederhergestellt." Er schlug, plötzlich strahlend, die Hände zusammen. „Als ich wieder gesund wurde, war ich kräftiger als vorher. Mein Sohn hat also eine Krankheit der Weißen?" Er schien stolz darauf zu sein. Keine Vergiftung von der alten rückständigen Art, sondern eine kultivierte Krankheit, schien er zu denken. Wie habe ich auch nur einen Augenblick lang glauben können, daß er vergiftet worden ist – ich, ein Christ mit höherer Schulbildung.

„Aber Masern sind auch nicht ungefährlich, Obi."

„Es ist eine Krankheit, die in den Büchern steht, Miss Martie, und gegen Krankheiten, die in den Büchern stehen, gibt es Medikamente, die in den Büchern stehen. Das ist eine klare Angelegenheit."

Martie sah sich nach Dirk um, der auf dem Platz vor der Veranda stand und mit den Gendarmen sprach. Anscheinend war das Gespräch jedoch vergeblich gewesen, denn er kam kopfschüttelnd zurück. Doch nun trat Obi in Aktion. Die drei Gendarmen und er steckten die Köpfe zusammen. Obi redete, und es wurde ein langes Palaver. Und schließlich wurde Martie zu dem Arzt hineingelassen.

Dr. Nsob saß an seinem Schreibtisch, den Kopf in die Hände gestützt. Er schaute nicht einmal auf, als sie eintrat. Auch als sie ihn mit seinem Namen ansprach, dauerte es noch eine Weile, ehe er sie ansah. Seine Augen waren gerötet. Er erinnerte sie an eine bekümmerte Bulldogge.

„Ja, ma sœur, sie haben es sich so ausgerechnet, daß der Haftbefehl gerade während der Abwesenheit des Distriktskommissars kam. Aber drei Tage halte ich wohl durch", versuchte er sie zu beruhigen. „Sie kennen solche Methoden aus Ihrem eigenen Land nicht? In Polen konnte einem so etwas auch passieren, ich habe es selbst erlebt. Das sollte mir ein Trost sein, ma sœur, aber es ist ein dürftiger Trost. Also nicht nur in unserem armen Afrika..." Er machte eine beschwörende Handbewegung. „Doch der Distriktskommissar ist ein gerechter Mann. Er wird sich für mich einsetzen. Er gehört nicht zu dieser korrupten Gruppe. Er ist einer der Männer, die unser Vaterland gerecht verwalten wollen, unser Vaterland, das soviel Tragisches erlebt hat."

Er ließ den Kopf wieder in die Hände sinken. Nach einer

Weile hob er das Gesicht zu ihr auf. „Erzählen Sie es Ihren Freunden in Ihrem Land, erzählen Sie es Ihrer Regierung, damit sie Hilfe schickt! Hilfe, Geld und Menschen. Menschen guten Willens, die uns hier noch vieles lehren können. Wir stehen am Anfang eines langen, schweren Weges und haben zu wenig Führer. Und die Führer, die wir haben, sind nicht immer tüchtig. Die Frage nach der Schuld, ma sœur, will ich nicht stellen."

Wieder dachte Martie an Lex. Der verzichtete niemals darauf, nach der Schuld zu fragen. Doch Dr. Nsob war zu taktvoll. Er wollte niemand beschuldigen.

„Weshalb sind Sie hergekommen?" erkundigte er sich nun. „Am Sonntag! Sie haben doch keinen Dienst."

Sie berichtete, was Frau Samwa ihr geschrieben hatte. Er nickte. „Ich habe auch schon einen solchen Bericht bekommen. Aber ich habe keinen Impfstoff. Ich habe telefoniert, doch ich kann ihn nicht erhalten. Er ist einfach ausgegangen. Sie werden sich ohne ihn behelfen müssen. Nun gehen Sie nur wieder."

Gott im Himmel, wie war sie froh, daß Dirk mitgefahren war und daß sie nun nicht den weiten Weg allein zurückfahren mußte. In gedrückter Stimmung und schweigend kehrten sie nach Hause zurück. Dort erwartete sie eine weitere Überraschung. Der Land-Rover von Lex stand auf dem Hof.

9

Zwischen Lex und Martie gab es einen heftigen Streit. Nicht, weil sie ihm verbot, an diesem Abend im Dorf einen Dia-Vortrag zu halten, weshalb er, wie er behauptete, gekommen wäre. Daß ihr Verbot wegen der Ansteckungsgefahr begründet war, hatte er glücklicherweise eingesehen. Doch dann war die Auseinandersetzung über die Frage Akwendi kontra Nsob entstanden.

Dr. Nsob hatte Lex anscheinend einmal wegen seiner Sympathien für den Ostblock getadelt. „Er sagt, ich als Westeuropäer solle mich schämen, ich sei wie ein verwöhntes Kind, von der wahren Demokratie verwöhnt und in Watte gepackt. Von Amerika könnten wir eine Menge lernen. Und da bin ich verdammt wütend geworden – er ist überhaupt nicht in Amerika gewesen!“

„Du denn?“ fragte Martie.

„Das ist etwas ganz anderes. Ich habe alles über Amerika gelesen. Ich informiere mich immer gut. Aber er...“

„Das kannst du doch gar nicht wissen! Der Mann hat fünfzehn Jahre in Frankreich und Polen gelebt.“

„Weißt du etwa, mit welchen Absichten er hierher gekommen ist? Und dann dauernd über die Tragik seines armen Landes zu jammern! Es ist ein unglaublich schönes Land, das außerdem eine alte Kultur besitzt. Da kann das stinkreiche Amerika überhaupt nicht mit! Welche Menschen sind glücklicher?

Deine armen Dorfbewohner oder die Bewohner amerikanischer Slums? Die mögen einen Fernseher auf Ratenkauf haben, und vor ihrer Tür mag ein Wrack von einem alten Auto stehen, aber die Augen werden ihnen geblendet durch die widerwärtige Schaustellung des Reichtums überall um sie her. Und auf ihrem Bildschirm können sie sich ansehen, was die Reklamewelt den anderen anbietet – den anderen, vergiß das nicht! Und dann klagen die Leute hier dauernd über den Mangel an technischem Know-how und darüber, daß sie doch unbedingt den Weg des Fortschritts gehen müssen. Fortschritt! Speiübel wird mir jedesmal, wenn sie hier dieses Wort in den Mund nehmen. Alle wollen sie vorwärts, jawohl! Aber wo landen sie? Nein, die Mentalität muß verändert werden."

Dirk sah Martie an und sagte: „Na, dann will ich mal meinen Kram packen. Ich muß morgen früh um sieben in Mkoko an der Arbeit sein. Bis zum nächstenmal!" Dann fuhr er weg.

Lex schaute ihm über die Schulter nach. „Auch so ein naiver Kauz, der meint, daß man mit wirtschaftlichen Fortschritten ein gutes Rezept hätte. Ich habe gehört, daß sie ihn jetzt für die Credit Unions eingesetzt haben. Das ist reiner Kapitalismus, weißt du das? Landwirtschaftliche Darlehnskasse spielen! Macht man sie damit etwa glücklicher?"

„Wenn man ihnen hilft, ihren kargen Verdienst nicht an Alkohol und Frauen zu verschwenden, sondern zu sparen und ihn dann zu benutzen, um die Lebensumstände zu verbessern, soll das dann nicht gut sein? Willst du das etwa sagen?" Martie war böse, weil er wieder auf seinem hohen Roß saß und Dirk als naiv bezeichnet hatte. „Und was Dr. Nsob betrifft, so geht es in dem Krankenhaus erheblich ehrlicher und ‚demokratischer' zu, seit er da ist. Diese Akwendi dagegen ist nichts anderes als eine Intrigantin, die nur die Interessen ihrer Stammesgenossen im Auge hat."

Lex tat diese Beschuldigung mit einer Handbewegung ab. „Diese Frau ist doch noch nie im Ausland gewesen. Nsob gehört einem anderen Stamm an, der dem ihren von alters her feindlich gesinnt ist. Natürlich mißtraut sie ihm. Er versucht hier Dinge einzuführen, die ihr völlig fremd sind. Nach dem alten Kulturmodell ist es durchaus normal, daß sie sich bemüht, ihn wegzubeißen, und ebenso normal ist es, daß sie dazu den traditionellen Weg geht, wenn sie auch ein neues technisches Hilfsmittel benutzt – das Telefon. Sie sucht Stammesverwandte bei den Behörden auf. Was erwartest du denn sonst? Könnt ihr das Bier hier nicht etwas kühler halten?"

Die letzte Bemerkung beachtete sie nicht, doch dann fiel ihr ein, daß Dr. Nsob ihn einen verwöhnten Jungen genannt hatte.

„Ich habe keine Lust", sagte sie, „in all deinen Theorien die Trugschlüsse aufzudecken – ich kann das auch nicht, aber irgendwo ist immer etwas schief, das fühle ich. Und daß du ein verwöhnter Junge bist, das steht fest."

Lex warf den Kopf in den Nacken und lachte schallend.

Doch Martie fuhr fort: „Gut, du willst keinen Fortschritt, aber was willst du dann? Warum bist du überhaupt hierher gekommen? Warum willst du all diesen Menschen Lesen und Schreiben beibringen? Wenn du recht hättest, wäre es doch besser, wenn sie möglichst lange Analphabeten blieben! Und du schimpfst auf Amerika, aber für dich selbst verlangst du kühles Bier. Das nenne ich ganz schön scheinheilig."

„Ich trinke es doch auch so. Prost." Und er hob spöttisch das Glas. „Sag mal, dieses ‚ganz schön', das kommt wohl geradewegs aus Dirks Vokabular, wie?“ Er nahm einen langen Zug.

„Du bist nur eifersüchtig!“ fuhr sie auf. „Und aus Eifersucht bist du heute auch gekommen und hast dir eine Ausrede gesucht, um einen Grund für dein Kommen zu haben.“

Er hob das Glas gegen das Licht und betrachtete es mit halb zugekniffenen Augen. „Eifersucht ist menschlich“, sagte er. „Natürlich bin ich eifersüchtig. Eifersucht gibt es in allen Zeiten und allen Kulturen. Macht, Geld, Liebe, Leidenschaften bilden den Einsatz im Kampf. Übrigens, der Himmel mag es wissen, aber vielleicht haben auch Frau Akwendi und Dr. Nsob ...“ Er zog vielsagend die Brauen hoch.

„Ich könnte dich schlagen!“ Martie war aufgesprungen. „Was bist du nur für ein Mensch! Du stellst gemeine Behauptungen auf, kommst vom Hundertsten ins Tausendste, weichst jeder offenen Antwort aus, streitest ewig wegen deiner sogenannten Theorien und bist dabei um keinen Pfifferling klüger als wir alle!“

„Schlag mich doch!“ Er blickte zu ihr auf.

Sie stand vor ihm.

„Nur zu! Schlag doch!“

„Du bist verrückt“, sagte sie, „verrückt und eifersüchtig und eingebildet.“

Wütend wandte sie sich von ihm ab. Sie sah Bea durchs Zimmer gehen. Fast schleichend bewegte die sich ungeschickt auf Zehenspitzen hinaus. War das nun Rücksichtnahme, oder wollte sie ihr damit klarmachen, wie sehr auch ihr dieser Sonntag verdorben worden war? Und es stimmte ja auch.

Eine Weile später erklärte Bea Frau Samwas Mann, wie der

Herd funktionierte. „Siehst du, Rafael“, sagte sie, „wenn dieser Hahn hier nicht gut geschlossen ist, dann strömt Gas aus. Hier kommt es heraus.“ Sie klopfte auf den Brenner. „Er heißt Rafael“, sagte sie überflüssigerweise zu Martie, die dazugekommen war.

„Jawohl, Miss, ich habe es gesehen, und ich werde immer genau aufpassen. Soll ich Reis mit Suppe machen, Miss? Viel Gemüse hat meine Frau gesagt, viel Gemüse. Und morgen früh werde ich für Sie zum Fleischmarkt gehen. Es soll gutes frisches Fleisch sein, hat meine Frau gesagt, und ohne Fliegen. Limonade werde ich auch für Sie kochen. Können Sie mir einen Vorschuß geben, Miss, daß ich morgen einen Kochtopf für mich und die Kinder kaufen kann? Für heute hat meine Frau uns Essen mitgegeben.“

Es war immer das gleiche. Sie wollten zwar ausländisches Essen zubereiten, aber selbst davon mitessen oder auch nur kosten, das kam überhaupt nicht in Frage. Ein bißches kaltes Fufu, in einem Bananenblatt mitgebracht, war gut genug für heute.

Von einem „Fleischmarkt“ zu sprechen war übrigens stark übertrieben. Der Fleischer in Latun schlachtete wöchentlich ein einziges Rind für drei Dörfer.

„Was hat dir denn Agnes sonst noch gesagt, Rafael?“ fragte Martie nun.

Der Mann lachte vergnügt. „Daß ich mir die Augen nicht mit Lesen verderben darf, Miss. Ich lese nämlich sehr, sehr viel. Von Geschichte weiß ich alles. Alle Morde an Staatsoberhäuptern kenne ich auswendig. Das ist eine sehr interessante Lektüre. Und ich brauche etwas nur ein einziges Mal zu lesen, dann merke ich es mir auch. Mr. Abraham Lincoln, während eines Theaterbesuchs im Jahr 1865 ermordet. Mr. John F. Kennedy, im Jahr 1963 in Dallas, Texas, erschossen. Und sein Bruder Robert, das war auch ein bedeutender Mann, Sohn derselben Mutter, im Jahr 1968 von einem Moslem in Kalifornien getötet. Darf ich vielleicht ein bißchen Petroleum für meine kleine Buschlampe bei Ihnen leihen? Sonst kann ich nämlich heute abend nicht lesen, Miss. Und meine Frau hat gesagt, daß Sie vielleicht Zeitschriften für mich haben. Agnes hat in unserem Haus ein Bild aufgehängt, das sie von Ihnen bekommen hat."

Ein Bild von dem kleinen holländischen Prinzen Willem-Alexander, wie sich Martie erinnerte. Er sah darauf aus wie ein preisgekröntes Baby. Agnes Samwa hatte dieses Foto, das aus einer Illustrierten ausgeschnitten war, eine Zeitlang für ihren Unterricht in der Poliklinik verwendet. Dabei hatte sie einen ähnlichen Vortrag gehalten wie die alte Frau heute mittag in Bingwo: So gesund wurde ein Kind, wenn man es gut wusch, am besten morgens und abends und mit Seife, und wenn man den Hof sauberhielt, das Haus ausfegte und dafür sorgte, daß das Baby keine Larven und Eier von Würmern und anderem Ungeziefer essen konnte. Wenn es Speisen bekam, von denen es wachsen konnte, nicht nur Fufu, sondern auch Gemüse und hin und wieder eine Frucht, ruhig auch einmal Fisch oder Fischmehl. Wenn die Männer das Wild, das sie in den Wäldern schossen, nicht immer allein aufaßen. Ja, wenn die Frauen dafür sorgten, dann würden ihre Kinder genauso gesund und schön wie „dieses hier"! Und dann hatte Agnes Samwa unter bewunderndem Gemurmel der Frauen das Bild von dem kleinen Prinzen Willem-Alexander hochgehalten. Bitte! Martie hatte sie eine Zeitlang gewähren lassen, doch dann hatte sie gefragt: Können wir nicht ein schönes schwarzes Baby aussuchen, Agnes? Und seitdem hing das Bild von dem holländischen Prinzen anscheinend bei ihr zu Hause an der Wand.

„Natürlich. Ich werde ein paar Zeitschriften heraussuchen, Rafael. Aber es müssen wohl englische sein?"

„Es tut mir leid, Miss, aber Ihre Sprache kann ich nicht lesen. Soweit ich feststellen konnte, sind in Ihrem Land auch nur wenig politische Morde begangen worden. In Rußland dagegen ist der große Zar Nikolaus im Jahr 1918 mit allen Prinzen, Prinzessinnen und der Kaiserin zusammen ermordet worden. In Deutschland haben wir den großen Kanzler Hitler gehabt, er beging im Jahr 1945 Selbstmord, und in Italien den Duce Benito Mussolini, den haben sie umgekehrt aufgehängt, auch im Jahr 1945. In..." Doch Bea unterbrach ihn.

„Mit Wasser müssen wir sparsam sein, Rafael. Außerdem leckt eins von den Fässern."

„Das habe ich schon gesehen, Miss. Ich habe einen Eimer daruntergestellt, das Tropfwasser ist für uns gut genug. Ich werde meine Kinder übrigens zum Fluß hinunterschicken. Sie können alles Wasser tragen, dann sparen Sie den Lohn für den Wasserträger."

„Der Wasserträger gehört zum Haus", erwiderte Bea, „genau wie der watchnight. Die brauchen wir nicht selbst zu bezahlen, das tut die Organisation. Aber vielleicht können wir ein paar Gemüsebeete anlegen." Sie wollte Rafaels Bereitschaft ausnutzen. Außerdem konnten die Kinder etwas dabei lernen.

„Sehr gut, Miss", stimmte Rafael zu, „sehr gut. Und sie können Schlingen legen – Buschfleisch ist immer frisch. Hier gibt es Ratten und Affen."

Bea drehte sich um.

„Bitte, hier sind ein paar Zeitschriften." Martie hatte sofort einige geholt, auch um zu sehen, wie sich Lex nach dem Streit vorhin verhielt. „Aber ich glaube nicht, daß etwas von Morden darinsteht", sagte sie so munter wie möglich.

Rafael sah sie verblüfft an. „Eine Zeitschrift ohne Mord und Totschlag, das gibt's doch gar nicht, Miss", sagte er überzeugt. „Ich finde immer etwas für meinen Geschmack darin. Ich studiere Geschichte, die richtige Geschichte des weißen Mannes, Miss."

„Dann nur zu!" sagte Martie. Sie drückte ihm die Zeitschriften in die Hände und ging wieder. Er sah ihr recht enttäuscht nach: Hatte sie denn gar keine Bewunderung für seine großen Kenntnisse?

„Wie heißt der Neue denn?" fragte Lex, als Martie wieder auf die Veranda kam.

„Rafael, und er hat sich auf Morde an Staatsoberhäuptern spezialisiert."

„Oh, dann kenne ich ihn", entgegnete Lex. „Ist er klein und sehr schwarz und trägt einen Hut aus Maisstroh?"

„Stimmt."

Ein Glück, daß sie wieder normal miteinander reden konnten.

„Er hat eine Zeitlang beim landwirtschaftlichen Unterricht mitgearbeitet. Aber er ist hinausgebissen worden, weil er rechthaberisch war. Der Beamte in dieser Abteilung, der über ihm stand, konnte es nicht ertragen, daß der kleine Rafael viel mehr wußte als er selbst. Rafael liest jede Nacht, heißt es. Das ist seine Leidenschaft. Seine Frau wird ihn nicht sehr vermissen. Er ist nicht sattzukriegen – mit bedrucktem Papier, meine ich. Ich habe ihn einmal bei einer Tournee durch eine Reihe meiner Dörfer mitfahren lassen – als lebendiges Propagandamaterial. Nun, er hat es zu gut gemacht. ‚Du überfährst jeden Dorfschulmeister mit deinem Wissen‘, hab' ich ihm gesagt.“ Er scheuerte sich den Rücken an der Stuhllehne. „Kann ich gleich duschen? Es sollte mich übrigens nicht wundern, wenn bald Regen kommt. So ein kleiner Wolkenbruch wäre eine Wohltat.“

Es kam häufiger vor, daß um diese Zeit, nach den ersten zwei Dritteln der Trockenzeit, ein einzelner kräftiger Regen fiel. Davor war es dann doppelt drückend – das bemerkte Martie auch. Lex konnte also recht haben.

„Weißt du noch, wie voriges Jahr nach dem Regen kurz vor Weihnachten die vielen fliegenden Ameisen aus dem Boden kamen? Plötzlich waren sie da, zu Tausenden. Und sie flogen an die Fenster, weil im Zimmer Licht war. In ganzen Haufen fielen sie zu Boden. Und dann kamen Obi und der Nachtwächter und der Hund und die Katze, die wir damals noch hatten, und alle fielen sie über die betäubten Tiere her. Himmel, fanden wir das damals ekelhaft – wir waren erst kurze Zeit hier.“

„Typisch für dich“, sagte Lex. „Ich habe so etwas noch niemals ekelhaft gefunden.“

„Nein, das ist wahr, du findest ja auch Heuschrecken lecker. Das werde ich übrigens nie vergessen, als wir damals in der Stadt waren, dieser Konferenz wegen, da hatte es mittags auch geregnet, und abends ...“

„Abends haben wir high life gemacht und sind tanzen gegangen. Du hattest dein gelbes Kleid an.“

„Das meine ich nicht. Wir sprachen doch eben über Heuschrecken.“

„Du sprachst über Heuschrecken.“

„Also gut, ich spreche über Heuschrecken. Es hatte geregnet, und alles sah aus, als ob es dampfte. Die Menschen hatten nasse Kleider, und ich erinnere mich noch, daß ich es furchtbar fand, als ich daran dachte, daß sie darin wohl auch nachts schlafen würden. Aber dann gingen die Straßenlaternen an. Ja, verrückt, nicht wahr, Straßenlaternen? Die gingen also an, und plötzlich sahen wir unter diesen Lampen Schwärme von Heuschrecken, weißt du noch? Und von allen Seiten kamen Kinder mit Töpfen, Körben und Besen, um sie zu fangen. Wie Frösche sprangen kleine Jungen unter den Laternen hin und her, kreischend vor Aufregung und Vergnügen. Tausende von Heuschrecken müssen sie erbeutet haben. Und an diesem Abend hast du selber auch welche gegessen, bei dem alten Schneider, der ein einheimisches Hemd für dich gestickt hatte. Trägst du das noch manchmal? Ich seh' es gar nicht mehr."

„Und seine Frau schöpfte sie aus dem siedenden Palmöl; ganz knusprig waren sie. Sie knackten richtig zwischen den Zähnen. Lecker. Das Hemd? Nein, bei näherem Hinsehen gefiel mir die Farbe nicht."

„Es war hellviolett, für diese Gegend sehr hübsch", sagte Martie.

„Nein, ich hab's meiner Schwester geschickt, die hat so eine künstlerische Ader, du weißt schon, mit selbstgemachten Ketten und angemalten Augenlidern und solchen Dingen. Meine Eltern sind immer entsetzt darüber. Sie sind zwar sonst ziemlich liberal in ihren Ansichten, doch im Grunde noch recht puritanisch. Ja, von allem kann man sich eben nicht befreien, das ist unmöglich. Oder kommen wir damit wieder zum Ausgangspunkt unseres Streites zurück?" Er schaute sie an.

„Also hör mal!"

„Ich sage doch gar nicht, daß ich das wollte!“ Er machte ein beleidigtes Gesicht. „Lieber Himmel, bin ich froh, daß wir wieder vernünftig miteinander reden. Aber du mußt doch auch verstehen, daß es für mich nicht so sehr erfreulich ist, das ganze Stück zu fahren und dann von dir zu hören: Nein, mein guter Junge, den Lichtbildervortrag, den du dir in den Kopf gesetzt hast, wirst du in Latun nicht halten. Es wird nichts draus wegen der Ansteckungsgefahr. Jawohl, Schwester, nein, Schwester. Dabei ist es eine ausgezeichnete Propaganda, weißt du das überhaupt? Und es ist unbedingt notwendig, daß ich in diesem Dorf auch mal mit einem Programm anfange. In den meisten Dörfern auf der anderen Seite von Mbungwa läuft das nämlich schon ganz gut. Nur hier noch nicht, und deshalb bin ich hergekommen. Für Latun und die benachbarten Dörfer. Ich habe auch neue Plakate gemacht. Willst du vielleicht einige in deinen Polikliniken aufhängen? ‚Es ist nie zu spät zu lernen‘, steht darauf, natürlich mit einem erklärenden Bild. Ob das wirkt, was meinst du? Meine vorigen Plakate waren nicht einfach genug, hat Verdonk gesagt.“

Er hatte sich also wieder abgerackert. Und wozu, wenn nicht für den von ihm so geschmähten Fortschritt? Doch diese Frage wollte Martie ihm jetzt lieber nicht stellen. Sie brachte einfach den Mut nicht auf, in dieser Hitze eine neue Auseinandersetzung anzufangen.

„Ist das Dorf Batong schon in dein Programm aufgenommen?“ erkundigte sie sich.

„Batong? Nein, da bin ich noch nicht gewesen.“

„Wir haben dort eine kleine Poliklinik. Und da gibt es keine Masern. Außerdem hat das Dorf einen guten Lehrer. Du könntest doch deinen Lichtbildervortrag heute abend in Batong

Der Dorfkassierer einer Spar- und Darlehnskasse

Erwachsenenbildung

halten. Warum hast du dir denn unbedingt Latun in den Kopf gesetzt?"

„Weil es dort Spannungen gibt, die mich anziehen ..."

„Und mich abstoßen. Ich habe gestern morgen etwas Entsetzliches dort erlebt, was ich nie wieder vergessen werde. Was hältst du von Batong?"

„Würdest du denn mitfahren? Hast du überhaupt schon mal einen Lichtbildervortrag von mir gesehen? Was weißt du eigentlich von meiner Arbeit?"

„Was weißt du von meiner Arbeit? Wir wissen alle zu wenig von den Projekten der anderen. Gut, ich fahre mit. Aber unter der Bedingung, daß du Bea auch aufforderst. Sie ist heute fast den ganzen Tag allein gewesen."

„Sie ist doch erwachsen."

„Na und?"

„Ja, schon gut, soll sie mitfahren! Aber die Hälfte der Freude ist mir damit vergangen."

„Dann bleibt dir noch die andere Hälfte", spottete Martie. „Und nun regnet es wirklich!"

Ein Donnerschlag war der Vorbote eines Getöses, das in weiter Ferne zu beginnen schien, aber rasch näher kam und an Gewalt zunahm, bis der Regen auf den Blättern prasselte, auf dem Boden zerspritzte und mit einem so dröhnenden Rauschen auf das Zinkdach trommelte, daß man sein eigenes Wort nicht mehr verstehen konnte.

Lex schrie: „Ha!" Und damit raste er auf den Hof, mitten hinein in den Regen. Schon nach wenigen Sekunden stand er triefend vor Nässe in einer Pfütze. Hemd und Hose klebten dunkel an seinem Körper, und die Haarsträhnen hingen ihm ins Gesicht.

„Komm auch heraus!“ rief er laut. „Komm doch auch!“ Er reckte die Arme hoch über den Kopf.

Martie zögerte. Dann rannte auch sie hinaus in den Regen, dessen hartes Peitschen ihr den Atem benahm. Keuchend stand sie neben ihm.

„Herrlich!“ rief sie durch das brausende Rauschen. Sie schauderte vor Genuß.

Auf einmal spürte sie, daß Lex sie umarmte.

„Verdirb's nicht!“ rief sie.

„Verderben?“ Seine Stimme war nahe an ihrem Ohr. Er drückte sie fest an sich. Durch die nassen Kleider, die dünner wirkten als trockene, fühlte sie, wie warm er war, warm und hart, so hart, daß es ihr weh tat. Ich will nicht, dachte sie, ich will doch nicht. So kriegt er mich nicht! Sie versuchte, sich loszuringen. Vielleicht strengte sie sich nicht genügend an. Oder ihre Kraft reichte nicht. Und während der Regen ohrenbetäubend auf das Zinkdach hämmerte und alles unter der Gewalt des Wassers zu beben schien, küßte Lex sie. Erst auf den Nakken, dann auf die Wangen, die Stirn, den Hals und den Mund. Sie spürte nicht mehr, wie der Regen an ihr herablief.

„Seid ihr denn völlig verrückt geworden?“

Als sie Beas Stimme hörte, riß sie sich los. Lex machte ein dummes Gesicht und sagte schließlich: „Verdammt noch mal!“ Das Wasser strömte ihm übers Gesicht, und er schnappte nach Luft. Martie fing erregt an zu lachen. Doch ganz plötzlich hörte sie auf.

„Du hast recht, Bea“, schrie sie durch den Lärm. „Wir sind völlig verrückt geworden!“

Rasch lief sie hinter Bea ins Haus, in ihr Zimmer, wo sie alles von sich riß, was sie anhatte. Ihr Kleid lag wie ein Lappen in einer sich immer weiter ausbreitenden Pfütze. Sie fing an, sich trockenzureiben.

„Das Essen ist fertig“, rief Bea kurz darauf vor der Tür.

Als Martie kam, saßen die beiden anderen schon bei Tisch. Bea vermied es, sie anzusehen. Lex dagegen starrte Martie ständig ins Gesicht.

„Hast du Bea schon gesagt, daß wir nach Batong fahren wollen?“ fragte Martie ihn.

„Ja“, erwiderte er kurz.

„Fährst du mit, Bea?“

„Was denkst du denn von mir?“ sagte Bea entrüstet. „Erst steht ihr beide da im Regen und leckt euch ab. Und dann soll ich heute abend mit euch nach Batong fahren? Ich werde mich hüten.“

„Es sind wirklich hübsche Lichtbilder“, spottete Lex.

„Du kannst mich...“ Bea ließ den Satz unbeendet. Sie sprang auf und rannte in ihr Kämmerchen, wo sie die Tür hinter sich zuwarf. Rafael steckte den Kopf um die Ecke der hinteren Veranda und holte kurz danach ihren Teller vom Tisch.

„Anscheinend gehe ich dem Kind auf die Nerven“, sagte Lex.

„Wundert dich das?“

Auf dem Weg nach Batong fuhren sie durch Latun. Es war noch nicht ganz dunkel. Die Hütten zu beiden Seiten der Straße zeichneten sich vor dem dunklen Hintergrund des Waldes matt ab, weil hier und da ein Kochfeuer hinter einem der Häuser brannte. Schwarze Gestalten hockten vor den Türen.

Unter einem Johannesbrotbaum standen Männer in kleinen Gruppen. Dagegen war es unter dem vorgezogenen Dach der

Palaverhütte leer. „Es sieht aus wie alle Tage“, wunderte sich Martie.

„Ja“, erwiderte Lex kurz.

„Paß auf, Ziegen!“ Die schwarzen Tiere waren kaum zu erkennen.

Lex antwortete nicht, sondern fuhr einfach weiter und zwang die Tiere, hastig ins Unterholz am Straßenrand zu springen.

„Ich kann auch gern den Mund halten, weißt du“, sagte Martie.

Das Dorf lag nun hinter ihnen. Lex' Schweigen war der Grund, daß sie sich immer unbehaglicher fühlte. Die Spannung wuchs. Auch die Luft war drückend geblieben. Der Regen hatte nicht viel daran geändert. Weshalb war sie eigentlich mitgefahren?

Lex war von einem einzigen Gedanken besessen: Er wollte heute nacht mit Martie ins Bett. Wenn es jetzt, nach dem, was heute nachmittag im Regen geschehen war, nicht glückte, dann verstand er gar nichts mehr. Im einen Augenblick wirkte sie wie Wachs in seinen Händen, im nächsten schien sie meilenweit weg zu sein, obwohl sie neben ihm saß und mit ihm sprach.

„Quatsch nur weiter!“ sagte er grob. Dann höre ich wenigstens ihre Stimme, dachte er. Aber die Folge war natürlich, daß sie jetzt gar nichts mehr sagte.

„Wie würde es sein, wenn wir jetzt in Holland wären?“ fragte er plötzlich.

Martie zuckte die Achseln. „Ich weiß nicht“, erwiderte sie. Dort wäre alles anders. Zu Haus wären sie nicht so aufeinander angewiesen, und dadurch würde es weniger Spannungen geben. Dort würden sie sich eher verzetteln und über kleine unwichtige Dinge streiten. Oder irrte sie sich? In jedem Fall hatte sie dort mehr Rückhalt. Hier war man ganz auf sich selbst angewiesen, wenn einen etwas mitzureißen drohte.

„Na?“ fragte er.

„Ich weiß es wirklich nicht“, sagte sie unwillig. „Aber jetzt mußt du aufpassen. Gleich müssen wir in einen Weg rechts einbiegen. Dann kannst du noch dreihundert Meter weiterfahren bis zu einer kleinen Brücke. Von dort aus müssen wir zu Fuß gehen, nur eine knappe Viertelstunde.“

An dem Bach, der leise rauschte, stand meterhohes Schilf. Es raschelte, und ein Vogel flog auf, danach noch einer – wahrscheinlich Enten. Sie flogen mit schweren Flügelschlägen. Martie hatte die Tür schon geöffnet, und Lex schaltete die Scheinwerfer aus.

Die Brücke bestand aus einem Baumstamm und einem primitiv gezimmerten Geländer auf einer Seite. Martie stand schon da.

„Kommst du noch mal zurück? Du mußt mir leuchten. Ich will den Akku rausnehmen.“

Mit einer Taschenlampe beleuchtete sie den Akku, während er die Verschraubung löste. „Wenn du den Projektor nimmst, trag’ ich das übrige.“

Ihre Ankunft rief Verblüffung unter den hundertfünfzig Bewohnern von Batong hervor. Obwohl es noch nicht halb acht war, herrschte schon tiefe Finsternis, die jedoch wegen des aufgehenden Mondes bald geringer werden würde. Die Aufregung war groß. Wahrscheinlich, weil es hier nur selten ein so wichtiges Ereignis gab und weil es außerdem weder vorbereitet noch angekündigt worden war. Das ganze Dorf hallte von Stimmen wider. Leute liefen zusammen. Hier und da sah man das gelbliche Licht einer schaukelnden Buschlaterne.

Der Lehrer wurde informiert und gab seine Zustimmung. Danach der Dorfhäuptling, der sogleich ein gewichtiges Palaver mit Lex anfing, dann jedoch ebenfalls wohlwollend einwilligte. Nun konnten die Vorbereitungen beginnen.

Der Lehrer hatte von ein paar Mädchen den Tisch aus seinem Haus holen lassen. Auf den kletterte Lex, um an einer Außenwand der Schule die Leinwand auszuspannen, die er mitgebracht hatte. Dabei bekam das Publikum schon allerlei zu sehen und murmelte Beifall oder Verwunderung. Nun wurde der Tisch ein Stück zurückgezogen, der Projektor daraufgestellt und der Akku angeschlossen.

Martie bekam einen Stuhl. Sie mußte sich setzen, ob sie wollte oder nicht. Von allen Seiten drängten sich Kinder um sie, von denen immer wieder das eine oder andere von einem Erwachsenen zurückgerissen wurde. Doch zwei der Kleinen hatten es sich auf ihrem Schoß bequem gemacht und lehnten die kleinen Köpfe an sie. Der eine, den sie aus der Poliklinik kannte, wo sie ihn wegen eines Hautausschlags behandelt hatte, schaute immer wieder zu ihr auf. Das Weiße seiner Augen leuchtete im Licht des Projektors. Sie hatte einmal nach Haus geschrieben, daß die afrikanischen Kinder sie viel stärker rührten, als es die Kinder zu Haus je getan hatten.

Als das erste Dia in den Projektor geschoben wurde, erschien auf der Leinwand ein Bild vom Palast des Präsidenten in der Hauptstadt. Lex fing an zu erzählen. Sein Englisch wurde von dem Schulmeister in die Dorfsprache übersetzt. Zwei unternehmungslustige Jungen krochen unter dem Tisch durch, und plötzlich erschienen ihre Köpfe, gewaltig vergrößert, auf der Leinwand. Augenblicklich verdunkelte die Hand eines Riesen das Bild, und weg waren die beiden.

Im Halbkreis zusammengedrängt, standen die Dorfbewohner da und sahen scheinbar unbewegt zu. Ein Zug in einem kleinen Bahnhof, ein Flugzeug im Flughafen, ein Frachtschiff, das beladen wurde – das alles war ihnen unbekannt. Doch dann kam es! Eine rote Lehmhütte, die auch in Batong hätte stehen können, erregte lautes Gelächter. Wirklich, da mußte man sich ja den Bauch halten vor Lachen. Dieselbe Hütte erschien, als sie sich ein wenig beruhigt hatten, noch einmal auf der Leinwand, doch jetzt sah man einen Mann und eine Frau davor.

„Seht, das sind nun Herr und Frau Kongwa, die mit dem Bus zur Marktstadt fahren wollen", übersetzte der Lehrer.

Diese Situation war so deutlich zu erkennen, daß von allen Seiten höfliche Zurufe kamen. Lex mußte seine Stimme erheben, und der Lehrer klatschte in die Hände. Die Dia-Serie schilderte nun die betrüblichen Abenteuer des Ehepaars Kongwa. Leider konnten die beiden nicht lesen und mußten, da sie auch nicht schreiben konnten, auf alle wichtigen Papiere ihren Daumen drücken. Im Marktstädtchen wurden sie betrogen, weil sie die geschriebenen Preise nicht lesen konnten, und im Krankenhaus wurde es ganz schlimm. Sie bekamen nicht einmal die dringend notwendige Medizin, weil Herr Kongwa mit seinem Namen unterschreiben sollte. Der Daumenabdruck reichte nicht.

„Der Daumen ist gut genug", schrie heiser ein alter Mann neben Martie und schüttelte drohend die Faust.

„Ruhe!" rief der Lehrer. „Hört euch an, wie es weiterging!"

Herr und Frau Kongwa beschlossen, zum Schulmeister in ihrem Dorf zu gehen und ihn zu fragen, ob er ihnen Lesen und Schreiben beibringen wolle. Der Lehrer war dazu bereit. Von nun an opferte er sechs Stunden seiner wöchentlichen Freizeit für den Erwachsenenunterricht. Es wurde eine kleine Klasse gebildet, denn nun schlossen sich auch andere Leute aus dem Dorf an, und am Ende gab es eine schöne Feier, bei der Herrn und Frau Kongwa ein Diplom ausgehändigt wurde, ein prächtiges Blatt, auf dem zu lesen stand, daß sie am Unterricht mit Erfolg teilgenommen hatten und nun des Lesens und Schreibens kundig waren. Danach konnte niemand auf dem Markt sie mehr betrügen, und sie selber unterschrieben immer, wenn es nötig war, mit ihrem Namen.

Der alte Mann neben Martie murrte weiter. Doch bei anderen hatte der Lichtbildervortrag den gewünschten Erfolg. Schließlich kamen drei Dorfbewohner, um sich mit dem weißen Entwicklungshelfer zu beraten. Lex zeigte ihnen die kleinen Bücher, die er für den Erwachsenenunterricht verteilte, und gemeinsam redeten sie mit dem Lehrer, ob er bereit sei, ihnen zu helfen, so wie es der Lehrer in der Lichtbildergeschichte getan hatte.

Der Mond stand nun ziemlich hoch und beleuchtete das kümmerliche kleine Schulgebäude, die Dorfstraße, die Hütten und den Wald rund umher. Kinder rannten herum, die Älteren gingen langsam nach Hause.

Ein Zug von Erwachsenen und Kindern brachte die beiden Entwicklungshelfer zu ihrem Wagen zurück. Zwei Jungen prügelten sich darum, den Projektor tragen zu dürfen. Lex beendete die Auseinandersetzung dadurch, daß er dem Größeren den Akku überließ. Ein dritter trug die Schachtel mit den Dias. Vornweg marschierte ein kriegerisch aussehender einarmiger Invalide. Er hatte einen weißen Tropenhelm auf dem Kopf und eine riesige Taschenlampe vor der Brust, die aber nicht mehr brannte – das war auch nicht nötig, denn der Mond schien hell genug. Doch als sie am Bach angekommen waren, richtete er die nicht leuchtende Taschenlampe auf die Brücke, eine Gebärde des guten Willens den weißen Gästen gegenüber.

„Was war denn das für ein Kauz?" fragte Lex, als sie endlich an den winkenden Dorfbewohnern vorbeifuhren.

„Der Dorftrottel", erwiderte Martie. „Sie lassen ihn immer gewähren. Und niemand lacht ihn aus, wie man es bei uns tun würde."

Sie erzählte, was sie von ihm wußte: Er hatte im Zweiten Weltkrieg in Nordafrika auf Seiten der Engländer gegen die Deutschen gekämpft. Er bekam eine kleine Abfindung, von der er sich ein Zinkdach auf seine Hütte hatte bauen lassen. „Er hat auch einen Orden. Hast du den nicht schimmern sehen?" fragte sie. „Aber im Kopf ist er nicht mehr ganz klar."

Erst nachdem sie nach links auf die Straße nach Latun eingebogen waren, fragte er: „Wie hat's dir gefallen?" Doch er fuhr gleich fort: „Der Lehrer wollte sich erst drücken, hast du das bemerkt? Aber es wird auch eine Menge von ihm verlangt: Soviel freie Zeit daranzugeben. Freilich, die meisten Schulmeister tun es recht bereitwillig. Bis vor kurzem erhielten sie von der Behörde eine Vergütung dafür, nicht viel, aber etwas doch – jetzt fordert das Ministerium, daß sie es umsonst tun, aus Vaterlandsliebe. Überall reden sie von Vaterlandsliebe, das ist ihr Aufhänger."

„Und was ist dein Aufhänger? Daß sie auf dem Markt nicht mehr betrogen werden sollen?" spottete sie. „Mach dir doch nichts vor!"

„Man muß es ihnen so einfach wie möglich darstellen."

„Sonst ..."

„Sonst erreicht man nichts."

„Was willst du denn erreichen?"

„Heiliger Strohsack, das weißt du doch selbst. Manche von diesen Leuten möchten nur ihren Namen schreiben können. Aber es gibt auch andere, die, sobald sie lesen und schreiben können, anfangen nachzudenken. Sie nehmen dann an dem Entwicklungsprozeß teil. Sie befreien sich allmählich aus den veralteten Denkschablonen und werden geistig unabhängiger. Und so ein seniler Kerl wie der Medizinmann in Latun hat dann natürlich keine Chance mehr, wenn die Mehrheit der Menschen dort lesen und schreiben gelernt hat. Doch das geht nicht von heute auf morgen, das muß langsam wachsen. Wenn ich in so einem Dorf eine kleine Erwachsenenklasse von vier, fünf Leuten in Gang bekomme, bin ich schon froh."

„Und dann?" Martie ließ nicht locker.

Lex gab zuviel Gas, und sie holperten durch ein paar Löcher. „Paß doch auf!" rief Martie und rieb sich den Arm.

„Ich passe ja auf, und deshalb weiß ich auch, worauf du hinauswillst", brummte er wütend. „Du willst mich festnageln. Auf das, was ich heute nachmittag gesagt habe. Über den verdammten Fortschritt. Es hängt immer davon ab, was man als Fortschritt betrachtet. Der Zweck dieses Projektes und meine Mitarbeit dabei, damit kann ich mich mindestens einverstanden erklären. Als ob ich nicht oft genug mit mir selber im Streit läge! Ich frage mich immer wieder: Hat es überhaupt Sinn, was ich hier tue? Welchem Ziel wird schließlich damit gedient? Was tust du den Menschen hier an? Wie und wo verantwortest du dich? Oder willst du dich immer von der Institution der Entwicklungshilfe decken lassen? Ist das ganze System nicht schon in einem Netz verstrickt, aus dem man nicht mehr herauskommt? Läßt sich die hiesige Regierung von kapitalistischen Mächten führen? Verdammt, Martie – ach, entschuldige, schon wieder ein Loch –, aber manchmal finde ich mich eben auch nicht zurecht. Wie alt bin ich denn? Zweiundzwanzig! Muß ich denn auf alles und jedes schon eine Antwort wissen?"

„Du tust doch sonst immer, als ob du über alles genau Bescheid wüßtest."

„Du wohl nicht! Mit Emmeloord als Mittelpunkt der Welt."

„Das ist gemein. Wenn ich arbeite – wenn ich hier Kinder untersuche, verbinde und impfe oder erwachsene Patienten versorge, dann steht mir diese Welt, dieses Afrika, viel näher als Holland. Und willst du wissen, warum? Weil sie bei uns doch nur reden! All das Schwatzen über Entwicklungshilfe – neulich habe ich von zu Haus wieder so eine Zeitung bekommen mit einem Bericht. Und dann die Kommentare dazu – übel kann einem davon werden. Und hier? Hier tut man doch wenigstens was. Hier hilft man. Und man sieht, daß es etwas nützt, daß es Ergebnisse bringt, meine ich. Ich möchte alle die, die da zu Hause sitzen, einmal in diese Hütten schauen, sie mit ihren Holzschuhen durch den Schlamm patschen lassen und sie auf die Krankheiten hinweisen, die unnötig sind, auf das Leiden, das nicht zu sein brauchte, auf die Verständnislosigkeit, die Grausamkeit und die …"

„Beruhige dich nur, Mädchen, ich weiß es ja. Die meisten von uns Holländern sind nun mal so kurzsichtig." Plötzlich war Lex wieder der überlegene Mann, nicht mehr der unsichere Zweiundzwanzigjährige, und da war auch schon wieder der unausstehliche Ton. Zu den „meisten" wollte er gewiß nicht gehören. Er blickte weiter, er fürchtete für das System, und wenn man nicht in seine Kritik einstimmte, dann war man kurzsichtig und betrachtete die Weltprobleme von Emmeloord aus.

„Ach, hol dich der Teufel!" sagte sie aus tiefstem Herzen.

Sie biß sich auf die Unterlippe, das hätte sie nicht sagen dürfen, in keinem Fall. Lex war zu verletzbar, er nahm sich alles zu Herzen und würde wohl wieder übertrieben reagieren. Doch er entgegnete eine ganze Zeit gar nichts.

„Entschuldige“, sagte sie schließlich.

Natürlich war manches nicht in Ordnung, und vielleicht nicht einmal zu knapp. Aber wo war denn alles in Ordnung?

„Wir sind doch alle nur Menschen“, begann sie von neuem. „Und natürlich geht jeder von seiner eigenen Vorstellungswelt aus. Das ist doch immer der Ausgangspunkt. Und meiner Ansicht nach hat Dr. Nsob recht – unser Ausgangspunkt ist gar nicht mal so dumm. Und Dr. Nsob kommt nicht aus Emmeloord.“

„Steck mir eine Zigarette an!“ befahl Lex.

Er blies ihr den Rauch ins Gesicht. Gereizt fegte sie ihn mit der Hand weg. Wußte er denn immer noch nicht, daß Rauch sie störte? Du bist viel ungehobelter als Dirk! hätte sie am liebsten ausgerufen. Bei all deinem Wissen und den vielen Büchern, die du gelesen hast, kannst du dich weniger in andere Menschen versetzen als er. Bei dir ist alles Theorie. Aber der Himmel bewahre mich davor, dir das jemals zu sagen!

In tiefem Schweigen fuhren sie das letzte Stück.

Lex bog in den Hof ein, die Scheinwerfer beleuchteten die Hibiskushecke und die kleinen Papayabäume. Es brannte kein Licht mehr im Haus. Jetzt pack’ ich sie, dachte er, doch er griff vorbei. Sie war schon aus dem Wagen gesprungen. Verdammt!

Er schaltete die Scheinwerfer aus. Um den Wagen herum lief er auf sie zu und dachte: Jetzt oder nie!

„Heute nacht gehen wir endlich zusammen ins Bett.“

„Nein.“

Er zog sie fest an sich, genau wie am Nachmittag. „Ich weiß besser als du, was du willst."

In diesem Augenblick hörten sie eine Stimme. Er ließ Martie los. Drei Frauen, die anscheinend auf der dunklen Veranda gewartet hatten, kamen auf sie zu. Martie erkannte die junge Frau, die in der verräucherten Hütte der alten Königin als Dolmetscherin gedient hatte.

Auch Obis zweite Frau, die Mutter des kranken kleinen Jungen, war dabei und eine dritte, die Martie nicht kannte. Es stellte sich heraus, daß alle drei kranke Kinder hatten. Schwerkrank – wenn die Schwester bitte kommen und helfen möchte. Ob sie mit ins Dorf kommen würde.

„Jetzt?"

„Ja, Schwester, jetzt."

„In Gottes Namen", seufzte Lex und ging zum Land-Rover.

10

Am Tag, bevor Dirk eine fünftägige Fahrt durch eine Reihe abgelegener Dörfer unternehmen sollte, erreichte ihn in dem kleinen Büro der Credit Unions in Mkoko ein Brief der Feldleitung, der elf Tage unterwegs gewesen war. Ob er sich unmittelbar mit Lex in Verbindung setzen wolle, denn es sei doch wünschenswert, daß die Arbeiten der Entwicklungshelfer so viel wie möglich koordiniert würden. Nach Ansicht des Ministeriums für Sport und Volksbildung solle auch die Möglichkeit des Erwachsenenunterrichts in dem gleichen Gebiet untersucht werden, und es sei ratsamer, dazu einen Wagen zu benutzen statt zwei. An Lex sei auch ein entsprechendes Schreiben gerichtet worden.

„Etwas nicht in Ordnung?" fragte John Asong, der ihm gegenüber an dem kahlen Holztisch hinter einem Papierstapel saß. Seine kleinen Augen in dem sehr dunklen Gesicht wirkten aufrichtig besorgt. Zwischen ihm und Dirk war eine Freundschaft entstanden, und sie dachten sogar daran, in Zukunft zusammen zu wohnen. Ihrem amerikanischen Kollegen Jimmy Ostrom hatten sie angeboten, sich auch zu beteiligen, doch der blieb dem Prinzip des amerikanischen Peace Corps treu und behauptete, er fühle sich sauwohl in seiner aus Lehm errichteten Dorfhütte. Außerdem hatte er nur ein winziges Gehalt zur Verfügung.

Dirk blickte schweigend von John auf den Brief von Verdonk und wieder zu John. Der lächelte verständnisvoll. „In Ordnung, wenn du's mir nicht erzählen willst." Und er beugte sich wieder über seine Arbeit.

Doch Dirk wußte, wie verletzbar er war. Wenn es darauf ankommt, schenkt der Weiße einem Schwarzen eben doch kein Vertrauen, würde er denken. In diesem Kopf ging vieles vor, was Dirk erst allmählich begriff. Johns Verhältnis zu Bea beispielsweise war auch voller Probleme. Und daran war er selber schuld – aber wie hätte er ahnen können, daß es so ausgehen würde?

Dieser Brief war im Vergleich dazu eine Kleinigkeit. Aber wie unangenehm es ihm war, gerade mit Lex fahren zu müssen, sich fünf Tage lang von ihm hänseln und herausfordern zu lassen, das konnte er nicht erzählen.

„Ich soll unsern Unterrichtsfachmann aus Wung mitnehmen", segte er schroff.

John sah ihn eine Weile schweigend an.

Erst als Dirk gegen seine Gewohnheit alle Papiere, die er für die Fahrt brauchte, unsanft in die Tasche stopfte, sagte John: „Nimm's dir nicht so zu Herzen, Freund!"

„Ja, ja, schon gut!"

Doch die ganze Strecke von Mkoko nach Wung war er wütend und erregt. Erst als er vor Lex' Haus anhielt, dachte er: Worüber rege ich mich eigentlich so auf?

Lex empfing ihn mit einem entwaffnenden Lächeln, kaltem Bier aus dem Kühlschrank, einer Büchse Corned beef mit Brot und der Mitteilung, daß er sehr gern mit Dirk fahren wolle.

„Wir sind doch beide nicht der Typ, der dem niederländischen Steuerzahler unnötige Kosten machen will, nicht wahr? Ich werde ein Plakat machen, daß sich jeder Entwicklungshelfer übers Bett hängen sollte: Koordiniere das Sparen und spare beim Fahren!"

„Sehr lustig", brummte Dirk.

„Mann, wenn du dir überlegst, daß das alles von dem Etat für die Entwicklungshilfe bezahlt werden muß ... na ja, Spaß beiseite, wann fahren wir morgen?"

Am nächsten Morgen schien seine Stimmung geradezu sonnig zu sein. Es lag Dirk schon auf der Zunge zu fragen: Sag mal, war das vorige Wochenende bei den Mädchen denn so schön? Aber er hütete sich, diese Frage zu stellen. Soweit es an ihm lag, sollte über „die Mädchen" kein Wort gesprochen werden.

Bei Lex war es anders. Der fing gleich von Latun an.

In Latun habe sich der Himmel noch längst nicht aufgeklärt, berichtete er. Im Gegenteil. Aber schließlich könne ein Gewitter Erfrischung bringen, nicht wahr? Und so könne sich die Palastrevolution, die er dort kommen fühle, vielleicht ganz heilsam auswirken. Die Masernepidemie, bei der sich Martie abschufte, sei, das müsse er zugeben, wirklich gemein, aber wahrscheinlich würden dadurch auch manchen die Augen geöffnet. Jedenfalls sei der Sohn Obis wieder wohlauf – und daß bei dieser Krankheit keine schwarze Magie mitgespielt habe, sei dadurch wohl bewiesen. Außerdem sei der Medizinmann im Busch verschwunden. Die einen sagten, um seinen Kräutervorrat zu ergänzen und den Geistern der Vorväter einen Besuch abzustatten, doch andere, er besitze ein geheimes Alkohollager und lasse sich dort hin und wieder vollaufen. „Aber wer kann entscheiden, was zutrifft?" Lex schob mit einer raschen Bewegung das Seitenfenster zu und schloß die Seitenklappe, weil sich in einer dichten roten Staubwolke ein Bus näherte.

Dirk tat an seiner Seite das gleiche und antwortete erst danach: „Wahrscheinlich stimmt beides."

„Da hast du einen erleuchteten Augenblick gehabt", sagte Lex anerkennend.

Geh zum Henker! dachte Dirk und preßte die Lippen fest zusammen.

„Aber das ist mein Ernst", versicherte Lex. Schwankend fuhr der Bus gerade an ihnen vorbei, und Lex schaute dem mit Blumen und Girlanden bemalten Fahrzeug nach. „Schöne Aufschrift, wie? *Unser Leben liegt in Gottes Hand!* Aber der Fahrer muß trotzdem dafür sorgen, daß er nicht im Graben landet oder eine Panne mit diesem überalterten Klapperkasten hat. Arme Kerle! Aber soll ich dir mal was sagen? Ob's nun gefährlich ist oder nicht, ich sitze dort lieber drin, die Füße auf einem stinkenden Fischkorb oder Hühnerdreck im Haar, als in so einem Wagen unserer niederländischen Eisenbahn. Von diesem Bus, in dem ich in meiner Studienzeit täglich zwischen IJmuiden und Haarlem hin- und herfuhr, gar nicht zu reden. Es ist verboten, mit dem Fahrer zu sprechen. Rauchen verboten. Älteren Personen ist Platz zu machen. Das Fahrgeld ist abgezählt bereitzuhalten. Mädchen, Verkade bietet euch einen Arbeitsplatz mit einem angenehmen Betriebsklima und Urlaubszuschlag. Wer sich bei der AZA versichert, genießt sein Alter. Rauch mal wieder eine Sumatra! Da Sterilität, hier Kommunikation. Lieber so ein Wagen voll Gestank, Schweiß und Gelächter! Mit einer ehrlichen Frau, die ruft: Fahrer, ich muß mal pissen! Und dann stehen oder hocken sie wenige Minuten später in langer Reihe am Wegrand. Und wenn sie schimpfen wollen, schimpfen sie. Und wenn sie schreien wollen, schreien sie. Und wenn sie weinen wollen, weinen sie. Und lachen! Wie steht das dagegen bei uns? Bei uns kannst du Kommunikation mit der Laterne suchen. Gewiß, da wird gelacht, über einen dreckigen Witz, aber nicht einfach so, weil man sich so wohl fühlt oder weil man sich an diesem Tag zufällig einmal den Bauch hat vollschlagen können. He, du, sag doch einen Ton!“

Aber Dirk schwieg. Er preßte die Hände ums Lenkrad und dachte: Was bin ich doch für ein blöder Dummkopf, daß ich nicht herausfinden kann, was hier nicht stimmt. Ich muß es herauskriegen.

Er starrte angespannt auf die Straße und zermarterte sich das Gehirn, um dahinterzukommen, was bei Lex nicht stimmte. Doch als der munter zu summen anfing – das hatte Dirk noch nie von ihm gehört –, schrak er auf. Ob Lex vielleicht mit Martie geschlafen hatte? Bei diesem Gedanken brach ihm der Schweiß aus allen Poren, und gleichzeitig schossen ihm die Tränen in die Augen.

„Hast du auch schon ein Weihnachtspaket bekommen?“ fragte Lex. „Ich habe meins diesmal wirklich zur rechten Zeit gekriegt, ganze drei Wochen zu früh. Am 29. August in IJmuiden abgestempelt. Weihnachtskringel, Zuckerzeug und Deventer-Kuchen. Eine Zeichnung von meiner kleinen Schwester und kandierte Früchte von Wolkers, falls dir das was sagt.“

Dirk griff nach diesem Strohhalm. Konnte es sein, daß das Weihnachtspaket ihn so fröhlich gestimmt hatte? Alle wußten, daß Lex mit seinen Angehörigen Krach gehabt hatte.

„Ich habe noch nichts bekommen“, erwiderte Dirk.

„Trifft bestimmt rechtzeitig ein“, verhieß Lex. „Weißt du, daß die Mädchen einen Weihnachtskuchen backen wollen? Sie sagen, daß sie den Mandelteig mit gemahlenem Grünkern machen können.“

Dirk saß wie auf Nadeln. Er hatte das Gefühl, daß sein Herz einen Schlag aussetzte. Bin ich denn völlig besoffen? Hält er mich zum Narren, oder was ist da los? Aber warum frage ich ihn nicht offen, wenn ich wissen will, was los ist?

„Martie hat erzählt, daß du zu Weihnachten hinkommen wirst. Mit diesem Asong, wenn ich es richtig verstanden habe. Auf meine Anwesenheit wird anscheinend kein Wert gelegt. Das ist klar.“

Dirk fiel auf, wie abrupt sich Lex' Stimme verändert hatte. Sie klang gepreßt und war beim Dröhnen des Motors nur schwer zu verstehen. „Wenn sie mich mit einem dieser Negerweiber hier ins Bett jagen will, dann soll sie nur so weitermachen. Angebote gibt es genug. Aber das ist doch alles Mist. Ganz abgesehen von dem Risiko. Heiliger Strohsack, ich bring' das Mädchen nicht rum. Jedesmal entwischt sie mir.“

Stumm vor Verblüffung saß Dirk da und hörte zu. Der Mund blieb ihm offenstehen, und das entging Lex natürlich nicht.

„Das geht über deinen Verstand, wie, daß ich aus meinem Herzen keine Mördergrube mache? Aber der Himmel weiß, wieviel ich in diesen Wochen in mich hineingefressen habe. Das muß einmal heraus! Dir scheint die Arbeit hier zu genügen, auch wenn du dir einbildest, verliebt in Martie zu sein. Aber mach dir nichts vor! Übrigens laufen für dich ja hundert andere Mädchen herum. Für mich nicht. Mir geht es darum, sie wachzuschreien, ich will eine Frau aus ihr machen, ich will sie zum Denken bringen und sie so lange reizen, bis alle Möglichkeiten in ihr verwirklicht sind... Aber bei dir?“

„Was heißt: bei mir?“

Dirk versuchte sich zu beherrschen, denn das Theater vom

erstenmal durfte sich nicht wiederholen. Er würde Lex nicht aus dem Wagen werfen und ebensowenig selber aussteigen.

„Bei dir? Ich habe dich schon einmal gewarnt, Mann. Gewiß, bei dir würde sie es viel leichter haben. Eine Zeitlang würde sie zufrieden damit sein, hübsch ruhig und so, keine Szenen, kein Riß in ihrem Panzer, keine Herausforderung, nichts. Schlaf, Kindchen, schlaf, aber aus diesem Schlaf kann sie einmal mit einem verdammten Schreck aufwachen."

„So siehst du das ..." Dirks Stimme klang heiser. Er hörte es selbst und versuchte, es mit einem Räuspern zu beseitigen. Dabei wurde er immer wütender. „Weißt du, daß du ein ganz gemeiner Schweinehund bist? Warum machst du mir was vor? Du sitzt da und singst und erzählst Geschichten und machst hier in Stimmung. Was soll das alles?"

Es war doch besser, den Wagen an den Straßenrand zu fahren und ein bißchen zur Ruhe zu kommen. Mit einem Ruck bremste er. Stellte den Motor ab. Stille. Ein Schwarm kleiner gelbschwarzer Vögel war aufgeflogen und brachte sich ein Stück weiter in der Krone eines hohen Baumes in Sicherheit.

„Wir müssen uns beide abkühlen", sagte Dirk. Das Verrückte war, daß er auch noch Mitleid empfand, als er in das Gesicht neben sich schaute. Darin war nun wirklich nichts Gemeines zu entdecken.

Während Dirk schweigend wartete, was nun noch kommen sollte, rollte sich Lex nervös eine Zigarette und tat sichtlich alles, um sich zu beruhigen.

„Ich bin manchmal so idiotisch, gute Vorsätze zu fassen. Ich wollte das Beste aus diesen fünf Tagen machen, verstehst du? Und als ich gestern dein Gesicht sah, habe ich mir gesagt: Lex, mein Junge, nun tu aber wirklich, was du kannst! Und wenn

Martie nicht wäre, würden wir beide auch ausgezeichnet miteinander auskommen. Mann, ich habe doch nichts gegen dich. Du bist nur so verdammt einfältig. Das macht mich störrisch. Und manchmal ist mir speiübel vor Angst, daß ich Martie verlieren könnte." Er fuhr sich mit der Hand durch das feuchte Haar. „Und manchmal zweifle ich jetzt auch noch an meiner Arbeit. Zusammen ist das ein bißchen viel. Ich war gestern gewaltig erleichtert, als ich deine anständige Visage sah. Ich bin froh, daß du eine schiefe Nase hast, sonst sähest du aus wie ein Edelgermane, weißt du das? Mann, was red' ich bloß! Nimm's mir nicht übel! Vielleicht wäre es gar nicht so schlecht, wenn du mich einfach mal verdreschen würdest. Obwohl..." Er sah Dirk fragend an. „Es würde dir ja doch eigentlich nicht liegen. Du willst ruhig bleiben. Und, heiliger Strohsack, es gelingt dir sogar. Mann, wenn du wenigstens begreifen könntest, daß ich dich nicht absichtlich piesacke..."

Aushorchen willst du mich, dachte Dirk, immer nur aushorchen. Aber weshalb? Das geht über meine Begriffe.

„Verstehst du nicht, daß ich endlich mal auf ordentlichen Widerstand stoßen will? Ich habe oft das Gefühl, daß ich einfach nur in der Luft strampele... oder diese Scheinbewegungen mache – Schattenboxen, um mich schlage in der Hoffnung, irgendwo Widerstand zu finden."

„Du hattest über deine Arbeit gesprochen", erwiderte Dirk in dem gutmütigen Bemühen, wenigstens etwas zu sagen.

„Ja, dieses Projekt – Unterricht für Erwachsene –, das sieht auf den ersten Blick sehr schön aus, aber man erreicht nicht viel damit, und in zehn, zwanzig Jahren ist es gar kein Problem mehr, denn heute erhalten alle Kinder einen einigermaßen brauchbaren Unterricht ... na ja, brauchbar ... Soweit der Lehrer die Kinder nicht dazu ausnutzt, Brennholz für seinen Haushalt zu sammeln oder sonst irgendwelche Arbeiten zu verrichten, die nur ihm, aber nicht dem Unterricht zugute kommen. Aber lesen und schreiben lernen sie schließlich trotzdem. Und dagegen nun die paar Erwachsenen – um die einfachsten Sätze und Rechenaufgaben müssen sie sich endlos lange abquälen, und wenn sie dann ihre Zeugnisse ausgehändigt bekommen, platzen sie fast vor Stolz. Aber bleiben sie nachher bei der Stange? Gibt es Lesematerial für sie? Bekommen sie in ihren Hütten jemals wieder eine Zeitung oder ein Buch in die Hand? Wenn ich wüßte, daß eine Fortbildung möglich wäre, daß das alles einen Sinn hätte ... Aber dieses neue Ministerium für Sport und Volksbildung steht der Sache recht gleichgültig gegenüber, und Leute, die die geeigneten Broschüren schreiben könnten, haben sie natürlich nicht. Wir versuchen es mit unserem eigenen Nachrichtenblatt – aber das ist ein Tropfen auf den heißen Stein. Die guten afrikanischen Schriftsteller veröffentlichen literarische Werke in Englisch oder Französisch – aber nicht für die Leute hier! Ach ja, es ist alles ganz schön und gut, was wir tun, und die Regierung will uns nun einmal haben. Sie schreibt Brandbriefe nach Den Haag, und selbst haben sie hier noch keine geeigneten Leute. Aber wird wirklich etwas damit erreicht?"

„Auf meinem Gebiet gewiß", erwiderte Dirk steif. „Davon bin ich überzeugt. Und wenn du daran zweifelst, dann mußt du es dir mal in den Dörfern ansehen, wo unser System schon funktioniert. Übrigens, was euer Projekt betrifft – da habe ich doch recht eindrucksvolle Ergebnisse gesehen, ganz bestimmt."

Lex lachte. „Du bist ein guter Kerl. Und es ist sogar dein

Ernst, was du da sagst. Vielleicht hast du ja auch recht. Aber weißt du, bei mir ist es einfach so, daß ich ewig zweifeln muß."

Martie wurde nicht mehr erwähnt. Dirk ließ den Motor wieder an, und sie setzten ihren Weg fort. Lex' gute Vorsätze, aus diesen fünf Tagen das Beste zu machen, wirkten sich aus.

Und schließlich wurde der Ton zwischen ihnen gelöster, es gab einfach zuviel, was sie miteinander verband, nicht zuletzt die gemeinsamen Erfahrungen in diesem Lande. Überdies hatte jeder von ihnen Achtung vor der Arbeit des anderen.

Als sie an dem verrosteten Wrack eines Busses vorbeifuhren, sagte Lex: „Sieh dir das mal an! In der Regenzeit umgekippt. Ich habe einmal miterlebt, wie zwei Ochsen und dreißig Mann so ein Ding aus dem glatten, schlüpfrigen Schlamm herausgezogen und endlich wieder auf die Räder gestellt haben. Ich selber saß damals auch fest – einen ganzen Tag lang. Und glaubst du etwa, sie hätten etwas angenommen, als sie mir geholfen hatten? Ein Päckchen Zigaretten, das war alles, was ich bei ihnen loswerden konnte. Ja, das war etwas völlig anderes als beispielsweise in diesem Nest Nang ... Nang ... Wie heißt dieses Dorf doch wieder? Es liegt auf halbem Wege zwischen Kongsan und Sum."

„Nangmimba?" Lex muß wohl einfach reden, dachte Dirk. Wahrscheinlich war er in Wung sehr einsam, denn die neugierigen Besuche der Dorfbevölkerung konnte man ja kaum mitzählen. Kein sehr günstig gelegener Ort, aber es hieß, er habe selber dahin gewollt.

„So ganz allein zu leben, würdest du dir gewiß nicht wieder aussuchen, nicht wahr? Wenigstens nicht, wenn du selber was dabei zu bestimmen hättest ..."

„Nein“, erwiderte Lex schroff, während er den Rauch seiner Zigarette ausstieß und ihm stirnrunzelnd nachschaute. „Aber ständig so dicht aufeinander zu hocken, ist auch nicht der Himmel auf Erden. Sieh dir nur ...“ Er brach jäh ab. Doch kurz darauf redete er weiter: „Ich wollte dir doch den Fall aus Nangmimba erzählen. Also voriges Jahr während der Regenzeit war die Straße durch dieses Dorf völlig unpassierbar. Manchmal saßen tagelang Autos fest, natürlich auch Busse und Lastwagen, die leicht verderbliche Produkte aus dem Norden in den Süden bringen sollten. Ich erinnere mich noch, wie aus einer Ladung Bananen trüber, schäumender Saft tropfte. Nun gut, als ich also damals hinkam, lagen sechs Wagen fest, und das ist für hiesige Verhältnisse eine ganze Menge. Und die Dorfbevölkerung schuftete und rackerte sich ab. Die Leute arbeiteten sich krumm und schief, um die Fahrzeuge wieder frei zu bekommen, und ließen sich kräftig dafür bezahlen. Doch dann bekam der Dorfhäuptling Nachricht, daß am folgenden Tag irgendso ein hoher Regierungsfritze durch das Dorf fahren sollte, um an der feierlichen Eröffnung des deutschen Landwirtschaftsprojekts in Kalung teilzunehmen. Alle Männer wurden aufgerufen, um die Straße einigermaßen in Ordnung zu bringen. Das gelang ausgezeichnet. Es wurden auch noch Palmwedel an weiße Stöckchen gebunden zur Ehre des durchfahrenden Regierungsmitglieds, du weißt ja, wie sie das immer machen. Doch kaum war die Wagenkolonne durch das Dorf gefahren – auf dem Rückweg sollte eine andere Strecke benutzt werden –, da tauchten sofort wieder die Leute mit ihren Geräten auf, und die Löcher und Rinnen wurden in alter Pracht wieder hergestellt. Sie konnten auf diese Einnahmequelle einfach nicht verzichten.“

Dirk nickte. „Verständlich“, sagte er. „Aber sie schneiden sich damit ins eigene Fleisch.“

„Natürlich. Aber mach ihnen das mal klar! Und selbst wenn man sie davon überzeugen könnte – die Armut ist dort so groß, und ehe sich das nicht ändert ... es geht eben alles so verdammt langsam. Nimm zum Beispiel nur mal mein Programm. In einigen Dörfern läuft es wie geschmiert, da kommen die Leute regelmäßig, meistens übrigens mehr Frauen als Männer, und man sieht einige Erfolge. Manchmal gibt es in einem Dorf gleich mehrere Lehrer. Aber es gibt auch Orte, in denen ich überhaupt nichts erreiche. Gleichgültige Lehrer und kein Interesse bei der Bevölkerung. Eine lahme Bande. Oder kleine Dörfer, wo sie im Busch Alkohol brennen – dort ist es meistens auch völlig aussichtslos. Besonders wenn sie Arki brennen, dieses gemeine Zeug, das die Menschen völlig fertig macht. In solcher Umgebung bringe ich gar nichts zustande.“

Dirk nickte. „Ich habe auch zweimal die Folgen von Arki gesehen,“ sagte er. „Ein Mann ist an Delirium tremens gestorben, und einer hat seine Frau so mißhandelt, daß ihr Gesicht fast zu Brei geschlagen war. Ich hab’ sie damals in die Poliklinik gefahren. Dort kannten sie sie schon. Die kommt häufig her, erklärten sie, aber so schlimm ist es noch nie gewesen. Diesmal mußte sie nach Mbungwa ins Krankenhaus. Am Abend bin ich zu diesem Kerl gegangen. Aber er schlief noch seinen Rausch aus. Die älteste Tochter war beim Kochen und fürchtete sich vor dem Augenblick, in dem ihr Vater aufwachen würde. Also habe ich gewartet. Und in der Nacht habe ich dann stundenlang mit dem Kerl geredet, eigentlich ein ganz verständiger Bursche. Alle drei Wochen kam er zu Fuß für zwei Tage in sein Dorf, den Lohn in der Tasche. Und dann wird es schwierig, sagte er. Er konnte das Geld einfach nicht in der Tasche halten."

„Und dann?" fragte Lex.

„Irgendwie hat er sich gefangen, und sie haben ihn zum Sekretär der Credit Unions gemacht, weil er ungefähr der einzige in seinem Dorf ist, der lesen und schreiben kann. Er ist tüchtig, er hat seine Arbeit gut gemacht, und er spart auch selber, weil er natürlich gern ein Beispiel geben wollte. Inzwischen hat er ein paar Möbel im Haus und trinkt nicht mehr. Seine Frau hat keine Angst mehr vor ihm, und seine Kinder besuchen die Schule."

„Ein schöner Erfolgsbericht – der würde sich ausgezeichnet für eine Frauenzeitschrift eignen", spottete Lex.

„Geh zum Teufel!" entgegnete Dirk. „Darf denn niemals etwas gut gehen?" fragte er wütend.

„Ich gönne es dir, Mann. Ich gönne es dir."

„Ich hab' doch nicht viel dabei getan. Ich bin damals noch nicht bei den Credit Unions gewesen. Das hat Piet Heeresma gemacht."

„Der gute alte Piet! In Amsterdam war er auf seinem Fahrrad der reinste Kilometerfresser. Er war – genau wie du – zum erstenmal in Amsterdam und wollte alles sehen, was es zu sehen gab. Seine Eltern hatten ihn vor der sündigen großen Stadt gewarnt."

Piet ist schon in Ordnung, dachte Dirk. Er hält auch hier die Augen offen und kommt erstaunlich gut mit den Menschen zurecht. Wenn ich selbst nur halb so gut werde, kann ich froh sein.

Er dachte an die Arbeit, die ihn erwartete. Vor dem Programm in den kleinen abgelegenen Dörfern, wo die Spar- und

Darlehnsgenossenschaft völlig neu aufgebaut werden sollte, fürchtete er sich nicht. Er würde die Menschen zusammentrommeln, lange Palaver halten und eine Versammlung anberaumen, auf der sie sich selber organisieren sollten. Doch was ihm zu schaffen machte, war das Durcheinander bei schon bestehenden Organisationen, in denen es nicht klappte. Dort mußte er die Buchhaltung prüfen, die örtlichen Leiter kontrollieren, ob sie die Einzahlungen der Leute auch wirklich aufgeschrieben hatten. Buchhaltung! Man durfte schon froh sein, wenn es ein Schulheft gab, in dem dies oder das notiert worden war. Aber manchmal fehlten ganze Blätter in so einem Heft, oder das, was da stand, stimmte nicht mit den Eintragungen in den Sparbüchern überein. In einem Dorf war der Kassierer mit der ganzen Kasse durchgegangen, in einem anderen behaupteten die Leute, der Kassierer habe das gesamte Spargeld der Credit Unions in einem Kasten in der Erde vergraben und sie würden ihr Geld nie wiedersehen, wenn der Weiße es nicht sofort ausgrub. Solche Fälle gab es immer wieder. Und weshalb? Weil in die Leitung Leute hineinkamen, die weder lesen noch schreiben konnten. Wenn es in einem Dorf ein Dutzend gab, die es konnten, durfte man schon froh sein. Es kam also darauf an, die jüngeren zu aktivieren und sich nicht von den großen alten Männern überreden zu lassen. Die hatten zwar ihre Verdienste und ergaben prächtig schwatzende Vorsitzende, ersetzten aber niemals einen Sekretär, der schreiben, oder einen Kassierer, der rechnen konnte.

„Ich bin froh, daß du in einigen dieser Dörfer anfangen wirst", sagte Dirk zu Lex. „Wenn die Leute gelernt haben, wenigstens Zahlen zu lesen, sind wir schon ein ganzes Stück weiter."

„Welche Leute?“

„Die Sparer. Damit sie sehen, daß der richtige Betrag in ihr Buch und in die Buchhaltung eingetragen wird.“

„Das ist ein Problem, das uns noch eine ganze Generation hindurch zu schaffen machen wird“, entgegnete Lex. „Doch dann haben wir ein völlig anderes Problem am Halse. Was machen sie dann mit ihren Sparguthaben und ihren Bankkonten?“

„Bankkonten! Wenn einer in seinem Leben so viel erspart, daß er sich einen Hühnerstall bauen und eine richtige Zucht anfangen kann, dann ist das schon viel. Wenn drei Familien genossenschaftlich einen ordentlichen Fischteich nutzen können statt dieser Schlammgruben mit viel zu kleinen Fischen – dann ist das auch schon was. Und wer zehn Ölpalmen hat statt der einen zur eigenen Nutzung, der kann was verkaufen.“

„Genau das meine ich. Verkaufen. Einer verkauft sein Öl oder seine Ölkerne. Die anderen verkaufen ihre Fische oder Hühner. Und was dann? Haben sie es besser? Sind sie glücklicher?“

„Natürlich“, gab Dirk zurück. „Die Frauen brauchen sich dann nicht mehr kaputt zu schuften. Die Kinder sind weniger krank. Alle sind weniger krank. Sie sind gesunder, weil sie besser essen und es mehr Krankenhäuser und Schulen gibt. Außerdem brauchen sie uns dann immer weniger und kommen auf die Dauer allein zurecht. Und wie das aussehen wird, darüber brauchst du dir den Kopf nicht zu zerbrechen.“

„Darüber muß ich mir den Kopf zerbrechen, denn ich sehe, daß es schief geht. Zum Teufel, siehst du denn nicht, daß sie uns in allem, was sie tun, nachahmen?“

„Na und?“

„Hast du denn ein Brett vor dem Kopf, daß du nicht merkst, wie mörderisch sich das für alles, was hier lebt, auswirken würde?“

„Ich verstehe, was du meinst. Ich verstehe es heute vielleicht zum erstenmal. Aber das ist doch kein Paradies hier, verdammt noch mal, das Leben ist in diesem Land verflucht hart und schwierig.“

Dirk war froh, als sie in das erste Dorf kamen. Lex hatte hier zu tun, er selber nicht. „Morgen früh hole ich dich hier wieder ab“, sagte er und hielt jäh an.

Lex stand plötzlich mit seinem Blechkasten und mit den Papieren und den kleinen Lesebüchern ziemlich verloren da. Dirk sah es und sprang aus dem Wagen, um Lex' Feldbett auszuladen. Sofort war er umringt von einer Schar kleiner Kinder mit dicken Bäuchen auf mageren Beinen. Ein alter Mann kam angeschlurft, und eine Gruppe von Frauen sah neugierig zu.

„Wo ist die Schule?“ fragte Lex den Mann. „Wo wohnt der Lehrer?“

„Unser Lehrer ist jung, und von manchen Dingen weiß er viel, von anderen wenig. Eine Frau hat er nicht. Kinder ebensowenig. Er wohnt dort.“

Er zeigte auf die Dorfkneipe. Dort lag auf der hellroten ausgedörrten Erde ein schlafender Hund neben einem Stapel Bierkästen. An die Mauer gelehnt, stand unter der Emailletafel, die für gutes, besseres, bestes Bier Reklame machte, ein Fahrrad. Dicht daneben saß ein schlafender Junge hinter einem Holztisch mit Riegeln gelber Seife, Töpfen Vaseline und schwedischen Streichhölzern. In der Sonne stand eine verlassene Nähmaschine, Stoffreste rundherum. Handel, Verkehr und Gewerbe des ganzen Dorfes schienen hier zusammengefaßt zu sein.

„Dort, wo Sie die Gardine an der Tür sehen, wohnt der Lehrer. Die Schule ist da drüben. Er ist gerade dabei, Fliegen totzuschlagen. Die Schulkinder sind im Wald, um was zu essen zu suchen."

Dirk stieg wieder in seinen Wagen. „Hals- und Beinbruch!" wünschte er Lex. Im Rückspiegel sah er, wie der sich mit dem Blechkasten auf den Weg machte.

Dirk saß an diesem Mittag in einer Versammlung von Mitgliedern der Spar- und Darlehnsgenossenschaft des Dorfes Liwun. Kein kleines Dorf, etwa zweitausend Einwohner, nicht besonders arm. Er hatte einige Kaffee- und Kakaoanpflanzungen gesehen. Auf dem kleinen Markt saßen außer Frauen mit Gemüse und Gewürzen auch ein paar Fischverkäufer.

Der Vorsitzende, Baptist, wie sich herausstellte, eröffnete die Versammlung mit einem Gebet, während sich andere Männer in ihren langen Gewändern durch die niedrige Tür schoben und Platz nahmen. Erst auf den Bänken an den vier Wänden, und, als alles besetzt war, auf kleinen Stühlen und Schemeln, von denen immer mehr hereingetragen wurden. Endlich zählte Dirk zweiundachtzig Köpfe, eine überraschend große Beteiligung.

Doch der Vorsitzende hatte sein Gebet noch nicht beendet, als die Auseinandersetzungen schon begannen. Dirk wurde mit Fragen bestürmt. Jeder hatte gewisse Erwartungen gehabt, und alles schien mißlungen. Der Kassierer war Analphabet, und obwohl ihm sein Neffe zur Hand ging, trauten die

Leute den Zahlen nicht, die in ihre Sparbücher eingetragen waren. Einer der Männer war drauf und dran, mit den Fäusten auf den Kassierer loszugehen.

„Hört mal zu, Männer, hört doch mal zu!“ Dirk hob beschwörend beide Arme.

Sie ließen ihn reden.

War die Leitung demokratisch gewählt worden? Jawohl, gewiß. Darauf hatte Dirks Vorgänger bestanden. Demokratie. Aber an das Rechnen hatte keiner gedacht.

Es dauerte zwei volle Stunden, bis die Versammlung wieder Vertrauen zu den Grundsätzen der Spar- und Darlehnsgenossenschaft faßte. Dem Traum, daß man Geld leihen konnte, um sich ein Transistorradio zu kaufen oder um eine neue Frau abzubezahlen, mußte ein Ende gemacht werden.

„Männer, eure Ziegen fressen häufig die Äcker eurer Frauen leer. Ist das richtig? Ist das günstig? Nein, das hilft keinem – außer der gierigen Ziege. Deshalb, Geld leihen für eine gute Einzäunung – das ist möglich. Und eure Hühner? Sind die nicht zäh und mager? Und wie steht es mit den Eiern? Ach, ach. Und werden manchmal Hühner auf der Straße überfahren? Seht ihr, das habe ich mir doch gedacht! Deshalb, Geld leihen für den Bau eines Hühnerstalles und für Kraftfutter – das ist möglich. Ach, ihr wißt es doch alles besser als ich. Nicht wahr? Und deshalb, Männer ... Aber, Augenblick mal – ich vermisse etwas. Ich vermisse etwas sehr Wichtiges.“

Dirk stand hinter dem kleinen Tisch in der Mitte des Lokals, blickte sich um und schüttelte mit gerunzelter Stirn den Kopf.

„Ich sehe keine einzige Frau. Laßt das nächste Mal auch Frauen mitkommen, es ist auch für sie wichtig. Arbeiten sie nicht? Sollen sie nicht auch sparen? Zählt ihre Stimme nicht? Doch, doch. Bei mir zu Haus gilt die Stimme meiner Großmutter für zwei!"

Dröhnendes Gelächter. Frauen! Mit weiten Armbewegungen wurde sein Vorschlag abgetan. Doch währenddessen schlich sich ein halbwüchsiger Junge aus der Tür. Ein wenig später kam er zurück und führte seine Mutter an der Hand. Kichernd, aber mutig kam sie über die Schwelle. Einen Augenblick war es still. Dann brach das Gelächter wieder los. Doch die Frau drängte sich zwischen zwei Männer auf eine Bank und setzte sich entschlossen hin. Die Versammlung erhob kaum Einwände. Gewonnen, dachte Dirk. Das muß ich den Mädchen erzählen.

Feierlich machte er seinen nächsten Vorschlag: Der Sekretär und der Kassierer waren zwar weise alte Männer. Aber sollten sie nicht lieber ihre schwere Aufgabe Jüngeren übertragen, die der Schreib- und Rechenkunst mächtig waren? Es würde dann viel weniger Mißverständnisse geben.

Jawohl, nachdem auch der Vorsitzende über die Forderungen der modernen Zeit gesprochen hatte und über den Fortschritt, den das Dorf verzeichnen würde, beschloß die Versammlung einstimmig, eine Neuwahl vorzunehmen. Ein würdiger grauhaariger Patriarch brachte es fertig, für jeden Kandidaten die Hand zu heben. Als er dabei erwischt wurde, gab es ein langes Palaver, das sichtlich zum Vergnügen der Versammlung beitrug. Dirk hatte den Greis im Verdacht, es gerade deshalb getan zu haben. Jedenfalls saß er hinterher noch lange schmunzelnd da, und an den Schulterbewegungen sah man deutlich, wie er sich das Kichern verbiß.

Ernst empfingen die neuen Vorstandsmitglieder aus Dirks

Hand die Statuten, die – wie sie versprachen – eifrig studiert werden sollten. Danach schüttelten sie dem Vorsitzenden, der die ganze Zeit neben Dirk gesessen hatte und nun mit einem kurzen Dankgebet schloß, die Hand.

Dirk wischte sich die Stirn ab. Zum Glück war alles gut gegangen. Vielleicht würde der Verein jetzt funktionieren. Als Dirk das Taschentuch wieder einsteckte, fühlte er die Kolanüsse, die Martie ihm das letzte Mal mitgegeben hatte.

Er reichte jedem der Vorstandsmitglieder eine Nuß. Die Männer zerbrachen die Nüsse und gaben ihm feierlich einige Teilchen zurück. Kolanüsse austauschen und teilen, das war eine Geste der Freundschaft und Achtung.

Es war längst dunkel, als Dirk am Ende des fünften Tages Lex vor seiner Wohnung in Wung absetzte. Ehe Lex ausgestiegen war, sagte Dirk: „Ich verspreche dir, daß wir vor den Weihnachtstagen nicht zu den Mädchen fahren. Erstens will ich, solange wir hier sind, Frieden haben. Und zweitens gefällt mir die Freundschaft zwischen John Asong und Bea nicht. Die können dabei beide ganz schön in die Patsche geraten."

Er konnte Lex' Gesicht nicht sehen, weil der auf der Ladefläche herumhantierte. Doch er schien erleichtert, als er rief: „Nun, dann gute Nacht! Und vielen Dank." Er schob den Kopf noch einmal durchs Seitenfenster. „Du bist doch ein prima Kerl, Dirk. Alles Gute für die Feiertage!"

Dirk fuhr rasch los. Er war müde und hatte Kopfschmerzen. Er sehnte sich nach seinem Bett. Die letzte Nacht hatte er kaum geschlafen, in der verräucherten Hütte schwelte das Feuer, und sein Gastgeber hustete die ganze Nacht. Erst beim Hahnenkrähen hatte Dirk gewagt, das Fenster aufzustoßen.

Doch dann fuhr er in Mkoko noch rasch bei den Brüdern vorbei. Er hatte Lust auf einen kleinen Schwatz und ein Glas Bier. Wie immer wurde er herzlich empfangen, doch dann hieß es: „Hier ist eine Nachricht für eine von euren Entwicklungshelferinnen eingetroffen. Vor knapp einer Stunde. Martie Goossens heißt sie. Bruder Matthäus ist gleich auf dem Motorrad hin. Pech für uns, denn er hatte versprochen, heute abend zum Geburtstag von Pater Jansen Eierkuchen zu backen."

Das Missionshaus hatte die Nachricht bekommen, weil sie hier in der Gegend die einzigen waren, die von der Hauptstadt aus telefonisch erreicht werden konnten. In dringenden Fällen konnte eine Nachricht also recht schnell befördert werden.

„Ihr Vater?" war alles, was Dirk fragte.

Bruder Hendrik nickte schweigend.

11

Der Flug mit einer afrikanischen Linie nach Lagos war glatt und ereignislos verlaufen. Zu Marties Überraschung kam ihr auf diesem nigerianischen Flugplatz gleich ein Vertreter der niederländischen KLM entgegen, der ihr zuvorkommend die Tasche abnahm. Entschlossen lotste er sie an den grimmigen Zollbeamten vorbei. So kam sie durch den Zoll, obwohl sie wegen der Eile kein Durchreisevisum besaß.

„In einer Viertelstunde können Sie im Flughafenhotel ein Bad nehmen", sagte der Mann von der KLM, während er ihr die Tür eines Autos offenhielt. „Oder Sie können ins Schwimmbad springen." Er selber wischte sich dicke Schweißtropfen von der Stirn.

Es war auch wirklich siedeheiß. Aber die Klimaanlage in ihrem Hotelzimmer erschien Martie unangenehm und eisig. Sobald sie allein war, warf sie sich auf das noch nicht bezogene Bett. Ihr Vater war tot, sie würde ihn nie mehr sehen.

Der Häuptling von Latun war auch tot. Sie war mit Bea und Pimmetje auf seinem Begräbnisfest gewesen. Die Schläge auf der großen Palasttrommel hatten dumpf in ihrem Kopf gedröhnt, weil sie viel zu nahe standen. Auf dem Boden saßen die Frauen, weiß beschmiert, mit nacktem Oberkörper. Sie wiegten sich in ihrem Kummer und verdoppelten das Jammern und Wehklagen, als die Gemahlinnen des verstorbenen Stammeshäuptlings in einer Reihe nackt angetanzt kamen.

Zwischen den Männern auf der gegenüberliegenden Seite stand Obi.

Wenn nichts dazwischenkam, würde sie gerade noch rechtzeitig zur Beerdigung ihres Vaters kommen. Ihre Mutter hatte gewiß alles gut geregelt. Vor den Gesichtern der Tanten und der stillen gedrückten Stimmung und vor den schwarzen Kleidern hatte sie Angst. Eigentlich seltsam, daß sie keine Geschwister hatte. Die meisten Entwicklungshelfer kamen aus kinderreichen Familien. Sie war eine Ausnahme. Für Mam würde es doppelt schwer sein, daß sie so rasch wieder zurückreiste, vor allem so kurz vor Weihnachten. Zehn Tage Urlaub hatte sie bekommen. Sie hätte vierzehn haben können, aber bei der großen Impfkampagne – nein. Ihr Vater hätte es verstanden, vielleicht. Nun war er tot. Es würde ihr erst richtig klarwerden, wenn sie zu Hause war.

Wenn sie nach Latun zurückkam, würde mittlerweile feststehen, wer der Nachfolger des toten Häuptlings wurde. Sollte Obi Stammeshäuptling werden? Er wäre gewiß nicht glücklich dabei, doch wenn sein Vater ihn bestimmt hatte, konnte er sich nicht weigern. Lex hatte prophezeit, daß es zu Schwierigkeiten wegen der Nachfolge kommen würde. Daß Obi mit einem Geschenk von drei Ziegen für seine Familie gekommen war, eine Woche vor dem Tod seines Vaters, hatte bei manchen Ärgernis erregt. Andere dagegen fanden, daß Obi mit drei Ziegen alles wieder gutgemacht habe. Aber woher hatte er das Geld? Hatte er es bei den Händlern geliehen?

Bei der Beerdigung ihres Vaters würden Psalmen gesungen werden – er war immer ein treues Mitglied seiner Kirche gewesen. Würde sie sich das anhören können, ohne an das Kreischen in Latun zu denken?

Als ein Juju in rauschender Federtracht, eine angsteinflößende Maske auf dem Kopf, angetanzt kam, waren alle Frauen und Kinder schreiend davongestoben. Einen Augenblick waren sie und Bea noch neben der gewaltigen Trommel stehengeblieben, auf der jetzt viel höher und erregender getrommelt wurde. Sie wußten, daß sie als weiße Frauen bleiben durften, doch die Neigung davonzulaufen war so stark in ihr geworden, daß sie so ruhig, wie sie konnte, den Platz verlassen hatte. Bea war aus Gutmütigkeit mitgegangen. Sie waren nach Haus gefahren. Im Wagen hatte Bea gesagt: „Ach ja, das Gruseln kann man schon kriegen bei diesen Jujus." Darauf hatte sie damals nichts erwidert. Über solche Dinge würde sie mit Bea nie reden können.

Ein Klopfen an der Tür machte ihr wieder bewußt, wo sie sich befand. In Nigeria, Lagos, Flughafenhotel. Morgen sollte sie mit der KLM weiterfliegen.

„Herein", rief sie. Dann sprang sie auf, weil ihr einfiel, daß sie die Tür abgeschlossen hatte. Ein Angestellter kam mit der sauberen Wäsche herein. Er bezog ihr Bett, während sie im Badezimmer war. Ob Mam ihr Telegramm noch erhalten würde, daß sie unterwegs war? Hier klappte es mit Telegrammen häufig genug nicht. Aber Den Haag würde ihre Mutter bestimmt verständigt haben.

Wenn sie beim Wiedersehen mit ihrer Mutter nur die Fassung bewahrte! Leicht würde das gewiß nicht sein. Und in Holland konnte man schließlich nicht einfach losheulen wie die Frauen hier, die sich dann bis zum nächsten Tag ausgeweint hatten und ein Festmahl feierten, denn das Leben ging weiter, und der Tod war etwas, was einfach dazugehörte. Ganz einfach dazugehörte, nicht wahr? Sie sah ihr Gesicht im

Spiegel und spürte, daß sie den Tränen nahe war. Wein ruhig! dachte sie. Und als der Mann weg war, ließ sie sich wieder aufs Bett fallen.

Als sie am nächsten Morgen um sechs Uhr hochfuhr, begriff sie, daß sie wie ein Klotz geschlafen hatte, zwölf Stunden ohne Unterbrechung. Schon kam ein Bursche, der ihren Koffer holte. Frühstück würde sie gewiß an Bord erhalten. In ihrer Hast stolperte sie über die Betonschwelle ihrer Tür und schlug sich das Knie auf. „Zum Glück habe ich ein Paar Stümpfe hier in der Tasche", vertraute sie dem Mann von der KLM in dessen Wagen an. „Ich muß doch Strümpfe anhaben, wenn ich in Holland ankomme."

„Haben Sie auch etwas Warmes mit? Dort ist Dezember, rauhes Wetter." Aufseufzend fächelte er sich Luft zu.

Martie hatte vorgesorgt. Einen Wollrock und einen Pullover hatte sie ebenfalls in ihre Tasche gestopft, um sich in der Toilette des Flugzeugs umzuziehen. Außerdem hatte sie ihren Nylon-Regenmantel. Der würde zwar nicht reichen, aber mehr hatte sie nicht beschaffen können.

Ihr Begleiter brachte sie nach vorn zum Eingang der Kabine. Er flüsterte eine Weile mit der Stewardeß, die Martie einen mitleidigen Blick zuwarf und dann nickte. Die wird mich bemuttern, dachte Martie mit leichtem Widerwillen.

Sie suchte sich einen Platz in der ziemlich leeren Maschine und schaute aus dem Fenster. Wie würde sie in zehn Tagen zurückfliegen? Vielleicht von Paris aus mit der französischen Gesellschaft wie damals mit der ganzen Gruppe, als es direkt nach Buna ging. Das war eine ermüdende Nacht gewesen. Nur Jan Oliemans hatte für Unterhaltung gesorgt. Damals hatte er noch Interesse für Bea gehabt. Zu schade, daß daraus nichts geworden war.

Bea und John – erst schien alles ganz gut zu gehen. Aber dann geriet Bea in ein Dilemma. Wenn John sich nicht um sie gekümmert hätte, wäre sie wohl unglücklich gewesen. Doch als er mit ihr schlafen wollte, wußte sie sich plötzlich keinen Rat mehr. „Ich kann mich doch nicht weigern", sagte sie. „Dann denkt er, daß ich es nicht will, weil er schwarz ist, und das ist nicht der Grund. Was soll ich tun?"

„Willst du oder willst du nicht?" hatte Martie gefragt. – „Nein, ich will nicht." – „Dann darfst du es auch nicht tun." – „Aber was wird er dann denken?" – „Er wird es nicht begreifen. Aber das läßt sich nicht ändern." – „Aber ich weiß nicht, wie ich ihm dann noch unter die Augen treten soll. Er ist so ein netter Junge. Es wäre sehr schade, wenn er nicht mehr käme."

Die Stewardeß bot ihr etwas zu lesen an. Sie nahm sich eine holländische Zeitung, einen Tag alt. Es wurde übrigens Zeit, daß sie sich festschnallte, das Flugzeug rollte bereits.

Die Nachrichten aus Holland interessierten sie nicht. Erst als sie zu den Todesanzeigen kam, las sie jede einzelne. Ihr Vater war natürlich nicht dabei, das hatte sie gleich gesehen. Das würgende Gefühl, das ihr wieder in die Kehle stieg – es tat weh.

Sie flogen jetzt schon eine ganze Weile. Es wurde Frühstück gebracht. „Haben Sie Hunger?" fragte die Stewardeß freundlich, während sie ihr das kleine Tablett festhakte. „Und möchten Sie Kaffee oder Tee?" Die frischen Brötchen mit richtiger Butter genoß sie so sehr, daß sie fast ein schlechtes Gewissen dabei bekam.

Diese Impfkampagne – na ja, besser spät als gar nicht. Das Ministerium hatte einen Jeep mit zwei Mann geschickt, dazu zwei richtige Impfkanonen. Tagelang war sie mit ihnen unterwegs gewesen, jetzt sollte gleich das ganze Gebiet gründlich vorgenommen werden. Aber gründlich ... wie war das möglich, wenn die Bevölkerung einfach nicht begriff, worum es sich handelte? Außerdem war der Impfstoff teuer, nur Kinder im Alter von einem halben Jahr bis zu sechs Jahren konnten gegen Masern geimpft werden.

Ob der Häuptling auch an Masern gestorben war? Wahrscheinlich. Allein in Latun waren dreiundzwanzig Kinder gestorben und eine ganze Reihe von Erwachsenen. Vom Tod der Kinder wurde nicht viel Aufhebens gemacht. Es war zu alltäglich. Die Frauen lamentierten eine Weile, dann war es abgetan. Man konnte ja nicht endlos klagen.

Nach Batong waren die Masern doch noch gekommen. Nicht so heftig, weil sie einigermaßen rechtzeitig eingreifen konnten, aber was hatte das für Mühe gekostet! „Liebe Leute, stellt euch in zwei Reihen auf!"

In ihrem besten Pidgin-Englisch hatte sie ihnen klargemacht, worum es ging, genau wie der Jeep-Fahrer, der ein ausgebildeter Pfleger war. „Die eine Reihe für die Schwester hier, die gegen Masern impft, und eine Reihe für mich." Er spritzte gegen Tbc. Doch daß völlig verschiedene Impfstoffe in den beiden Kanonen waren, drang trotz der Erklärung nicht in die Köpfe der Wartenden. Mütter mit Säuglingen unter einem halben Jahr, die in der einen Reihe standen, hatten ständig kleine Kinder aus der anderen Reihe an ihrer Seite und ließen sie dann dort – oder sie gingen selbst in die andere Reihe, um ihre älteren Kinder nicht allein zu lassen. Frauen

Markt in der Kreisstadt

In der Dorfschule

mit sechs Kindern kamen mit einer einzigen Karte vom Gesundheitsdienst, vielleicht der vom Opa. Frauen mit einem Kind hatten manchmal ganze Bündel von zu Haus mitgebracht, oder sie waren ihnen von den Nachbarsfrauen mitgegeben worden, weil man ja nie wissen konnte, wozu es gut war und ob man nicht sogar einen Stempel bekam. Wenn diese Frauen selbst nicht so eine Engelsgeduld besessen hätten, wäre man dabei manchmal in Verzweiflung geraten. Doch sie rührten einen immer wieder durch ihren guten Willen und waren stets zum Lachen bereit. Klagen, weil sie stundenlang stehen mußten, gab es nie.

„Wir fliegen jetzt über die Sahara", sagte die Stewardeß. „Bis zum Mittelmeer ist es nur noch ein kleines Stück."

Sie glaubt sicher, daß ich über den Tod meines Vaters nachgrübele, dachte Martie.

„Soll ich Ihnen noch eine Tasse Kaffee bringen?"

„Gern." Ich kann ihr doch nicht sagen, daß mich meine Arbeit nicht losläßt.

Sie verpaßte die Beerdigung ihres Vaters. Vielleicht war es besser so. Die Tanten, die ihrer Mutter ständig sagten, sie müsse sich ausweinen, deren verkniffene Gesichter aber im Widerspruch zu dem wohlgemeinten Rat standen, gingen Martie ebenso auf die Nerven wie der ständige Regen, der an den Fensterscheiben herablief.

„Und nun, Kind, erzähl doch einmal, wie dort unten alles ist."

Als ob man das so eins, zwei, drei erzählen könnte! Und wenn man etwas erzählte, hörten sie sehr bald nicht mehr zu. Innerhalb weniger Minuten kamen sie mit ihren eigenen Erfahrungen und Problemen. Oder sie reagierten so, daß man einfach nichts darauf erwidern konnte. Etwa, als sie sagte: „Der Stammeshäuptling in unserem Dorf ist auch gerade gestorben."

„Stammeshäuptling? Daß sie dort so etwas noch haben, das ist doch furchtbar!"

Es war übrigens das erste Mal, daß sie von „unserem" Dorf gesprochen hatte. Obwohl sie ganz in der Nähe von Latun wohnte, hatte sie sich doch noch nie damit identifiziert.

„Eine Masernepidemie, sagst du? Ja, ja, Masern können manchmal unangenehm werden, wenn es Komplikationen gibt. Als unser Jaapje sie seinerzeit hatte, kam der Arzt zweimal am Tag, aber er hat's gottlob gut überstanden – dank unserer Wissenschaft."

Wenn Martie nun erklärt hätte, daß auch die Wissenschaft ohnmächtig war, wenn die sozialen Umstände es einfach unmöglich machten, Kranke zu isolieren, dann hätte es Tante Neel vielleicht verstanden. Aber wozu ... nein, sie verzichtete lieber auf eine Erklärung.

„Diese Hütten, Liebes, die du da beschreibst, darin haben sie dann ihre einfachen Möbel stehen, nicht wahr?" Danach hatte sie tatsächlich jemand gefragt.

Es lag auch an ihr selbst, das wußte sie. Ich kann es ihnen nicht deutlich genug erklären. Ich weiß einfach nicht, wo ich anfangen soll.

Ihre Mutter versuchte, den Besuchern, die dauernd kamen, einiges von Marties Tätigkeit zu erzählen. Doch sehr bald ging alles unter im Geklapper von Geschirr, beim Einschenken des Kaffees und Herumreichen von Kuchen und Gebäck. Dieser Überfluß! In den ersten drei Tagen hatte sich Martie darüber entrüstet, doch nun war sie schon fast wieder daran gewöhnt. Verrückt rasch ging so was. Mam war übrigens rührend und über Erwarten verständnisvoll. Sie hatte nicht mit einem Wort darüber geklagt, daß ihr einziges Kind so schnell wieder abreisen wollte. Und dazu noch unmittelbar vor Weihnachten.

„Du bist wohl viel mit deinen Gedanken dort drüben, Martie, nicht wahr?“ sagte ihre Mutter. Und damit hatte sie recht.

„Kaufst du dieses Jahr noch einen Weihnachtsbaum?“

„Nein, Kind, ich hatte mir vorgenommen, das nicht zu tun.“

Martie schaute hinaus. Es fiel ein bißchen feuchter Schnee, der nur auf den Fensterbrettern und im Vorgarten liegenblieb. Auf der nassen Straße fuhr ein kleiner Junge in einem Tretauto vorbei.

„Pa ist nicht lange krank gewesen“, sagte sie. „Wie waren die letzten Tage? Hat er große Schmerzen gehabt? Oder hat der Arzt ihm ...“

Mam nickte und bemühte sich zu erzählen. Aber sie merkte, daß die Gedanken der Tochter rasch wieder abirrten. Und dabei hast du so sehr an deinem Vater gehangen, dachte sie.

An diesem Abend im Bett weinte Martie. Natürlich. Sie hatte an ihrem Vater gehangen.

Am fünften Tag fuhr Martie nach Den Haag, ins Hauptquartier, wo man Wert auf ein Gespräch mit ihr legte. Es stellte sich rasch heraus, daß nicht alles, was sie in ihren Berichten geschrieben hatte, richtig aufgefaßt worden war. Sie mußte viele Fragen beantworten.

„Manche Hebammen sehen in mir zu sehr eine Autorität,

obwohl ich doch auch viel von ihnen lernen kann. Wahrscheinlich fürchten sie, sonst von ihrem Platz verdrängt zu werden. Und man muß dauernd Kompromisse schließen. Hat man ein weißes Gesicht, dann bekommt man keineswegs immer die Wahrheit zu hören. Man muß sie auf mancherlei Weise selbst suchen. Dazu kommt, daß die Menschen dort drüben manchmal mehr Wert auf unser Urteil legen als auf das eines Schwarzen, selbst wenn der uns bei weitem überlegen ist. Und wenn man in einer bestimmten Angelegenheit seine Ansicht lieber nicht aussprechen will, dann tun sie alles, um sie aus einem herauszulocken."

Sie berichtete auch über Dr. Nsob. Von „höherer Stelle" sei vor kurzem jemand zu ihr gekommen, um Aufklärungen sowohl über Dr. Nsob als auch über Frau Akwendi von ihr zu erbitten. Doch sie habe keine Informationen geben wollen, weil ihr sonst der Vorwurf hätte gemacht werden können, sie mische sich in Fragen der Innenpolitik ein und nehme „eine gewisse Person" in Schutz. Dr. Nsob sei von einem Tag zum anderen auf „Studienurlaub" außer Landes geschickt worden. Ein belgisches Arztehepaar, das gerade sein Studium beendet hatte, sollte ihn ersetzen. „Ich bin neugierig, wie es im Krankenhaus nun gehen wird", sagte sie.

Man versicherte ihr, sie habe gut daran getan, sich nicht in diese Frage einzumischen.

„Oft ist es jedoch sehr schwierig für uns", seufzte sie. „Als Entwicklungshelfer unterstehen wir der örtlichen Obrigkeit, doch wir müssen die Richtlinien aus Den Haag befolgen, und natürlich schickt uns auch die Feldleitung Verfügungen und Ratschläge. Manchmal habe ich das Gefühl, wir haben zu viele Vorgesetzte."

Ob den Leuten hinter den Schreibtischen klargeworden war, was sie damit ausdrücken wollte, war sehr fraglich. Denn einer der Beamten sagte: „Wir haben auch aus Ihren Berichten schon den Eindruck gewonnen, daß Sie recht gewandt und energisch sind, Fräulein Goossens."

Und dann kam die Frage, ob sie schon darüber nachgedacht habe, was sie nach Ablauf ihres Vertrages als Entwicklungshelferin tun wolle. Vielleicht könne sie abermals auf zwei Jahre hinübergehen – als Assistentin des Teamleiters, denn ihre Arbeit werde sowohl von dem afrikanischen Ministerium für Volksgesundheit als auch von der niederländischen Leitung hoch geschätzt.

Sie wurde verwirrt, weil sie an Lex und Dirk dachte. Sehr kurz erwiderte sie: „Das weiß ich noch nicht." Diese nicht sehr liebenswürdige Antwort befremdete ihre Gesprächspartner. Wie konnte es auch anders sein? Was wußten die denn von ihren persönlichen Verwicklungen?

Am nächsten Tag fuhr sie zum Tropeninstitut. An Amsterdam, die Stadt ihrer Schwesternausbildung, und an das Tropeninstitut, wo sie mit ihrer Gruppe auf die Arbeit in Buna vorbereitet worden war, hatte sie viele angenehme Erinnerungen. Außerdem hatte sie gehört, daß ganz in der Nähe, im Restaurant des Zoologischen Gartens, ein Empfang von zwei früheren Entwicklungshelfern gegeben wurde. Letje und Han, zwischen denen es so lange hin und her gegangen war, hatten sich endlich verlobt. Dieses Ereignis wollte sich Martie nicht entgehen lassen. Sie würde dort gewiß auch viele andere treffen, die sie während ihres ersten Jahres in Buna kennengelernt hatte.

Im Tropeninstitut stieß sie auf Frits Boerlage, Lex' Vorgänger, der sofort fragte, wie es ihm gehe und ob sie etwas von ihm wisse. „Stellt er immer noch so rasch all seine Stacheln auf? Schade um ihn, er wäre sonst ein prima Bursche. Er kann denken."

Doch Martie gab so unverbindlich Auskunft, daß er rasch das Thema wechselte. „Ist es nicht verrückt, daß wir ehemaligen Entwicklungshelfer uns immer wieder suchen? Wer gehörte denn noch zu deiner Gruppe? Natürlich, dieser Jan Oliemans. Bei dem geht doch bestimmt alles wie geschmiert. Und weißt du etwas von Ernestine? Oder von Bea?"

„Mit Bea wohne ich zusammen", erwiderte Martie ein wenig zurückhaltend.

Aber schon hakte er ein. „Das interessiert mich sehr", sagte er. „Erzähl doch mal ein bißchen ausführlicher, wie macht sich so ein mittelmäßiges, nicht allzu phantasievolles, aber gewissenhaftes Mädchen als Entwicklungshelferin?"

„Vielleicht gerade deshalb gar nicht schlecht." Sie hatte keine Lust, sich aushorchen zu lassen. Sie wollte auch nicht allzuviel über Bea preisgeben, die hatte es so schon schwer genug. „Bea ist eine ausgezeichnete Entwicklungshelferin", sagte sie daher schroff.

„Gehört sie nicht zu der Sorte von Mädchen, die auf schwarze Jungen anziehend wirkt?"

„Wie kannst du von ‚Sorte' reden!" fuhr Martie empört auf. Sie wollte sich ärgern. Irgendwie erleichterte sie das, und das brauchte sie unbedingt.

„Ich habe also ins Schwarze getroffen", stellte Boerlage befriedigt fest. „Sie sitzt in der Klemme und muß sich entscheiden. Magst du eine Tasse Kaffee?"

Er ging selber den Kaffee holen. So hatte Martie Zeit zu

überlegen, was sie sagen wollte und was nicht. Der Klatsch gelangte rasch genug bis in die Niederlande. Ich werde mich nicht daran beteiligen, dachte Martie.

Doch als er zurückkehrte, fing er sofort wieder mit dem Thema an. „Für manche Mädchen muß das doch verdammt schwierig sein. Plötzlich wird ihnen weit mehr Aufmerksamkeit entgegengebracht, als sie es je erlebt haben. Eine Weile gehen sie darauf ein, weil sie nicht in den Verdacht geraten wollen, Rassenunterschiede ernst zu nehmen. Aber allmählich entspinnt sich mehr, so einsam wie sie dort leben – und plötzlich sitzen sie in der Patsche. Schon hier in Europa finden Männer das, was ihr Mädchen Freundschaft nennt, ziemlich verrückt. Aber für Afrikaner ist das einfach unmöglich. Außerdem halten sie es für unsinnig, wenn Mädchen in dem Alter noch keinen Mann haben. Bei ihnen hat eine Frau dann schon lange eine ganze Reihe von Kindern geboren. Außerdem bietet er ihr ja etwas an, denn nicht er ist es, der um eine Gunst bittet, aber nein, keineswegs, und das gilt ebenso einer weißen Frau gegenüber. So so, diese Bea, also doch – na ja."

„Der Kaffee schmeckt hier immer noch genauso wie während unserer Ausbildungszeit."

„Du willst nicht darüber sprechen?"

„Ja, genau das. Außerdem möchte ich noch zu einigen anderen Bekannten." Es fiel ihr selbst auf, wie abweisend ihre Stimme klang. „Und dann gehe ich in den Zoo. Dort sehen wir uns ja wohl noch." Damit versuchte sie es wieder gutzumachen.

Im Restaurantsaal des Zoologischen Gartens „Artis" hockten die ehemaligen Entwicklungshelfer zusammen.

„Was machst du denn jetzt?"

„Ich schreibe Bewerbungen. Und du? Hast du schon wieder eine Stellung?"

„Ich überlege, ob ich weiterstudieren soll. Vielleicht nicht gerade hier in Holland. Lieber in England oder so."

„Weiß jemand, wo Rita steckt? Sie konnte eine Anstellung an einer Haushaltungsschule bekommen, das wollte sie aber nicht."

„Ich? Ich arbeite am Tropeninstitut. Ja, bis jetzt gefällt's mir da ganz gut."

„Dieser Kees hat ein Schwein, was? Zum drittenmal hinausgeschickt. Ich werde das auf irgendeinem Wege auch noch einmal versuchen."

„Dazu brauchst du mehr Zeugnisse und Papiere."

„Ach, Mann, Papiere!"

Mehrmals wurde Martie in Gruppen hineingezogen, die glaubten, sie brächte Neuigkeiten aus Buna mit. Aber es stellte sich jedesmal heraus, daß die früheren Kollegen hier in Holland schon von Dingen wußten, von denen sie wegen der schlechten Inlandsverbindungen in Afrika noch gar nichts gehört hatte. So erfuhr sie, daß Geert mit Gelbsucht in Kaganda im Krankenhaus lag. Er würde wohl bald Genesungsurlaub nach Holland bekommen. Und Els wollte diesen Schweizer Wasserbautechniker heiraten.

„Ja, dieser blöde Geert hat sich einfach seine Gammaglobulin-Spritzen nicht regelmäßig geholt. Der ist viel zu sorglos."

„Leicht gesagt. Übrigens ist immer viel zu wenig von diesem Zeug da."

„Kees nimmt nächste Woche wieder einen Vorrat mit – im

Kühlschrank des Flugzeugs. Der Stoff muß immer genau auf einer bestimmten Temperatur gehalten werden."

„Sagt mal, was ist eigentlich mit Els los – die nahm doch ihre Arbeit immer so tierisch ernst, und jetzt läßt sie plötzlich alles liegen. Warum konnte sie denn nicht warten?"

„Sie *konnte* nicht warten."

Allgemeines Gelächter. Der Bursche neben Martie verschluckte sich beim Lachen und fing an zu husten. Ein anderer klopfte ihm unnötig fest den Rücken. Auf einem Empfang wird niemand angenehmer. Bei der Arbeit draußen waren sie bestimmt in Ordnung. Aber hier! Ich wollte, ich wäre schon wieder drüben, dachte Martie.

Ihr Blick fiel auf ein paar Jungen, die in einer Ecke heftig diskutierten. Es fielen Wörter wie „Establishment" und „Internationalisierung". Wo fielen diese Ausdrücke nicht, wenn Entwicklungshelfer theoretisierten? „Mentalitätsveränderung", sagte laut ein Mann mit Bart, „darauf müssen wir hinsteuern. Wir müssen etwas tun gegen dies Bürgerliche: ‚Bleib sitzen, wo du sitzt.'"

„Man muß ihnen die Beine unter den Stühlen absägen. Diese ganze Scheiße muß erst einmal durcheinandergebracht werden. Tabula rasa. Dann erst gibt's eine Mentalitätsveränderung. Ihr seid alle zu zahm."

Martie mußte an Lex denken. Sie blieb stehen und betrachtete die Jungen genauer. Die fanatischen Ansichten des letzten Sprechers paßten nicht recht zu seiner bürgerlichen Kleidung. Martie ging weiter.

Noch eine Stunde hielt sie es aus. Und sie mußte zugeben, es gab auch erfreuliche Augenblicke. Letje und Han schienen wirklich glücklich miteinander zu sein, und das war drollig, wenn man daran dachte, wie wütend sie oft miteinander gestritten hatten – und gewiß nicht nur über ihre Arbeit in der Krankenhausverwaltung. Immer wieder mußte sie die beiden anschauen. Einmal fiel ihr ein Blick auf, den Letje Han zuwarf. Plötzlich wußte Martie: Die beiden haben sich einander völlig hingeben können. Kann ich das Lex gegenüber auch? Kann Lex das mir gegenüber? Sie hatte das Gefühl, daß sie sich sofort entscheiden müsse, und der Schweiß brach ihr aus. Ich könnte das nie – das wußte sie genau.

Da stand Frits Boerlage wieder vor ihr, das Glas in der Hand.

„Hallo, Martie, wie gefällt es dir, dieses gemütliche Entwicklungshelfergetue?" Martie begriff, daß er sich selbst damit ebenfalls verspottete. „Wir heiraten, als ob dieser Welt eine goldene Zukunft bestimmt wäre. Was hältst du davon?"

„Ich verschwinde. In einer halben Stunde geht meine Bahn nach Zwolle. Grüß die anderen von mir!" Sie lief hinaus. Es war schon dunkel. Der Asphalt war naß. Auf der Verkehrsinsel standen viele Leute. Die Kälte machte Martie nichts aus. Sie atmete tief die kühle Luft ein.

Erst als sie in der Bahn saß, dachte sie: Niemand hat nach Dirk gefragt, niemand. Doch Dirk hatte hier in Amsterdam nie eine Rolle gespielt, er war erst drüben aus sich herausgekommen. Dirk war nicht nur zurückhaltend, er war den anderen damals auch in vielen Dingen unterlegen gewesen. Wenn sie an diese Ernestine dachte – unterentwickelt, hatte die ihn genannt. Und gerade Ernestine mit all ihrer Überheblichkeit hatte sich drüben festgefahren, wie sie heute gehört hatte. Sie sollte wegen Unfähigkeit zurückgeschickt werden. Auch so etwas konnte einem passieren.

Hier in dieser Amsterdamer Bahn, allein zwischen völlig fremden Menschen, spürte Martie, wie sie ruhig wurde. Sie saß neben einer kleinen alten Frau, die einen winzigen Weihnachtsbaum auf dem Schoß hielt, die Augen geschlossen. Martie schaute in den lebhaften Verkehr hinaus, und es kam ihr der Gedanke: Wie würde ich das sehen, wenn ich Afrikanerin wäre? All diese einzelnen Menschen in ihren viel zu großen Autos, den Wagen, für die es nirgends genügend Platz gab, jeder einzelne Mensch auf vier Rädern, als ob das die normalste Sache der Welt wäre – ich glaube, ich bekäme den Eindruck, einen Alptraum zu erleben. Und dann diese Bahn voller Menschen, sie reden kein Sterbenswörtchen miteinander. Kein Streit, kein Lachen. Lauter einzelne Menschen.

„Wie war es in Amsterdam?“ Fürsorglich machte Marties Mutter ihr noch so spät am Abend einen warmen Imbiß zurecht. „Schmeckt es?“

„Vielen Dank? Ist Post für mich gekommen?“

„Nein. Du hast doch selbst gesagt, daß die Post meistens zehn Tage oder länger braucht.“

„Manchmal geht es auch schneller.“

Ihre Mutter schwieg ein wenig ratlos. Erst als sie anfing, das Geschirr abzuräumen, fragte sie gewollt beiläufig: „Hat es doch etwas Unangenehmes in Amsterdam gegeben? Oder in Den Haag?“

„Aber nein. Es war wirklich nett.“ Martie steckte sich eine Zigarette an. „Sie haben mich gefragt, ob ich Lust hätte, noch einmal für zwei Jahre hinauszugehen, wenn mein Vertrag abgelaufen ist. Ich weiß noch nicht, was ich tue.“

„Weißt du das wirklich nicht?“

Liebe Mam, wenn es nur um die Arbeit ginge, täte ich es sofort. Aber es geht ja noch um so viele andere Dinge. Doch das sagte sie natürlich nicht.

So ein Empfang! All diese Entwicklungshelfer! Sie klatschten ein bißchen, behaupteten dies oder das, einige ereiferten sich, andere blieben gelassen, und alle miteinander wirkten wie eine Gruppe von jungen Leuten, der man auch überall sonst begegnen konnte, weder heldenhaft noch idealistisch, auch nicht pfadfinderhaft, obwohl ihnen gerade das oft genug vorgeworfen wurde. Im Durchschnitt vielleicht etwas praktischer als andere, etwas weniger auf die eigene Bequemlichkeit bedacht, ein bißchen unternehmungslustiger und neugieriger – aber das waren nur geringe Unterschiede. Erst wenn sie drüben waren, wenn sie sich unter oft schwierigen Umständen bewähren mußten, zeigte sich, was wirklich in ihnen steckte. Auf so einem Empfang sah man es ihnen nicht an.

Verdonk hatte einmal über die Herausforderung durch die Arbeit drüben gesprochen. Ohne Herausforderung könne er nicht leben, sagte er. Lex ging es wahrscheinlich ebenso. Er suchte immer nach einer Herausforderung. Doch in sich allein durfte das kein Ziel sein. Ich verspüre in meiner Arbeit diese Herausforderung auch, aber die Arbeit selbst ist mir wichtiger. Bestimmt, diese Arbeit könnte ich noch jahrelang tun. Jetzt weiß ich genau, daß ich weder mit Lex noch mit Dirk übereinstimme. Plötzlich schien ihr die Antwort gar nicht mehr schwierig.

Sie wendete sich vom Fenster ab. „Sag mal, Mam, möchtest du mich nicht einmal besuchen und dir alles ansehen? Wenn ich nächstes Jahr einen neuen Vertrag unterschriebe, könnte ich dir sogar die Reise bezahlen."

„Kind!"

„Dann kommst du mit Masken, Musikinstrumenten und Trommeln hierher zurück und richtest ein Museum ein."

Ihre Mutter sah sie enttäuscht an. „Es war also nicht ernst gemeint?"

Martie lachte. „Doch, Mam, wirklich. Es ist mein Ernst. Aber ich muß nach diesem Tag was Verrücktes tun und sagen. Es war alles ganz anders, als ich es erwartet hatte. So beklemmend. Als ob niemand jetzt recht weiter weiß. Ach, vielleicht ist das auch nur Einbildung. Wahrscheinlich habe ich zuviel erwartet. Eigentlich ist alles ganz alltäglich. Nach einer Weile hat jeder wieder Arbeit gefunden, und nun wissen sie wieder, woran sie sind. Drüben haben sie einen Rippenstoß gekriegt und sind über sich selbst hinausgewachsen, aber nun sind sie zurückgefallen und müssen ihren Platz erst wieder finden. Das ist wohl nicht so leicht. Ich bin froh, daß ich wieder hinüber muß. Und später sehe ich schon weiter."

Ihre Mutter wandte sich schweigend ab. Sie suchte in einer Schublade und kam mit einem Notizbuch zurück, vollgeschrieben fast bis zum Ende.

„Der letzte Taschenkalender deines Vaters", sagte sie zaghaft. Sie blätterte darin. Anscheinend suchte sie etwas Bestimmtes.

„Hier. Soll ich's dir vorlesen? Oder willst du's lieber selbst lesen? Es sind nur einige Anmerkungen."

Martie streckte die Hand aus. „Ich lese es gern selbst."

Pas Handschrift war deutlich lesbar, aber ein wenig unausgeformt wie von einem Menschen, der selten schrieb. Er tippte gelegentlich, diktierte viel. Sie erinnerte sich jetzt, daß nur seine Unterschrift Routine verriet.

Nun las sie: „Marties Weihnachtspaket, letzter Termin 3. Okt. Kalender vom Geschäft?"

Sie las es noch einmal, blickte dann auf und sagte behutsam: „Ich verstehe das nicht recht."

„Voriges Jahr hatte er dir doch einen Kalender vom Geschäft geschickt. Er war so stolz darauf – der Ausstellungsraum, die Werkstatt, die letzten Modelle. Auf einem Deich die letzten Simca-Wagen als Silhouette, die Sonne über dem Polder ... na ja, die Fotos kennst du ja. Das neue Pumpwerk, davor der Direktionswagen. Er war wirklich stolz darauf. Und du hast nichts darüber geschrieben. Vergiß nicht, daß er ganz klein angefangen hat."

„Weshalb erzählst du mir das alles?" Martie blickte noch einmal in das kleine Buch, blätterte einen Moment darin und ließ es dann sinken. Sie hätte es mit in ihr Zimmer nehmen und dort ruhig lesen sollen.

Plötzlich begann ihre Mutter zu schluchzen. „Ich weiß es nicht, ich dachte – vielleicht wirst du begreifen, wie Pa sich für uns angestrengt hat, auch für dich. Und du wirkst so ... als hättest du dich von allem gelöst – von allem hier, meine ich. Aber er hätte es verstanden. Vielleicht. Blättere doch noch mal weiter, am fünfzehnten November, glaube ich – damals war er gerade wieder bei dem Herzspezialisten gewesen –, da hat er etwas unterstrichen, unten auf der Seite."

Martie schlug die kleinen Blätter um, fünfzehnter November, ja, das Geleitwort war unterstrichen. Sie las: „Wer jung ist, müßte weite Reisen machen; wer alt ist, sollte davon träumen."

Martie vermied es, ihre Mutter anzusehen. Sie dachte: Du mußt unbedingt kommen. So viele Entwicklungshelfer bekommen Besuch von Angehörigen. Ich hoffe, daß du auch kommst. Sie mochte es nicht aussprechen. Es war jetzt nicht der richtige Moment. Und doch würde sie an Mam etwas gutmachen müssen.

Fast verlegen sagte ihre Mutter: „Wenn du meinst, komme ich sehr gern zu dir. Für ein paar Wochen."

Martie flog wieder mit der KLM nach Lagos zurück. Sie hatte dieselbe Stewardeß, die sie mit einem Lächeln des Wiedererkennens begrüßte, aber keine Anspielung auf die Hinreise machte. Erst als sie das Tablett mit dem Essen brachte, sagte sie: „Hoffentlich schmeckt es Ihnen ebensogut wie das vorige Mal."

Martie lachte. „Das war auch das richtige Frühstück für einen Menschen, der gerade aus dem Busch kam. Aber nach zehn Tagen zu Haus bin ich wieder verwöhnt, wissen Sie?"

Die Kabine war jetzt mit Silber und Tannenzweigen geschmückt, und nach dem ausgezeichneten Essen versank Martie bei leiser Weihnachtsmusik behaglich in einen kleinen Halbschlaf. Ein Paket von Pa würde sie nie mehr bekommen, doch den letzten Kalender vom „Geschäft" hatte sie in einer Rolle bei sich. Die lag auf dem leeren Sitz neben ihr, und nun legte Martie im Halbschlaf die Hand darauf. Als sie Lex' abfällige Meinung darüber zu hören meinte, schlossen sich ihre Finger fest um die Rolle.

12

Bea und Martie warteten auf einem grünen Hügel, ein Stück außerhalb des Dorfes Bankwi, auf den Beginn der jährlichen Tänze. Vom Festzug war noch nichts zu hören.

Bea war auf den Gedanken gekommen, hierher zu fahren. Im Jahr davor hatten sie sich diese Tänze auch angesehen. Vielleicht hatte sie gehofft, daß John und Dirk kämen. Doch einstweilen stand neben ihnen nur ein bejahrter Engländer, der ebenso wartete wie sie selbst. Er wohnte bei seinem Sohn, der ihn hergebracht hatte.

Das erste, was sie vernahmen, waren Gewehrschüsse. Zahlreiche Schüsse, aufs Geratewohl ins Blaue gefeuert, um die Festfreude anzuheizen. „Jetzt kommen sie", sagte Bea.

Es dauerte noch eine Weile, bis sie die Stimmen hinter dem Hügel näher kommen hörten. Zuerst tauchte ein Polizeibeamter auf. In Khaki-Hemd und dunkelblauer kurzer Hose, mit weißem Koppel und Kniestrümpfen, repräsentierte er Recht und Ordnung. Mit behandschuhter Hand verwies er die drei Zuschauer an den äußersten Rand des kleinen Plateaus.

Eine Minute später folgte der Festzug. Plötzlich waren sie da, die großen alten Männer mit Troddeln, mit Instrumenten aus Rinderhörnern und langen vorsintflutlichen Schießwaffen. In dunkelfarbigen, reich bestickten Gewändern, ein wenig wankend und lachend, erschienen sie auf dem Hügel. Voran ging schwer und breitbeinig der Stammeshäuptling. Über den

Kopf hielt man ihm einen bunten Schirm, unter dem wohl zehn Mann Platz gefunden hätten. Die Fransen daran baumelten im Takt der vielen stampfenden Füße.

Der Stuhl, den ein Untertan hinter dem Häuptling hertrug, wurde hingestellt, ein verschlissenes Plüschtuch darüber drapiert, und der Herrscher konnte sich setzen. Er plumpste nieder. Der Messingknauf des riesigen Schirmes, dick wie eine Faust, glitzerte in der Sonne.

Mit einem leichten Klatschen schlug er die Hände zusammen. Die Männer mit den Gewehren stürzten nach vorn, und es begann ein scheinbar ungeordneter Kriegstanz. Mit wilden Bewegungen, wüste Schreie ausstoßend, sprangen die Männer herum und feuerten immer wieder in die gleiche Richtung. Dort hielt sich der vermeintliche Feind auf. Die mit Messing beschlagenen Gewehre aus der Kolonialzeit knallten ohrenbetäubend. Pulverdampf trieb in kleinen Wolken mit dem Winde davon.

Die Tanzenden waren ältere Männer oder Greise. Als einer von ihnen dem Polizeibeamten grinsend sein Gewehr anbot und ihn anspornte, auch mitzutun, machte der barsche Ausdruck auf dem Gesicht des jungen Uniformierten einer verlegenen Grimasse Platz. Heftig schüttelte er den Kopf. Es wurde ihm nicht übel genommen. Laut lachend ging der alte Krieger wieder zu den anderen Tänzern zurück.

Schwerfällig, aber eindruckerweckend tanzte auch der Häuptling eine Runde, das dreiläufige Gewehr hoch in die Luft gehoben. Seine Männer schrien Beifall, als er mit einem gefährlichen Sprung den ersten Schuß abfeuerte.

Der Polizist hatte sich den drei weißen Zuschauern immer mehr genähert. Nun flüsterte er dem alten Engländer etwas zu. Der beugte sich vor, eine Hand hinter das Ohr gelegt. Martie verstand: „Es ist ein großes Spiel, Sir.“

„Mir kommt’s verdammt ernst vor“, bellte der Engländer. Der Polizist lächelte unsicher, trat ein paar Schritte zurück und machte wieder sein barsches Gesicht.

Der Häuptling gab ein Zeichen. Der Zug ging weiter. Flötend, trommelnd, auf Kuhhörnern blasend, marschierten sie hügelabwärts, auf das Dorf zu. Auf dem Weg mußten sie zwei vorüberfahrenden Autos mit Weißen ausweichen. Auch die Träger des königlichen Regenschirms machten Platz. In dem Gedränge verlor Martie Bea. Der Engländer war schon längst nicht mehr zu sehen. Die Menge wurde immer größer, auch Frauen und Kinder gesellten sich nun dazu. Kleine Jungen, auf Flöten blasend, flitzten überall zwischen der Menge herum. Der Abstand zwischen dem mächtigen Schirm und dem schwankenden Grüppchen der großen Männer wurde immer größer. Doch an bestimmten Plätzen wurde gehalten, und es gab eine Wiederholung des Schauspiels auf dem Hügel. Dem Beispiel anderer folgend, stiegen die Mädchen, die sich wiedergetroffen hatten, die Straßenböschung hinauf. Die Männer tanzten abermals, als ob sie einen Feind angriffen, und jonglierten zwischendurch mit ihren langen Gewehren, die sie in die Luft warfen und wieder auffingen.

„Sie sind stark wie Tiere“, sagte Bea bewundernd. Aber kaum hatte sie es ausgesprochen, als sie das Gleichgewicht verlor und die Böschung hinunterrollte. Martie folgte ihr erschrocken. Doch am Straßenrand kam Bea rasch wieder auf die Beine. Verlegen klopfte sie sich den Staub vom Rock ab und hob ihren Sonnenhut auf. Martie sah, daß Bea erhitzt und von Schweiß überströmt war. Auf Stirn und Wangen zeichneten sich rote Flecken ab. Die schwarzen Jungen um sie herum kicherten.

„Hast du dich verletzt?" fragte Martie besorgt.

Bea machte eine abwehrende Bewegung.

In der Mitte der ausgedehnten schüsselförmigen Ebene vor dem Palast des Häuptlings standen mit nagelneuen Kopftüchern und in Festkleidern die zwölf Frauen des Stammesoberhaupts und warteten. Sie wiegten sich im Takt der Musik und wedelten mit weißen Quasten. Die Trommler und Bläser waren hinter ihnen auf einem kleinen Sandhügel aufgestellt und wurden von dem durchdringenden Geschrei der Frauen übertönt, die ihren Gemahl begrüßten. Während er würdevoll eine Runde für seine Frauen tanzte, wurde sein Thron aufgebaut, der Schirm darübergespannt und ein Rinderfell davor ausgebreitet.

Die beiden niederländischen Entwicklungshelferinnen waren längst nicht mehr die einzigen Weißen in dem Gewühl. Der Zug war an vielen parkenden Wagen entlanggekommen, die meistens Weißen gehörten. Auch Pimmetje war da, und als er die Mädchen entdeckte, versuchte er sich einen Weg zu ihnen zu bahnen. Mittlerweile strömte die Menge auf den Platz. Martie winkte Pimmetje ab: Laß nur! Er hatte nämlich einen Schweizer Ingenieur bei sich, der auf Inspektionsreise war, und Martie hatte im Augenblick nicht das geringste Bedürfnis, sich in deutscher Sprache zu unterhalten. Auch dem niederländischen Arzt und seiner Frau vom reformierten Zentrum und dem Verwaltungsbeamten ging sie aus dem Weg.

Gemeinsam mit Bea stieg sie auf den höherliegenden grünen Rand des Platzes, wo sie die beste Aussicht hatten. Es bildeten sich jetzt lange Reihen, die sich zu drei großen Kreisen schlossen. Einige Frauen, die Martie und Bea von der Poliklinik kannten, hoben lachend die Hände: Macht mit, macht mit! Zögernd ließ sich Martie treiben. Das Gesicht der Mitte des Platzes zugekehrt, bewegte sie sich mit in dem tanzenden Kreis.

Auf dem Hügel bei der Musik entdeckte sie plötzlich Lex. Er stand hinter den Trommlern. Die Bläser standen daneben.

Vor vier Tagen bin ich in Emmeloord in den Bus gestiegen, dachte Martie. Der Polder war naß und kalt, die Erde schwarz, Wasser und Himmel grau. Mam ging zurück ins leere Haus. „Du bist verrückt", hatte Bea gesagt, „daß du so früh wiederkommst. Du platzt mitten in die einheimischen Feiertage hinein. Arbeiten kannst du jetzt ja doch nicht. Die Impfkampagne wird erst Anfang Januar fortgesetzt. Rafael habe ich übrigens für die ganze Woche freigegeben. Er ist mit allen Kindern zu seiner Agnes abmarschiert." – „Gefällt er dir?" – „Er ist sehr tüchtig." – „Ich habe ihm etwas mitgebracht. Eine Nummer von ‚Life' mit einem Bericht über die Ermordung eines südamerikanischen Staatsoberhaupts." – „Verrückt, ihn in seiner komischen Liebhaberei auch noch zu bestärken."

Nein, Bea hatte sie bestimmt nicht fröhlich empfangen. Trotzdem spürte Martie, daß Bea erleichtert war, nicht mehr allein sein zu müssen. Ich bin doch froh, daß ich gekommen bin, dachte Martie.

Sie betrachtete das lebhafte Volksfest, das Gewimmel von bunten Farben, das Rot, Blau, Gelb, Orange und Gold der gestickten Männermützen und bunten Kopftücher. Als sie zwi-

Reihenuntersuchung in einer Poliklinik

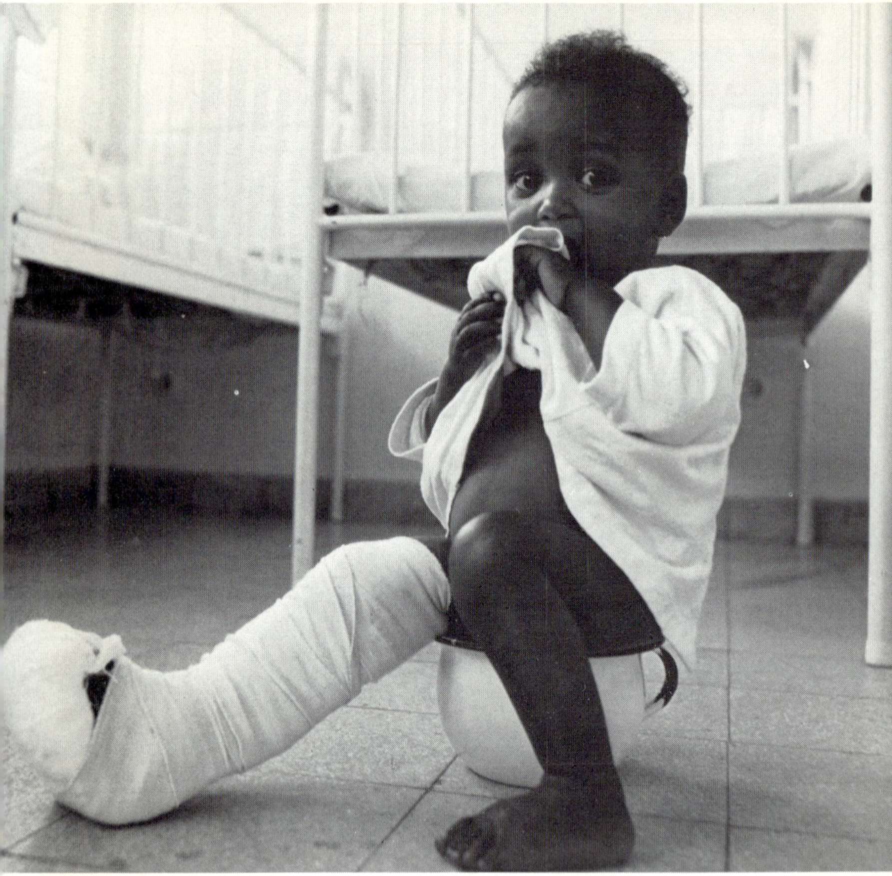

In der Kinderabteilung der Poliklinik

schendurch einmal zu Lex hinüberschaute, fühlte sie sich zum erstenmal seit langer Zeit wieder frei und ruhig. Ich habe Abstand gewonnen, dachte sie.

Vor ihr tanzten die Männer, Frauen und Kinder. Sie wippten, schaukelten und tauschten Kolanüsse aus. Eine alte Frau blieb, sich wiegend, vor Martie stehen und bot ihr eine Nuß an. Martie dankte und zerbrach die Nuß.

Nun tanzte auch Lex, ohne sich viel von der Stelle zu bewegen. Er blieb in der Nähe der Musik und der Häuptlingsfrauen. Martie sah, daß er suchend umhersah, bis er sie entdeckte. Er winkte, und sie winkte wieder. Bea tanzte ernster und sah nichts. Anscheinend ging sie ganz in den Bewegungen und dem Rhythmus auf. Bea, die, wie sie erzählt hatte, zu Haus in Holland nie zur Tanzstunde hatte gehen wollen. Martie biß sich vor Lachen auf die Lippen. Doch als sie Bea etwas genauer betrachtete, gefiel sie ihr nicht. Es war etwas Verbissenes an der Art, wie sie tanzte. Sie war alles andere als fröhlich.

Als Martie eine Weile später noch einmal hinüberschaute, sah sie Bea schwanken. Sie lief rasch zu ihr hinüber. „Bist du denn verrückt, so lange hier mitzumachen, wenn du dich nicht wohlfühlst?"

Bea schaute schuldbewußt zu ihr auf. Ihr Gesicht, vorhin noch fleckig rot, war jetzt weiß. „Ich bin schwindlig", erwiderte sie. „Würdest du mich zum Wagen bringen?"

Langsam suchten sie sich den Weg durch die tanzende Masse. Niemand achtete auf sie. Sie waren in Beas weißem Volkswagen gekommen, der in der Nähe der Polizeistation parkte. Auf der hölzernen Veranda stand der junge Polizist, der sich geweigert hatte, bei dem Kriegstanz auf dem Hügel mitzumachen. Martie öffnete die Wagentür für Bea, half ihr hinein und ging selbst auf die andere Seite.

Während sie sich neben sie schob, fragte sie: „Was hast du?"

„Nichts."

„Willst du es nicht sagen?"

„Nein."

„Bist du schwanger?"

Glühendes Rot breitete sich über Beas Gesicht aus. „Nein", flüsterte sie heftig, „ich passe schon auf."

„Bist du auch wirklich sicher?"

„Natürlich. Ich bin doch kein kleines Kind."

„Du hast also doch mit John geschlafen?"

Plötzlich fing Bea an zu weinen. Sie legte den Kopf auf das Lenkrad und schluchzte: „Wenn's nur so wäre!"

Martie war verdutzt. Was konnte sie hier tun? Es würde natürlich vorübergehen, aber bis dahin? Bea, die immer so gewissenhaft ihre Arbeit tut und sich stets bemüht, aus allem das Beste zu machen, ist durch ihre Freundschaft mit John Asong schwer aus dem Gleichgewicht geraten, dachte Martie.

„Ich hab' es dir noch nicht erzählt", schluchzte Bea. „Aber John hat seine Versetzung beantragt. Dirk hat es mir gesagt. Es ist meine Schuld."

„Was heißt denn hier Schuld?" fragte Martie heftig. „Das ist doch keine Frage der Schuld!"

„Ich habe ihn abgewiesen."

Martie blieb neben ihr sitzen und wußte nicht, was sie tun sollte.

„Laß mich nur allein", flüsterte Bea nach einer Weile. „Es

wird schon vorbeigehen. Es ist ja alles nur Anstellerei von mir. Ich hab's mir zu sehr zu Herzen genommen."

Martie faßte sie am Arm. „Wir erleben alle mal so etwas. Da muß man durch."

Bea richtete sich auf. „Ich benehme mich wirklich kindisch. Wo hier so viele Leute herumlaufen." Ein neugieriger Junge blickte durch die Windschutzscheibe. Der Polizist auf der kleinen Veranda der Polizeistation kehrte ihnen diskret den Rükken zu.

„Sie denken, daß du müde bist. Oder krank", sagte Martie.

„Geh nur! Ich nehme ein Pfefferminz. Du auch? Geh ruhig! Ich komme gleich nach. Ich habe auch gerade einen schlechten Tag." Ein entschuldigendes Lachen erschien auf ihrem Gesicht. Arme Bea, dachte Martie. Sie öffnete die Wagentür und stieg aus.

Lust zum Tanzen hatte sie nach diesem Zwischenfall nicht mehr. Die Afrikaner konnten stundenlang weitermachen, einen ganzen Tag, wenn es sein mußte, selbst alte Männer und Frauen. Aber sie wollte noch eine Weile zusehen. Um einen besseren Überblick zu haben, ging sie wieder zu einem höher gelegenen Platz. Der Häuptling hatte gerade wieder zu tanzen begonnen. Seine Untertanen stießen hohe Schreie vor Entzücken aus. Martie mußte an Obi denken. Sein Vater hatte ihn zwar als Nachfolger bezeichnet, und Obi hatte auch nicht gewagt, sich zu weigern, doch als einige einflußreiche alte Männer unter Führung des wieder aufgetauchten Won-nguy einen weniger modernen Häuptling haben wollten, hatte er ohne Widerstreben das Feld geräumt. „Er arbeitet wieder im Krankenhaus", hatte Bea ihr erzählt.

Sie war so rasch wie möglich hingefahren, wenn sie auch

noch keinen Dienst hatte. Stolz hatte Obi ihr mitgeteilt, daß er nun offiziell Hilfspfleger geworden sei; die neuen Ärzte hätten ihn angestellt. Von Njikam habe er schon viel gelernt. „Wie sind die neuen Ärzte, Obi?“ – „Sehr gute Ärzte, Miss Martie, und sie sind nicht schwarz.“ Leider nicht. Das wußte sie schon.

Sie betrachtete den tanzenden Häuptling. Obi hätte sich auch in die alten Traditionen einfügen müssen. Manche Häuptlinge taten das, obwohl sie ebenfalls höhere Schulbildung hatten. Doch daneben benutzten sie jede Gelegenheit, die Entwicklung voranzutreiben. Obis Vater hatte es vergebens versucht.

„Gefällt dir all das hier denn nicht?“ fragte Lex hinter ihr.

Sie drehte sich um. Neben ihm stand eine muskulöse Gestalt in rot kariertem Hemd, mit rötlichem Bart. „Bruder Arend“, stellte Lex vor, „Käsespezialist. Bruder Arend unterrichtet im Landwirtschaftszentrum in Mkoko. Er erzählt mir eben, daß sie dort einen Stall für sechs Kühe und einen Zuchtstier bauen, die sie demnächst aus den Niederlanden erhalten werden.“

„Meine kleine Molkerei werde ich auch erweitern“, berichtete Bruder Arend mit breitem Akzent. „Ich habe den Leuten zu Haus schon geschrieben, was sie schicken sollen. Denn wenn man darauf warten will, bis es auf den amtlichen Wegen kommt, dann kann man auch anfangen tausend Rosenkränze zu beten. Ich habe hier was Besseres zu tun, stimmt's nicht, Lex?“ Dann sah er, daß Lex Martie am Arm gefaßt hatte, und ging mit einem Zwinkern weiter. „Ich seh' dich ja noch.“

Lex sah Martie forschend an. „Ist etwas mit unserem Dragoner? Ist ihr übel geworden oder so etwas?“

Sie zog den Arm zurück. „Ein bißchen aus dem Gleichgewicht geraten, weiter nichts. Es ist schon vorbei." Es ärgerte sie, daß er Bea Dragoner genannt hatte, das klang gefühllos. „Sie hat allerlei zu schlucken gehabt während der letzten Wochen. Und es war auch nicht leicht für sie, allein zu sein, während ich weg war."

„Also doch ein Mädchen mit Tiefgang", sagte er mit einem schiefen Lachen. „Das gefällt mir. Sag mal, wie wird's nun mit den Weihnachtstagen? Kommt Dirk noch mit diesem John zu euch?"

„Nein, während ich weg war, hat er abgesagt. Ich nehme an, wegen der Schwierigkeiten zwischen Bea und John. Nun haben wir es schön ruhig." Sie wollte auf keinen Fall, daß Lex kam. Dann würde alles noch einmal von vorn anfangen.

„Habt ihr noch Weihnachtskuchen aus Mandelteig gebakken?"

„Ja, Bea. Wie kommst du darauf?"

„Weil du damals gesagt hast, ihr könntet Mandelteig aus Grünkern machen."

Verflixt noch mal, er wirkte tatsächlich wie ein kleiner Junge.

„Das würde ich zu gern mal probieren – nur eine kleine Scheibe!" Er bettelte geradezu.

„Fahr nach Mkoko ins Missionshaus. Die Brüder dort haben die schönsten Dinge zu Weihnachten. Und dann tut es außerdem deiner Seele noch gut." Er sah sie an. „Wirklich, Lex, stell dich nicht an!"

In dem Augenblick erklang hinter ihrem Rücken ein wütendes Geschrei. Froh über die Ablenkung drehte sich Martie um und suchte mit den Blicken das bunte Festgewühl ab. Lex schaute sich auch um. „Da! Sieh dir mal an, was für einen Aufstand diese großen alten Männer plötzlich machen!“

Bea saß noch im Wagen. Sie war gerade dabei, sich mit einem Eau-de-Cologne-Tuch ein bißchen frisch zu machen, als laut schreiend und entrüstet gestikulierend eine Gruppe alter Würdenträger auf dem Weg zur Polizeistation an ihr vorüberkam. Mit heiseren Schreien wurde einer aus ihrer Mitte die kleine Treppe hinaufgestoßen. Der junge Polizist ließ die Männer vorbei und trat dann hinter ihnen ins Haus. Endlich hatte er etwas zu tun.

Hinter den Alten her strömte ein aufgeregter Trupp von Männern, Frauen und Kindern. Die Leute drängten sich um den Eingang und um die Fenster der Polizeistation. Es nutzte nicht viel, daß der Polizist herauskam und sie mit einem Gummiknüppel zu vertreiben suchte. Ein paar Neugierige scheuchte er zwar von der Veranda, doch ihre Plätze wurden sofort von anderen eingenommen. Kleine Jungen krochen die Stufen herauf und zwischen den Beinen der Erwachsenen hindurch. Doch niemand wagte in das Haus einzutreten.

In der Polizeistation tobte ein so wüster Streit, daß das Geschrei bis zu Bea drang. Vorläufig blieb sie jedoch noch im Wagen sitzen. Sie wollte nicht in den Krawall hineingezogen werden. Nun würde auch Martie sie schwer erreichen können. Zum Glück war ihr Wagen nicht der einzige, der hier stand. Es hatten auch noch andere Leute im Schatten der Mangobäume geparkt.

Was mochte geschehen sein? Es mußte sich um etwas Ernstes handeln. War ein Anschlag verübt worden? Der Häuptling ermordet? Aber das wäre ganz unafrikanisch. Vielleicht ein Dieb, ein Taschendieb, gefaßt? Aber es war ja einer von den großen alten Männern, den sie da gebracht hatten. Und der Lärm wollte nicht aufhören.

Plötzlich wurde eine schön bestickte Mütze aus der Tür geworfen. Sie segelte durch die Luft und fiel irgendwo hinter den Neugierigen zu Boden. Ein Aufatmen ging durch die Menge. Dann wurde ein alter Mann mit kahlem Kopf aus der Tür der Polizeistation gestoßen. Bea sah, wie der Alte einen Tritt erhielt und taumelnd die Stufen der Veranda hinunterstolperte. Mit gesenktem Kopf verschwand er im Gewühl. Doch niemand wagte es, ihn zu verhöhnen. Ernüchtert ging die Menge auseinander.

Aus der Tür traten nun die anderen „großen Männer", denen lachend der junge Polizist folgte. Mit großen Gebärden nahmen sie voneinander Abschied, als ob die Angelegenheit nun zur Befriedigung aller geregelt sei.

„Was ist denn geschehen?" fragte Bea durch das Seitenfenster ihres Wagens einen Vorübergehenden, den sie kannte. Es war ein Beamter des Informationsdienstes für Gebietsentwicklung, mit dem sie eine Zeitlang zusammengearbeitet hatte. Er beugte sich herunter und schob den Kopf durch das Fenster, wobei ihm fast der kleine modische Strohhut vom Kopf gefallen wäre. Hinter den Brillengläsern lachten die Augen in dem dunklen Gesicht. Anscheinend hatte er seinen Spaß an dem Vorfall.

„Aber erzählen Sie's nicht weiter!" sagte er hinter der vorgehaltenen Hand, weil ihm die Angelegenheit offenbar ein wenig peinlich war. „Wissen Sie, was geschehen ist? Der Häuptling hatte sich für eine Weile zurückgezogen, und als er wiederkam, begann dieser Mann zu tanzen, bevor der Häuptling Platz genommen hatte."

Deshalb war also dem alten Burschen die Mütze weggerissen worden – eine Demütigung, durch die ihm seine Würde für alle Zeiten genommen worden war.

„Das sind die letzten Relikte", sagte der Mann vom Informationsdienst. „Der Fortschritt wird dies alles beseitigen." Er machte eine verächtliche Gebärde.

Bea wußte nichts zu entgegnen. Dem kleinen Jungen des Beamten, der plötzlich neben ihm stand, gab sie ein Pfefferminz. Während der Vater redete, hatte sich der Kleine eifrig bemüht, den vorderen Kotflügel von Beas Wagen mit Spucke und einem Zipfel seines Blüschens zu putzen. Nun zog der Vater ihn hinter sich her.

Martie zu suchen, wäre aussichtslos gewesen. Doch dann sah Bea sie im Strom der Menschen mit Lex ankommen.

Martie ließ sich auf den Beifahrersitz fallen. „Was ist denn da vorhin bloß passiert?"

Bea berichtete, was sie gehört hatte.

„Armer Kerl!" sagte Lex. „Nun wird er sich wohl ganz allein betrinken müssen. Alle anderen gehen gemeinsam in eine Kneipe. Ich will auch mal sehen, wo ich ein Bierchen finde." Bea ließ den Motor an. „Kommt gut nach Haus, ihr beiden! Wir sehen uns schon noch!" Damit warf er die Tür des Wagens zu.

Martie grübelte über die Worte nach: Wir sehen uns schon noch. Er hatte also offenbar etwas vor. Aber was? Sie hatte ihm doch deutlich genug zu verstehen gegeben, daß sie ihn zu Weihnachten nicht erwartete.

Was er gemeint hatte, zeigte sich zwei Tage später am Morgen des ersten Feiertages. Während Martie einen festlichen

Frühstückstisch auf der Veranda deckte und eben im Begriff war, Bea die Kaffeekanne unter die Nase zu halten, um sie zu wecken, fuhr Lex auf den Hof. Martie wäre beinah böse geworden, aber was hätte das geholfen?

Mit beiden Händen winkend, kam er auf die Veranda zu: „Ich ergebe mich von vornherein."

„Was tust du denn hier?"

„Ich will euch abholen. Alle beide." Er machte ein Gesicht wie ein kleiner Schuljunge, der eine Belohnung von der Lehrerin erwartet. „Alle beide! Hörst du? Ihr wolltet mich nicht als Gast haben, aber ich euch um so lieber. Ich meine, ihr fahrt mit mir zu einem Platz, der eine Überraschung sein soll und wo ich euch ein herrliches Picknick auftische. Ich habe mich gewaltig angestrengt." Er zeigte auf den Land-Rover. „Schmeiß also nicht gleich mit faulen Eiern nach dem armen Pianisten!"

„Wo wollen wir denn hin?" Da hatte sie's schon ausgesprochen. Sie würde also fahren. Bea wollte sicher gern. Warum also nicht? „Kaffee?"

„Gieß nur ein!"

„Du bist wirklich hartnäckig."

„Findest du, daß das eine meiner schlechten Eigenschaften ist?"

Bea, die im Morgenrock auf die Veranda kam, schien erfreut. Mit ein paar geschickten Fragen entlockte sie Lex, daß er zum Kratersee fahren wollte. „Ihr seid doch schon einmal dort gewesen, nicht war? Und es hat euch doch großartig gefallen? Na also." Er sah Martie flehend an.

Sie lachte und gab sich geschlagen. „Wir machen das Beste daraus", sagte sie.

„Das Beste?"

„Ach, hör doch endlich auf!“

Er verzog das Gesicht. Doch dann fing er laut an zu singen: „Friede auf Erden und den Menschen ein Wohlgefallen, ein Wohlgefa-a-allen!“

„Hör auf, Lex!“

Bea lachte schallend.

„Gut, trinken wir also Kaffee“, sagte er.

Zwischen den hochaufragenden Eukalyptusstämmen wurde das grüngraue Licht durch raschelnde Blätterkronen gefiltert und tanzte in winzigen Sonnenflecken auf dem von silbrigem Laub bedeckten Boden. Lex ließ auf Marties Bitten den Wagen mit ausgekuppeltem Motor den abschüssigen Weg hinunterrollen. „Schade, daß die alte Karosserie so klappert“, sagte Martie.

„Das stört dich in deinen Illusionen, wie? Die Illusion: Wo, o Herr, finde ich die Stille, die mir das Glück bringen wird?“ Er sah, wie sie unmutig mit den Schultern zuckte. „Einverstanden, ich halte ja schon den Mund. Aber ich dachte mir, Weihnachten wird so viel gequatscht, daß ich meinen Senf ruhig hinzufügen kann.“

Was hast du nur, Lex? wollte Martie fragen. Doch das war eigentlich ziemlich klar, und außerdem wollte sie ihn nicht noch mehr verletzen, als sie es schon getan hatte.

Nach einer Weile fing er an zu pfeifen. „Kennst du das Lied?“ fragte er Bea.

„Nein“, erwiderte die arglos.

„Drei freiwillige Entwicklungshelfer, munteres Marschlied für die Jugend, die gern ins Ausland zieht.“ Er pfiff weiter. Sie ließen ihn gewähren.

Als sie unten um die Biegung kamen, fanden sie den Platz nicht so friedlich vor wie beim letzten Mal. Unmittelbar vor dem kleinen Fluß standen vier Wagen, darunter Dirks Land-Rover.

Grimmig stellte Lex fest: Der verdiente Lohn für meinen faulen Trick, ihn den Mädchen fernhalten zu wollen! Na ja. Mit erhobenem Kinn schritt er als erster über den Baumstamm, der über dem Wasser lag. Auf dem Kopf trug er wie ein Afrikaner einen Korb voll Geschirr und Speisen.

„Ein vielversprechender Picknickkorb, findet ihr nicht?" Er ging voraus.

Lex spielte also weiter Komödie, und Martie hatte schon fast die Hoffnung aufgegeben, daß es doch noch ein schöner Tag werden könnte. Aber der Kratersee lockte und dazu die Erwartung, dort Gesellschaft zu finden. Das konnte es nur leichter, vielleicht sogar erfreulich machen. Lex und Dirk trafen zwar wieder aufeinander, aber sie war mittlerweile so weit, daß sie unter diesen Komplikationen nicht mehr litt.

Sie fanden eine viel größere Gesellschaft vor, als sie erwartet hatten. Und alle drängten sich auf dem kleinen Grasfleck am Ufer des Sees. Außer drei Franzosen – zwei Mädchen und einem Jungen –, die auch Entwicklungshelfer waren, kannten sie alle Anwesenden. Zwei Schweizer, die sie schon bei Pimmetje kennengelernt hatten, saßen an einem kümmerlichen Feuer. Sie versuchten für zwei deutsche Entwicklungshelferinnen Würstchen zu braten. Die beiden kamen gerade klatschnaß vom Schwimmen und umarmten Martie und Bea so herzlich, daß die sofort naß wurden.

„Die Sonne trocknet alles wieder", rief Ursula und schüttelte die Haare.

„Merry Christmas!“ Fünf Amerikaner vom Peace Corps lagen langausgestreckt auf dem Bauch um einen hohen Stapel von Ananasscheiben. Mit ihren behaarten Beinen traten sie immer wieder nach vermeintlichen oder wirklichen Mükken oder anderem Ungeziefer. Einer hatte sich von oben bis unten mit Insektenpulver bestreut.

„Hilft das?“ fragte Lex. „Oder ist das Weihnachtsschmuck?“

Er kannte den Jungen recht gut. Er war ein Fischteich-Fachmann aus Mangbo, der sich hier während des ersten Jahres einen häßlichen Hautausschlag geholt hatte. Aber er hatte sich geweigert, nach Amerika zurückzugehen, und war inzwischen gesund geworden. Nun stand er oft genug wieder bis an den Hals im Schmutz der Fischteiche.

„Zumindest hilft das gegen Sonnenbrand“, rief Ursula.

Martie schaute sich nach Dirk um, sah ihn jedoch nirgends.

„Ich habe vor, ein Feuerchen anzustecken“, sagte Lex, als ob das etwas besonders Originelles wäre. Die Schweizer grinsten und boten ihr Feuer an, da ihre Würstchen fertig waren.

Keuchend kamen jetzt zwei Mädchen vom Peace Corps aus dem Wasser und legten sich auch neben den Ananasstapel. Sie lachten den Niederländern zu. Lex fanden sie besonders nett; die holländischen Mädchen kannten sie nur flüchtig. Es wurden noch ein paar Ananas aufgeschnitten. Der Saft troff den Mädchen bald an den Armen herab.

Bea war in der Umkleidehütte verschwunden, um den Badeanzug anzuziehen. Es roch dumpf hier drin, ein bißchen schimmlig. In der Dunkelheit entdeckte sie noch andere Kleiderstapel. Schade, daß ihr alter Bikini schon so schäbig aussah. Ein wenig gehemmt trat sie wieder hinaus ins Sonnenlicht. Doch wie es schien, achtete niemand auf sie.

Martie redete gerade mit einem der Amerikaner. Es war der Mann von den Credit Unions, der mit Dirk und John Asong zusammenarbeitete.

„Ich gehe schon vor", rief Bea ihr zu und stieg vorsichtig den steilen Zickzackweg hinab.

„Ich komme auch gleich", entgegnete Martie. Sie fragte den Amerikaner absichtlich nicht nach Dirk.

Zu Lex sagte sie: „Sieht lecker aus! Bist du hier noch eine Weile beschäftigt?" Er stand über den Picknickkorb gebückt.

„Geht ihr nur schwimmen! Als Hofmeister kann ich natürlich erst nach der Mahlzeit ins Wasser gehen. Und als gewissenhafter Entwicklungshelfer warte ich dann obendrein noch ein Stündchen wegen der Verdauung."

Eigentlich bist du trotz deiner Clownerien doch ganz tapfer, dachte Martie.

Als sie dann im Wasser war, sah sie ihn dort oben eifrig bei der Arbeit.

Auf dem Weg zur Mitte des Sees begegnete ihr ein kahlköpfiger Mann. Er hatte einen Walroßschnurrbart und wünschte höflich frohe Weihnachten. Es fiel ihr schwer, nicht hellauf zu lachen. Langsam und mit ruhigen Stößen schwamm sie weiter. Ihre Haut mußte sich mittlerweile stark abgekühlt haben, denn sie fühlte keinen Unterschied mehr zwischen der Temperatur des Wassers und der ihres eigenen Körpers. Hier war es wieder ebenso still und schön wie beim ersten Mal. Als sie sich umdrehte, weil sie auf dem Rücken weiterschwimmen wollte, entdeckte sie zu ihrer Überraschung Dirk. Mit einem anderen – es war aber nicht John Asong – stand er auf dem kleinen, schwer zu erreichenden Sandstrand, den sie das vorige Mal unmittelbar vor der Rückfahrt entdeckt hatten. Die beiden betrachteten etwas am Rand des Wassers und stocherten mit einem Stock darin herum. Wie kleine eifrige Jungen waren sie ganz vertieft in ihre Spielerei. Und wenn man dann an den Ernst dachte, mit dem er den mächtigen alten Rednern in diesem Land zu Leibe rückte! Sie lachte, drehte sich wieder um und schwamm schneller weiter.

Dirk erkannte ihre orangefarbene Badekappe. „Bis gleich!" sagte er plötzlich zu dem Mann vom Peace Corps, einem Neger aus Pittsburgh.

„Bis dann", erwiderte der Amerikaner und grinste, als er sah, daß Dirk sofort dem Mädchen nachschwamm. Als Martie Dirk sah, schwamm sie ihm entgegen.

„Wie seid ihr denn hergekommen?" fragte Dirk keuchend.

„Mit Lex. Er hat uns abgeholt."

„Lex? Ich werd' verrückt!" Dirk schnappte nach Luft. „Wie ist das möglich ..."

„Das ist doch nichts Besonderes! Er hat uns zum Picknick eingeladen. Du müßtest nur mal sehen, wie eifrig er damit beschäftigt ist."

Dirk schwieg. Dann fragte er: „Wie geht es Bea?"

„Gestern war's schlecht. Aber heute ist sie zum Glück wieder ganz vergnügt. Stimmt es, daß John seine Versetzung beantragt hat?"

Dirk hob feierlich die rechte Hand.

„So wahr ich lebe", begann er ...

Martie prustete vor Lachen.

„Ich hab' mich verflixt drüber geärgert, das kannst du dir ja denken. Aber wie konnte ich denn wissen, daß die beiden sich gleich so ins Zeug legen würden? Ich hätte klüger sein müssen. All die verdammten Mißverständnisse. Ich habe versucht, ihm auszureden, daß seine schwarze Haut der Grund ist, doch er glaubt's einfach nicht." Sie schwammen nun ganz langsam nebeneinander her. „Und jetzt sitzen sie, verdammt noch mal, beide in der Tinte."

Martie wandte den Kopf. Sie sah, daß Lex dort oben am Ufer zu ihr herüberschaute. Oder bildete sie sich das nur ein? Sie schwamm ein paar Züge von Dirk weg.

„Er hätte sie gern geheiratet. Aber ..."

Martie reagierte scharf. „Bea ist doch kein Kind. Sie ist lange genug hier, um zu wissen, welchen Schwierigkeiten sie sich damit aussetzen würde."

„Das ist es ja", erwiderte Dirk. „Er hat jetzt schon die ganze Familie auf dem Hals. Alle wollen etwas von ihm haben. Sie saugen ihn einfach aus."

„Und sie meinen, daß sie dazu alles Recht haben. Das ist alte Tradition; wenn es einem gut geht, muß man mit allen teilen. Eine solche Heirat würde für Bea bedeuten, daß sie sich aufgibt. Das wäre doch Irrsinn. Und das weiß sie genau. Deshalb ..."

„Deshalb sitzen sie in der Tinte", ergänzte Dirk.

Das Walroß, das Martie beim Baden frohe Weihnachten gewünscht hatte, stand unten am Ufer zwischen den Büschen und rubbelte sich mit einem hellblauen Handtuch ab.

Als Dirk und Martie aus dem Wasser stiegen, sprach er sie an, entschuldigte sich höflich und fragte, ob sie ihm wohl nach oben helfen wollten. Dabei hielt er eine zerbrochene Brille in der Hand – die hatte er hier hingelegt und war dann draufgetreten.

Dirk half ihm den steilen Hang hinauf und wich dabei vorsichtig den Dornbüschen aus. Martie kletterte hinter den beiden her.

Oben erwartete sie Lex und sah sie gespannt an. Er hatte sich wirklich Mühe gegeben. Auf einem geblümten Tischtuch, das er über das Gras gebreitet hatte, lagen viele Leckereien: dicke Schinkenscheiben, Brot, Obst, Avocados und geteilte Papayafrüchte. Er hatte Kaffee gebrüht und Eier gebacken. In der Mitte prangte ein Weihnachtskuchen. „Von den Brüdern bekommen", sagte er.

Doch er wirkte noch mißmutiger als das Walroß, das abermals Verzeihung murmelte und in der Umkleidehütte verschwand, wo Bea bei seinem Erscheinen kurz und sittsam aufschrie. Er fuhr zurück. „Entschuldigung, gnädiges Fräulein."

„Herr Waldmann ist Österreicher", sagte Ursula. Und den grinsenden Amerikanern erklärte sie, daß Herr Waldmann Mitglied einer Kommission sei, die mit der bunesischen Regierung über den Einsatz von österreichischen Entwicklungshelfern verhandeln sollte.

Dirk hatte sich zu den Leuten vom Peace Corps gesetzt.

„Na, hat er's geschafft?" fragte Lex.

Martie sah ihn an. „Du täuschst dich gründlich, Lex." Doch als sie sah, wie seine Augen aufleuchteten, setzte sie rasch hinzu: „Gib dich aber nun ja keiner zweiten Täuschung hin!" Und mit einem Blick auf all die Leckereien setzte sie hinzu: „Das sieht wirklich verlockend aus. Und ich habe Hunger wie ein Wolf. Wo bleibt denn Bea nur?"

Dank Danny, einem der Burschen vom Peace Corps, der sich – mit einer Ananas als Beitrag – unaufgefordert zu ihnen setzte, wurde es wirklich noch eine fröhliche Mahlzeit.

Er geriet mit Lex in eine lebhafte Debatte über das amerikanische Universitätsleben. Es stellte sich bald heraus, daß Lex nicht die mindeste Ahnung davon und ebensowenig von der amerikanischen Gesellschaft hatte. Er müsse unbedingt einmal kommen und sich das selbst ansehen. Er könne doch einfach nach Ablauf seines Vertrags als Entwicklungshelfer ein Studienstipendium beantragen, sagte Danny.

Martie bemerkte, wie Lex aufhorchte, wenn er auch ein wenig hochmütig und zurückhaltend tat.

Jetzt mischte sich auch Bea ein: „Da kannst du wenigstens mal feststellen, ob alles stimmt, was du gelesen hast. Denn meistens sieht die Wirklichkeit ja ganz anders aus, nicht wahr?“ Das mußte sie ihm doch einmal sagen, nachdem sie sich anderthalb Jahre lang sein rechthaberisches Gerede hatte anhören müssen.

Lex tat, als hätte er diesen Einwurf nicht gehört. Zu Danny sagte er: „Das wird aber wohl gar nicht so einfach sein, wie?“

„Als Entwicklungshelfer hast du mindestens schon mal einen Pluspunkt“, meinte Martie.

„Stimmt“, bestätigte Danny mit vollem Mund. Danach erklärte er, wie ausgezeichnet er die Mahlzeit finde.

„Soziologie“, erklärte Lex, „ich würde gern ein paar Jahre Soziologie studieren. Eigentlich hatte ich schon daran gedacht, das in England zu tun. Dort gibt es so einen Zweijahreskurs. Einer der Beamten von unserem Ministerium in Kaganda geht in nächster Zeit hin. Ich habe läuten hören, daß ich ihn vielleicht ersetzen soll, aber von unserer Feldleitung ist mir noch nichts mitgeteilt worden.“

„Hättest du denn Lust dazu?“ fragte Martie. Es wäre vielleicht ganz günstig, wenn Lex versetzt würde.

Er warf ihr einen Blick zu, den sie nicht recht deuten konnte. „Ich habe etwas von einem Vagabunden in mir“, behauptete er. „Und ich möchte gern wieder mal woanders hin. Aber in Kaganda den Organisator hinter dem Schreibtisch spielen, das reizt mich nicht gerade. Allerdings – wenn es die Leute hier mit Den Haag und der Feldleitung so aushandeln, werde ich wohl gehen müssen. Es gibt schlimmere Dinge.“ Dabei sah er sie mit einem Gesicht an, als ob er sagen wollte: Es ist vielleicht auch besser. In Wung ist es mir wirklich zu einsam.

Es stellte sich heraus, daß Danny, falls es dazu käme, gern Lex' Haus in Wung übernehmen würde, zusammen mit dem Fischteich-Mann und dem Fachmann für Hühnerzucht, die drüben im Kreis der Amerikaner saßen.

„Für drei ist das Haus zu klein“, meinte Lex.

Doch der Amerikaner schüttelte den Kopf. „Für uns reicht es. Und wir wollen gern zu dritt wohnen. He, Andy!“ Der schwarze Amerikaner blickte auf. „Komm mal rüber!“

„Aber es ist noch nicht soweit“, warnte Lex.

„Macht nichts.“

„Ist hier noch was Gutes übriggeblieben?“ fragte Andy. Doch es war schon alles aufgegessen.

„Du hast dich so abgerackert, Lex, dafür werden wir alles aufräumen“, sagte Bea und fing an, alles ordentlich zusammenzupacken.

Anfang Januar wurde Lex davon unterrichtet, daß er ins Ministerium für Sport und Volksbildung in Kaganda versetzt werde, um dort vorübergehend einen einheimischen Beamten zu vertreten. Er hatte es schon erwartet, und so war es keine Überraschung für ihn.

Für Martie dagegen war es eine Überraschung, als sie von ihrem einheimischen Vorgesetzten in Mbungwa hörte, daß sie nicht mehr im Krankenhaus arbeiten solle. Sie sei für fünf Monate einer neuen Arbeitsgruppe zugeteilt worden, die in weiterem Ausmaß als bisher die großen Epidemien bekämpfen solle. Diesmal handelte es sich nicht nur um eine Kampagne gegen Masern und Tbc, sondern auch gegen Kinderlähmung, Diphterie und Tetanus.

„Auf was sie so alles kommen!" sagte Bea. „Genau zu Beginn der Regenzeit. Du wirst im Schlamm versinken."

„Was macht das schon? Ich freu' mich richtig drauf."

„Wart's nur ab, du wirst bald anders reden! Aber meinen Segen hast du. Schlammbäder sind schließlich gar nicht ungesund. Willst du Kaffee? Ich werde Rafael bitten, die Lampe anzuzünden." Und darauf ein wenig zögernd: „Hoffentlich bleibt das hier dein Standort. Was meinst du?"

„Ich hoffe es auch", erwiderte Martie herzlich. „Außerdem würde ich gern die Entwicklung in Latun unter dem neuen Häuptling von nahem verfolgen. Weißt du, was der Wasserträger gestern erzählt hat? Obi ist im Dorf gewesen. Mit einer Flasche Whisky für seinen fürstlichen Bruder und einem neuen Kleid für jede seiner beiden Frauen. Er hat im Krankenhaus eine andere Arbeit bekommen. Am Karteikasten, sagte der Wasserträger."

Nachwort

In diesem Buch gibt es nur wenige Hinweise auf die „Stichting Nederlandse Vrijwilligers – Stiftung Niederländische Entwicklungshelfer". Diese Behörde der niederländischen Entwicklungshilfe wird ebenso wie das Königliche Institut für die Tropen und die Volkshochschule in Rockanje nur beiläufig erwähnt. Dennoch danke ich den Menschen, die mir dort geholfen haben, nicht weniger herzlich. Auch allen Mitarbeitern „im Feld", die mich mitgenommen und mich dabei jedesmal ein wenig klüger gemacht haben, bin ich Dank schuldig.

Um sie handelt es sich in dieser Erzählung. Es geht ausschließlich um die Entwicklungshelfer und -helferinnen „im Feld", die dort 1. die entscheidende Zeit ihres Lebens verbringen, 2. mit den Problemen des Alltags kämpfen und 3. sich mit den Fragen nach Sinn und Ziel des Entwicklungswerks auseinandersetzen müssen.

Alle Personen und alle afrikanischen Ortsnamen sind erdacht. Dadurch habe ich mir größere Freiheit geschaffen, so zu erzählen, wie ich es wirklich gesehen habe.

Fotonachweis:

Erich Andres (2) · Deutsche Presse-Agentur GmbH (1) · Deutscher Entwicklungsdienst (2) · Institut für Auslandsbeziehungen (1) · KNA-Pressebild (2) · Robokfoto (1) · Gerd Thieme (3) · Leonard de Vries (4)